Boris Poplawski

APOLL BESOBRASOW

Aus dem Russischen,
mit Anmerkungen und einem Nachwort
von Olga Radetzkaja

GUGGOLZ

KAPITEL 1
DAS DER VERSUCHUNG VORAUSGEHT

Oiseau enfermé dans son vol, il n'a
jamais connu la terre, il n'a jamais eu d'ombre.
Paul Éluard

Es regnete ohne Unterbrechung. Bald entfernte sich der Regen von der Erde, bald kam er ihr wieder näher, er brauste, er säuselte zärtlich; bald fiel er langsam wie Schnee, bald flog er in hellgrauen Wellen rasch vorbei und staute sich auf dem glänzenden Asphalt. Auch auf den Dächern und Simsen und auf den Mulden der Dächer regnete es, der Regen drang in die kleinsten Mauerspalten und flog lange bis auf den Grund geschlossener Innenhöfe hinab, von deren Existenz viele Hausbewohner nichts wussten. Er fiel, wie ein Mensch über Schnee geht, majestätisch und monoton. Bald sank er tiefer, wie ein aus der Mode gekommener Schriftsteller, bald flog er hoch über der Welt dahin, wie jene unwiederbringlichen Jahre, da es noch keine Zeugen im Leben gibt.

Unter den Ladenvordächern kamen die nassen Menschen sich näher. Sie tauschten beinahe freundschaftliche Blicke, doch der Regen verriet sie, ließ nach, und sie trennten sich wieder.

Es regnete auch in den Parks und über den Vororten, und dort, wo die Vorstadt aufhörte und das eigentliche

Land begann, obwohl das unendlich weit weg war, so weit, dass man beim besten Willen nie hinkommen konnte.

Es schien auf der ganzen Welt zu regnen, alle Straßen, alle Passanten schienen verbunden in diesem grauen, leicht salzigen Gewebe.

Die Pferde trugen dunkle, durchnässte Gewänder, und die Bettler hatten, wie im alten Rom, ihre Köpfe mit Säcken bedeckt.

In den Seitenstraßen spülten Bäche Busfahrscheine und Mandarinenschalen fort.

Doch es regnete auch auf die Fahnen der Paläste und auf den Eiffelturm.

Die grobe Schönheit des Weltalls schien sich im Regen aufzulösen und zu schmelzen wie in der Zeit.

In regelmäßigen Abständen nahm er zu und wieder ab, er dauerte und blieb und schien selbst sein eigener Stoff zu sein.

Doch wenn man sehr lange unbewegt auf die Tapete in seinem Zimmer oder die hellblaue Mauer des Nachbarhauses auf der anderen Seite des Hofs schaut, wird einem irgendwann bewusst, dass sich unmerklich Dämmerung in den Regen mischt, und die regenverhangene Welt taucht mit doppelter Geschwindigkeit darin ein und verschwindet.

Alles verändert sich in dem Zimmer hoch unterm Dach, das blassgelbe Licht des Sonnenuntergangs erlischt, und plötzlich wird es fast vollkommen dunkel.

Doch dann geben die Wolken den Rand des Himmels wieder frei, und eine neue, weiße Dämmerung erhellt das Zimmer.

Währenddessen vergehen die Stunden, die Angestellten kehren aus ihren Büros zurück, tief unten werden die

Laternen angezündet und ihr Widerschein beleuchtet geisterhaft die Decke.

Und weiter vergeht, hoffnungslos verliert sich die Zeit.

Unaufhörlich saugen die riesigen Städte Menschenstaub ein und atmen ihn wieder aus. Unzählige Blicke treffen sich, und immer will einer davon siegen oder ergibt sich, sinkt zu Boden, gleitet ab. Niemand wagt es, auf einen anderen zuzugehen, und tausend Träume zerstreuen sich nach allen Seiten.

Währenddessen wechseln die Jahreszeiten, und auf den Dächern treibt der Frühling Knospen. Hoch über der Straße wärmt er die rosa Quadrate der Schornsteine und die zarten grauen Blechoberflächen, an die man sich so gut anschmiegen kann, wenn man ganz allein ist, und die Augen schließen, oder in unbequemer Haltung von den Eltern verbotene Bücher lesen.

Hoch über der Welt, im Dunkel der Nächte, fällt Schnee auf die Dächer. Er ist anfangs kaum zu sehen, er sammelt sich, er liegt ruhig und gleichmäßig da. Er wird dunkler und schmilzt. Er verschwindet, bevor ihn ein Mensch gesehen hat.

Dann, fast gleichzeitig mit dem Schnee, kommt plötzlich, unverhofft und übergangslos der Sommer.

Gewaltig und lasurblau, entfaltet er sich majestätisch und schwebt über den Fahnen der öffentlichen Gebäude, über dem fleischigen Grün der Boulevards, über dem Staub und der rührenden Geschmacklosigkeit der stadtnahen Sommerhäuschen.

Dazwischen aber gibt es noch andere, seltsam durchscheinende, unklare Tage voller Wolken und Stimmen; sie leuchten ganz eigen und erlöschen lange, lange auf dem rosa Putz irgendwelcher fernen, kleinen Häuser. Das

Läuten der Straßenbahnen klingt eigenartig gedehnt, die Akazien verströmen schweren, süßen Leichengeruch.

Wie gewaltig ist der Sommer in den verlassenen Städten, wo alles halb geschlossen ist und die Menschen sich langsam, wie unter Wasser bewegen. Wie herrlich und leer ist der Himmel über ihnen, er gleicht dem Staub und Verzweiflung atmenden Himmel eines Felsengebirges.

Schweißüberströmt, kopfüber, fast bewusstlos trieb ich den gewaltigen Fluss des Pariser Sommers hinunter.

Ich lud Waggons aus, überwachte Maschinen mit rasend schnellen Triebrädern, tauchte hysterisch zuckend Hunderte und Aberhunderte schmutziger Restaurantteller in kochendes Wasser. Sonntags schlief ich in einem billigen neuen Anzug und Schuhen von unanständig gelber Farbe auf dem Gras der ehemaligen Befestigungsanlagen. Später schlief ich einfach auf Bänken, und wenn meine Bekannten zur Arbeit gingen, auf ihren zerwühlten Hotelbetten in der Tiefe grauer, heißer, tuberkulöser Zimmer.

Wie alle armen Leute rasierte und kämmte ich mich sorgfältig. In Bibliotheken las ich wissenschaftliche Bücher in billigen, mit idiotischen Unterstreichungen und Randbemerkungen übersäten Ausgaben. Ich schrieb Gedichte und las sie meinen Zimmernachbarn vor. Sie tranken billigen, gaslaternengrünen Wein und sangen falsch, aber mit unverhohlenem Schmerz russische Lieder, an deren Texte sie sich kaum mehr erinnern konnten. Danach erzählten sie Witze und lachten laut, eingehüllt in Zigarettennebel.

Ich war vor kurzem erst angekommen und hatte mich eben von meiner Familie getrennt. Ich hielt mich gebeugt, meine ganze Erscheinung trug den Ausdruck irgendeiner transzendentalen Erniedrigung, die ich, wie eine Hautkrankheit, nicht abschütteln konnte.

Ich zog durch die Stadt und von einem Bekannten zum nächsten. Obwohl ich auf der Stelle bereute, dass ich gekommen war, blieb ich sitzen und beteiligte mich mit beschämender Höflichkeit an den endlosen, matten und langweiligen, von Seufzern und Tee aus schlecht gespülten Tassen unterbrochenen Gesprächen der Emigration.

»Warum haben sie nur alle aufgehört, sich die Zähne zu putzen und aufrecht zu gehen, diese Leute mit den vergilbten Gesichtern?«, spottete Apoll Besobrasow über die Emigranten.

Schleppenden Schritts hatte ich meine Familie verlassen; mit schleppenden Gedanken hatte ich Gott, Würde und Freiheit hinter mir gelassen; mich von einem Tag zum nächsten schleppend, hatte ich mein vierundzwanzigstes Lebensjahr erreicht.

In jenen Jahren zerknitterten und verschoben sich die Kleider an mir von selbst, sie bedeckten sich mit Asche und Tabakkrümeln. Ich wusch mich selten und schlief gern in meinen Kleidern. Ich lebte in der Dämmerung. In der Dämmerung wachte ich auf einem fremden, zerwühlten Bett auf. Ich trank Wasser aus einem Glas, das nach Seife roch, und sah lange auf die Straße, während ich an einem vom Hausherrn weggeworfenen Zigarettenstummel sog.

Dann kleidete ich mich an, untersuchte lange und bekümmert meine Stiefelsohlen, stülpte den Kragen um und zog sorgfältig meinen Scheitel nach – Koketterie der Armen, die mit erbärmlichen Gesten wie diesen zeigen wollen, dass »im Grunde alles beim Alten« ist.

Vorsichtig schlich ich dann aus dem Haus, zu jener besonderen Stunde, wenn das riesige, sommerliche Abendrot noch glüht, ohne zu verbrennen, während die gelben Reihen der Laternen wie eine gewaltige Prozession schon den sterbenden Tag verabschieden.

Was war, metaphysisch betrachtet, denn eigentlich geschehen, nur weil man einer Million Menschen einige Wiener Sofas von fragwürdigem Geschmack und offensichtlich gefälschte Bilder wenig bekannter Künstler der niederländischen Schule weggenommen hatte, desgleichen Federbetten und Piroggen, die einen unweigerlich in einen schweren, todesähnlichen Mittagsschlaf versinken ließen, aus dem man tief beschämt wieder erwachte? »Sind sie nicht hinreißend«, sagte Apoll Besobrasow, »all diese verbeulten, verwaschenen Emigrantenhüte, die wie schmutziggraue, erschöpfte Filzschmetterlinge auf schlecht frisierten, kahl gewordenen Köpfen sitzen? Und die schüchternen rosa Öffnungen – Achillesfersen! –, die am Rand eines abgetretenen Schuhs aufblitzen, und die fehlenden Handschuhe, und der zarte, speckige Glanz der Krawatten? Wenn Jesus Christus in unserer Zeit lebte, würde er dann nicht auch ohne Handschuhe, in kaputten Schuhen und mit halbtotem Hut auf dem Kopf herumlaufen? Ist Ihnen nicht klar, dass Christus zweifellos an vielen Türen abgewiesen würde, dass er eine beginnende Glatze und schwarze Ränder unter den Fingernägeln hätte?«

Damals aber verstand ich all das nicht. Ich fürchtete mich zu Tode, einen Laden zu betreten, auch wenn ich genug Geld hatte. Wenn ich mit der Polizei sprach, wurde ich rot wie ein kleiner Gauner. Ich litt unter ausnahmslos allem, bis ich eines Tages die Grenze der Verelendung überschritten hatte und begann, meine zerfetzten, durchnässten Schuhe, die bei jedem Schritt ein schmatzendes

Geräusch von sich gaben, mit makaber-christlichem Stolz zur Schau zu stellen.

Besonders im Sommer war mir nun schon öfter alles egal. Ich aß auf offener Straße Brot und wischte mir nicht einmal die Krümel ab.

Ich las vom Boden aufgehobene Zeitungen.

Ich gab mich stolz, das Hemd über der schmalen, unbehaarten Brust weit aufgeknöpft, und begegnete den Vorübergehenden mit einem geistesabwesenden, schläfrigen Blick, der wie Überlegenheit aussah. Allmählich löste mein Sommerglück sich von jeder Hoffnung, und ich begann diese Hoffnungslosigkeit süß und den bürgerlichen Tod durchaus erträglich zu finden, manchmal schien mir gar eine gewisse bittere, geradezu antike Größe darin zu liegen.

Ich fing an, antike Posen einzunehmen, die Posen der schwachen, schmalschultrigen Stoiker, die unter der offenherzigen, den Körper kaum verhüllenden altrömischen Kleidung sicher verblüffend gewirkt hatten.

»Auch die Stoiker haben sich nachlässig rasiert«, dachte ich, »nur gewaschen haben sie sich gründlich.«

Und einmal, allerdings nachts, badete ich direkt von der Uferstraße aus nackt in der Seine.

Doch all das fiel mir schwer.

Meine Seele suchte einen Menschen, dessen Gegenwart mich endgültig von Scham, Hoffnung und Angst befreien würde, und sie fand, was sie suchte.

Für mich und einige andere begann damals ein unseliges Armenparadies – und zugleich eine irrsinnige Furcht, jene schwarze, unterirdische Sonne wieder zu verlieren, die dort leuchtete wie der unfruchtbare Seth. Meine schwache Seele suchte Schutz. Sie suchte einen Felsen, um in seinem Schatten auf die staubige, sonnige, hoffnungslose Welt zu blicken. Um einzuschlafen in diesem Schatten, inmitten der sonnigen Einöde, voll verrückter Dankbarkeit für einen sonnenwarmen Stein, der nicht einmal ahnte, dass sie existierte …

Ich fand einen Menschen, für den es keine Vergangenheit gab, der die Zukunft verachtete und dessen Gesicht immer einer glühendheißen Landschaft zugewandt schien, wo sich nichts bewegte, wo alles schlief, alles mit offenen Augen träumte, alles sich selbst im Traum schlafend sah.

Apoll Besobrasow lebte ganz in der Gegenwart. Sie war wie ein goldenes Rad ohne Oben und Unten, das sich nur durch die Vollkommenheit der Welt drehte, ohne Zweck, außer Programm und gratis, und obenauf stand ein Unsichtbarer, der Welt entrückt durch sein ungeheueres Glück.

In seiner Gegenwart versteinerte alles, als wäre er Gorgo Medusa.

Die Welt wurde zu einer gewaltigen, glühenden Steinlandschaft, einer jener Höllenregionen des Atlasgebirges, über denen Simon Magus durch die Lüfte flog. Aber er war nicht grausam. Er war vielmehr so abwesend, dass die kleinsten Gräser in seiner Gegenwart wachsen und Vögel auf seinen Armen sitzen konnten. Weit, weit weg war er, jenseits von Morgendämmerungen und Sonnenuntergängen, dort, wo Zeit und Ewigkeit, Tag und Nacht, Osiris und Seth, wo alle Lebenden, alle Toten und alle Zukünftigen, alle Hoffnungen und alle Stimmen zugleich anwesend sind und sich niemals trennen und nie verstummen, und von wo man mit Tränen in den Augen ins Leben herabsteigt.

KAPITEL 2
IN DEM ICH ERSTE BEKANNTSCHAFT MIT DEM TEUFEL SCHLIESSE

Manchmal wandert man durch die Stadt wie durch einen unberührten Wald. Hundert Tramgleise überquerend, an zahllosen Straßenecken innehaltend kam ich zum Fluss, entfernte mich, näherte mich wieder. Die Sonne stand schon tief über den braunen, hitzeverbrannten Bäumen der Uferstraße, über dem weichen lila Asphalt und den Herzen der Menschen, die bis zum Rand mit der warmen, vagen, herrlichen, hoffnungslosen Müdigkeit des Stadtdickichts gefüllt waren. Auf dem orangen Wasser, in einem kleinen Boot dicht am Ufer saß reglos eine Gestalt, die von der Brücke aus ganz klein aussah. Ich weiß nicht, wie lange ich dort stand, aber wann immer ich zu ihr hinsah, saß sie weiter still da, ohne den Kopf zu wenden oder ihre Haltung zu ändern, mit einer Sorglosigkeit und Beharrlichkeit, die mir erst unnütz, dann absurd und schließlich geradezu aufreizend vorkamen.

»Alle Angler sind Träumer«, dachte ich, doch dieser Mensch war gar kein Angler und hatte folglich keinerlei Rechtfertigung für seine provozierende Reglosigkeit. Schließlich, nach vielleicht einer Stunde geduldigen Hohns, bekam ich auf einmal Lust, hinunterzusteigen, ich wollte den Kerl zwingen, aufzustehen oder sich umzudrehen, oder ihm zumindest mit einem Blick klarmachen, dass er kein Recht hatte, sich so zu benehmen.

Es sei denn, er wäre ganz und gar stumpfsinnig, oder er schliefe einfach, oder er wäre einer jener Bettler, die manchmal mit verblüffender Ausdauer in den unbequemsten Posen auf Parkbänken ausharren. Irgendwann verlor ich endgültig die Geduld und stieg nach unten, schritt wie ein Verschwörer verlegen über die großen Pflastersteine und ging auf den rätselhaften Menschen in dem Kahn zu, der an einer Eisenkette eine Elle vom Ufer lag und wohl schon seit Stunden kurz davor war, abzulegen, sich aber nicht vom Fleck rührte. Erst ging ich betont diskret an ihm vorbei, aber als ich sah, dass er mich gar nicht beachtete, blieb ich geradezu verzweifelt direkt vor ihm stehen und starrte auf sein willensstarkes Profil – eine Mischung von Zartheit und Grobheit, Schönheit und Hässlichkeit.

Sein Ausdruck wirkte auf den ersten Blick fast komisch, aber etwas daran konnte auch einem notorischen Witzbold das Lachen vergehen lassen. Es war vollkommen offensichtlich, dass dieser Mensch mich längst bemerkt hatte. Einen Moment lang schien er sogar kurz davor, mir den Kopf zuzuwenden, aber dann fand er offenbar, das Bessere sei der Feind des Guten, und fuhr mit bezauberndem Konservatismus fort, das üppig über den Himmel gebreitete Feuerhaar der versinkenden Sonne zu betrachten. Sein glattrasiertes Gesicht schien aus Kupfer geprägt, und in seinen Augen lag jener spezifische Ausdruck, den Leute von Welt haben – allerdings eher Frauen –, wenn sie etwas sehr wohl sehen, aber vorziehen, es zu übersehen. Schließlich nahm ich zwei Schritte Anlauf und sprang mit jener Leichtigkeit, die der hysterische Anfall verleiht, ins Boot. Diese seltsame Tat erklärt sich dadurch, dass seit einigen Minuten überhaupt alles sehr seltsam war, alles schwamm auf dem offenen Meer der Außergewöhnlichkeit – einer Außergewöhnlichkeit, die sich gleichsam autonom und aus sich heraus entwickelte, wie die im Traum und im Reich der Erinnerung, denn auch hier geschieht alles Wichtige wie von selbst, getragen vom Wind der Vorbestimmung, des Schicksals, des Todes.

Der unbewegt Dasitzende lächelte schwach, als hätte er auf so etwas gewartet, blieb aber sitzen und streifte mich nur kurz mit jenem ausdruckslosen Blick, mit dem einem jemand bereitwillig, aber ironisch einen Platz anbietet. Sein Gesicht war jetzt deutlich zu sehen, es lag ganz im Licht des prachtvoll verlöschenden, erkaltenden Himmels. So gewöhnlich und zugleich so seltsam war es, so banal und so bemerkenswert, dass ich trotz seiner Undurchdringlichkeit eine ganze Weile darin versank – vor lauter Staunen hatte ich mich plötzlich beruhigt. Ich vergaß ganz, auf welche Weise ich ins Boot gelangt war.

Unter einer kunstvoll schief aufgesetzten grauen Kappe, die aus einem Fox-Film über das Leben der New Yorker Unterwelt hergeweht schien, blickten fest und gleichmäßig, ja gutmütig zwei nicht sehr große, weit auseinanderstehende blaue Augen hervor, an denen mir erst viel später eine bei Europäern äußerst seltene Besonderheit auffiel: Sie drückten rein gar nichts aus. Eben deshalb hielt ich sie zunächst für gutmütig: Man konnte ihnen absolut alles zuschreiben. Gebe Gott, lieber Leser, dass Ihnen die Begegnung mit dieser Art Gutmütigkeit erspart bleibt, denn unter Apoll Besobrasows Eigenschaften war gerade sie vielleicht die furchterregendste.

Irgendwann gab dieser Mensch seine bequeme Position zugunsten einer anderen, noch bequemeren auf – ich an seiner Stelle hätte wahrscheinlich eine Stunde gebraucht, um sie zu finden, und es dann höchstens fünf Minuten darin ausgehalten. Er stützte sich auf den linken Ellbogen und zog mit der rechten Hand eine Schachtel gelbe Zigaretten und ein Heftchen Streichhölzer aus der Tasche. Dann steckte er sich eine Zigarette an und warf das Streichholz über Bord, mit so sparsamen, kunstvoll schlichten Bewegungen, dass ich, obwohl in der Tiefe meines Herzens allmählich etwas eingeschüchtert, äußerlich von Neuem in heftige Wut geriet.

Da wandte Apoll Besobrasow den Blick von dem erkaltenden Himmel ab und sah mich spöttisch an. Seine Augen waren keineswegs die eines Hypnotiseurs, sie hatten keinen geheimnisvollen oder schmachtenden Glanz, keinen dunklen Schimmer; vielmehr drehten und wendeten sie sich gemeinsam mit seinem Gesicht, als wären sie nichts Lebendiges, sondern optische Geräte, wie die schönen, massiven Linsen einer Leuchtturmlampe. Dabei waren sie aber nicht glasig, ihre Transparenz war eher etwas getrübt, wie es bei Europäern in den Tropen oder bei Opiumrauchern vorkommt, ohne andererseits schläfrig zu wirken – sie schliefen weder, noch wachten sie. Es waren ganz gewöhnliche Augen, die nichts ausdrückten. Es waren ganz besondere Augen, wie ich sie noch nie gesehen hatte.

Apoll Besobrasow sah mich jetzt ziemlich lange an, und seine Betrachtung zerfiel offenbar in mehrere Phasen. Wahrscheinlich durchquerte mein Bild Licht und Schatten. Berufe und Weltanschauungen wurden ihm anprobiert und blieben nicht haften, denn Apoll Besobrasow, der sich nie in einem Menschen täuschte, schwankte gern, er mochte es, gleichzeitig zu behaupten und zu negieren und widersprüchliche Ansichten über jemanden aufrechtzuerhalten, bis sich im dunklen Labor seiner Seele irgendwann abrupt ein deutliches, abgeschlossenes Urteil kristallisierte, das von da an unabweisbar und untrennbar mit diesem Menschen verbunden blieb, wie Aussatz oder die Narbe von einer Schusswunde. Das war Ausdruck seiner spezifischen, rein intellektuellen Moral, oder genauer, seines hochmoralischen Verhältnisses zu den eigenen Gedanken – er behandelte sie wie lebendige Wesen, denen gegenüber er vollkommen passiv blieb, weil er ihre Entwicklung nicht forcieren wollte.

»Was halten Sie von N.?«, fragte ich ihn einmal nach jemandem, den wir seit langem satt gehabt hatten und der inzwischen gestorben war, sodass er den Erinnerungen, die sich an ihn knüpften, ganz sicher nichts mehr hinzufügen konnte.

»Das kann ich nicht sagen, ich warte noch ab«, sagte er, als beobachtete er sich selbst wie eine Art Fluss oder Wasserfall, auf dem von irgendwoher etwas vorübertreiben müsste.

Doch von all diesen Wandlungen dessen, was ich für ihn war, ahnte ich erst viel später etwas; irgendwann wurde mir nämlich klar, dass Apoll Besobrasow mich behandelte, als wäre ich tatsächlich gleichzeitig dumm und klug, schwach und stark, ein Gegenstand seines liebevollen Interesses und unendlich weit von ihm entfernt. An jenem denkwürdigen Tag oder Abend aber schien mir seine Betrachtung völlig nutzlos zu sein, wie das Betrachten von Tapetenmustern, und deshalb kränkend – sein Blick war gleichmäßig, schlicht und von majestätischer Banalität, wie der Blick der Gioconda oder der von Glasaugen in der Vitrine eines

Optikers. Es schien, als könnte man dem Dasein absolut nichts entnehmen mit so einem Blick, auch wenn Apoll Besobrasow, der seinem Gegenüber in keiner Weise zuhörte, in Wirklichkeit nur aus dessen kaum merklichen Hand-, Wimpern-, Knie- und Fußbewegungen auf den verborgenen Sinn seiner Worte schloss – auf diese Weise erkannte er untrüglich, was der andere eigentlich sagen wollte, oder vielmehr, was er verbergen wollte. Im Grunde war dieser Blick nicht einmal beleidigend, er gestand einem nicht das Recht zu, beleidigt zu sein, er glitt gleichmäßig dahin und verweilte, ruhte und ließ sich nicht wegwischen, wie der Lichtreflex eines Fensters.

Dann stand Apoll Besobrasow plötzlich langsam auf und warf mit der Geste eines Xerxes, der befiehlt, das Meer auszupeitschen, seine zur Hälfte gerauchte Zigarette ins Wasser; er nahm – auch dies mit schönen, sparsamen Bewegungen – seine Kappe ab, setzte sie wieder auf und zog sie tief in die Stirn, dann machte er Anstalten, aus dem Boot zu springen, überlegte es sich anders, zog es an der Kette zum Ufer und stieg in aller Ruhe aus, wobei er auf etwas ältliche Art das Knie beugte.

Er hatte die nicht besonders breiten, aber sehr geraden Schultern eines griechischen Jünglings und ungewöhnlich schmale Hüften, wodurch seine Silhouette an ein ägyptisches Relief oder einen amerikanischen Matrosen erinnerte. Er war ein ziemlich guter Leichtathlet, und sein Körper schien ganz aus gelbem Orangenbaumholz geschnitten, obwohl er nicht wie ein starker Mann aussah.

Nach ihm verließ auch ich mit einem ungeschickten Sprung das Boot (aus irgendeinem Grund war er an Land gegangen, ich dagegen sprang) und ging hinter ihm her, fest entschlossen, ihm keinen Schritt von den Fersen zu weichen, bis er sich mit mir prügeln oder mich in seinen Kreis aufnehmen würde – einen unsichtbaren, gleichmäßigen Kreis, der ihn stets umgab, undurchdringlich selbst für die, die er in den Armen hielt oder ins Gesicht schlug. Nur im Gespräch mit ganz einfachen Menschen – Matrosen, Zirkusakrobaten, irgendwelchen Frauen – konnte dieser Kreis sich plötzlich auflösen, vielleicht weil er für sie gar nicht existierte. Dann wurde Apoll Besobrasow beinahe herzlich, denn soweit seine Kräfte und seine Trägheit es zuließen, bemühte er sich immer, seinen Beruf und seinen Bildungsstand zu verbergen, und wenn jemand, der ihn lange für einen sympathischen Einfaltspinsel gehalten hatte, plötzlich seine Meinung über ihn änderte, wurde er regelrecht wütend und ging auf Distanz. Er hatte die Gebärden der einfachen Leute – ihre Art, den Hut aufzusetzen, zu grüßen, eine Zigarette anzustecken – genau studiert und imitierte sie kunstvoll. »Wenn sogar Christus inkognito auf die Welt gekommen ist«, sagte er manchmal, »dann dürfen wohl auch wir einfache Sterbliche uns den unhöflichen, zudringlichen Blicken entziehen, mit denen man einen bekanntermaßen klugen Menschen betrachtet, der sich an einem Streitgespräch in seiner Gegenwart nicht beteiligt.«

Apoll Besobrasow ging mit leichtem Schritt voraus, aber plötzlich drehte er sich um und kehrte mit gerunzelter Stirn zum Boot zurück. In diesem Boot saßen wir dann noch etwa eine Stunde, und währenddessen erreichten meine Müdigkeit, meine Langeweile, mein Rivalitätsgefühl, mein Verlangen zu gehen und mein Verlangen zu bleiben, mein Verlangen, Apoll Besobrasow lächerlich zu machen und mit den Fäusten auf ihn einzuprügeln, einen solchen Grad, dass mir der Moment in seiner qualvollen

Zuspitzung unvergesslich bleibt. Apoll Besobrasow aber musste offenkundig etwas zu Ende denken, zu Ende spüren, er hatte mich vollkommen vergessen und war ganz in die Betrachtung des Wassers und des Himmels versunken, die sich unentwegt wandelten, sich grün, blau und blutrot färbten und doch unverändert blieben.

Entlang der Uferstraße gingen langsam, wie eine Trauerbeleuchtung im Regen, die grünen Gaslaternen an. Autos glitten vorbei, Lastwagen dröhnten, die staubigen Bäume wiegten sich im Takt einer jaulenden fernen Musik. Es war der Abend des 14. Juli, hier und dort knallten schon Feuerwerkskörper, Kinder kreischten, und über dem Fluss ging der Mond auf – vielleicht war es das, worauf Apoll Besobrasow gewartet hatte. Riesig und von trübem Orange, wie eine in die dunstige Atmosphäre eingetauchte, der Erdanziehung erlegene Sonne, eine betrunkene, eine falsche Sonne, blickte er aus seinem pupillenlosen, noch warmen Auge herab und presste sein kolossales Gewicht auf das warme Blechdach und die flachen Inseln in der Ferne. Dann stieg er höher und strahlte heller und streckte uns eine weiße Lichtbahn übers Wasser entgegen, zitternd wie die Hände des Patienten, der von einem Anfall erwacht.

Währenddessen tönte vom anderen Ufer leises Knallen herüber, die phantastischen Formen des Feuerwerks wuchsen sich zu niedrigen Büschen aus und fielen in sich zusammen, leuchteten auf und erloschen. Leise stiegen die Raketen über dem Fluss auf, sie platzten und verblühten und ließen graue, verbrannte Doubles in der Luft zurück. Schließlich ertönte die letzte Explosion, konfus wie ein Auftauchen aus dem Schlaf, und schon hörte man deutlich das Singen der Trompeten und Geigen, das Jaulen der Klarinette und den schnellen Totenglockenschlag des Beckens. Der

Himmel war jetzt tiefblau, das Wasser schwarz, der Mond weiß, und unsere Gesichter dunkelgrau. Apoll Besobrasow begann plötzlich mit den Armen zu rudern, als müsste er sich von etwas freischwimmen; dann ging er routiniert zu einem wohlig-müden Recken und Strecken über, wir erhoben uns, gingen an Land und stiegen die Brücke hinauf.

Wie Don Quijote und Sancho Pansa, wie Dante und Vergil, wie zwei Feinde, wie zwei Freunde, wie zwei banale Passanten gingen wir durch menschenleere Straßen, über menschenleere Plätze und Boulevards, bis wir plötzlich in eine tanzende Menge gerieten; als die Musik unvermittelt abbrach, stoben die ausgelassenen, erhitzten Tänzer auseinander und starrten uns mit halbgeöffneten Mündern an, als suchten sie irgendeine Bestätigung, vermutlich dafür, dass heute ein Feiertag und alles gut war, und da sie keine fanden, wandten sie sich gleich wieder ab. Die Musiker sahen immer röter und fröhlicher aus, je tiefer sie in die Nacht tauchten, sie schienen mit jeder Minute dicker zu werden. Sie tranken, schnauften, verschütteten ihr Bier. Sie blähten sich auf und spielten weiter, mit unglaublicher Anstrengung und Ausdauer. Selbst ein Pferd hätte geweint vor Müdigkeit, es hätte abgewinkt und wäre davongetrabt, aber sie spielten immerfort, obwohl sie aussahen, als müssten sie jeden Moment tot umfallen. Manchmal kam es zu einem Krieg zwischen zwei Ensembles, die einander zu übertönen versuchten: Im einen gab es Posaunen und Saxophone, im anderen nur fade alte Männer, die möglichst viel Lärm zu machen versuchten; natürlich siegten die ersten.

Bald erreichten wir den Boulevard Saint-Michel und näherten uns, wie zwei Verschwörer, langsam Montparnasse, wo die internationale Bohème, die für Frankreich fast durchweg nur Verachtung übrig hat, den 14. Juli am lautesten und fröhlichsten feiert. Doch Apoll Besobrasow und ich waren an dieses Schauspiel längst gewöhnt; wir fanden einen biernassen Tisch am äußersten Rand der Tanzenden und der Nacht und nahmen gelassen Platz, um den fremden Tänzern zuzusehen.

Apoll Besobrasow rief einen Kellner herbei, der überraschenderweise gehorchte, und bestellte einfachen Weißwein – in dieser ganzen kurzen Sommernacht trank er nichts anderes.

Er trank sehr viel, ohne das Gesicht zu verziehen oder zu blinzeln, und wurde offenbar schnell betrunken. Um elf Uhr abends schien er im Vollrausch, gegen eins wieder nüchtern, und um zwei waren seine Augen rosa vom Alkohol; seine erhobene rote Hand hatte sich selbständig gemacht und bewegte sich langsam und gezielt unrhythmisch durch die Luft. Als er mir restlos betrunken schien, fragte ich ihn unvermittelt spöttisch:

»Wie alt sind Sie eigentlich?«

Sofort hielt er die Hand still – ich hatte nicht geglaubt, dass er das noch könnte – und sagte vollkommen klar und gleichgültig:

»So alt wie Sie.«

Nach diesen Worten begann er wieder zu winken, und wieder gegen den Takt. Offenbar war ihm gerade das angenehm, obwohl es sehr schwierig war, denn in dieser schwülen, späten Nacht schienen selbst die Häuser und Bäume sich in Musik und Wollust aufzulösen, sie schwangen mit den Menschen im Rhythmus der erhabenkitschigen Orchestermusik wie eine einzige bunte, gallertartige Masse.

Sogar der warme Asphalt schien sich unter dem Klang zu heben und zu senken; Apoll Besobrasow war der einzige, der sich noch dagegen wehrte, doch plötzlich hörte auch er auf zu winken, erhob sich, ging auf gummiweichen Beinen zwischen den Tanzenden hindurch und verlor sich in der Dunkelheit. Fünf Minuten später kehrte er zurück, umringt von Leuten, die ihm auf die Schulter klopften und krakeelten und sangen – anscheinend waren das seine Freunde, und er wusste genau, wo er sie finden konnte.

Auch mir wurde gleich auf die Schulter geklopft, und beinahe wäre ich sogar geküsst worden von betrunkenen Mündern, an denen braune Tabakkrümel klebten.

Die Runde grölte sehr fröhlich einige sehr zarte, sehr traurige Lieder. Dann wettete Apoll Besobrasow mit einem blassen siebzehnjährigen Jüngling im Konfektionsanzug, auf dessen vollen Lippen ein unpassendes hilflos-zärtliches Lächeln lag, wer von ihnen über mehr Stühle zugleich springen könnte. Sie stellten erst einen, dann zwei Stühle auf die Mitte der Straße, und beide übersprangen das Hindernis, dann kam ein dritter Stuhl dazu, und Apoll Besobrasow sprang darüber, während der Jüngling beim Aufkommen schmerzhaft auf dem Hosenboden landete, das aber nicht bemerkte, weil er völlig betrunken war.

In seiner maßlosen Grausamkeit forderte Apoll Besobrasow ihn auf, über vier Stühle zu springen. Als die Reihe stand, begann das Publikum sich darum zu scharen, denn eine Hürde dieser Länge war für einen Betrunkenen tatsächlich so gut wie unmöglich zu überspringen.

Der Jüngling nahm Anlauf und stoppte abrupt ab, als wäre er plötzlich zu sich gekommen, dann trat er wieder zurück, aber ein zweites Mal ließ Apoll Besobrasow ihn nicht anhalten. Mit einem seltsamen Schrei feuerte er ihn an, der Jüngling drückte sich wie im Traum vom Boden ab und stürzte mitten in das Gewirr aus gelbem Metall und zerbrochenen Gläsern. Ohne ihn eines Blickes zu würdigen, stellte Besobrasow die Stühle wieder auf und nahm lächelnd seine Kappe ab.

Ich hatte schon bemerkt, dass er das nur zu seltenen Anlässen tat, und dann wurde er regelrecht gefährlich. Er trat ziemlich weit zurück, dann noch ein Stück, dann noch einmal ein Stück, was ungeschickt war, der Anlauf war jetzt zu weit; ich sah, wie seine Oberlippe sich etwas hochzog und eine gleichmäßige Zahnreihe bloßlegte, und plötzlich gab er sich einen Ruck und rannte los; der Anlauf war wirklich zu weit, als er an mir vorbeikam, hatte er das offenbar erkannt und sein Tempo etwas gedrosselt, aber da war er nur noch fünf Schritte von den Stühlen entfernt. Es schien, als würde er gleich stehenbleiben, aber stattdessen gab er einen seltsamen Laut von sich, eine Art Ächzen, in dem maßlose Schadenfreude und wilder Triumph lagen; auf den letzten drei Schritten flog er fast, dann sprang er ab, zog die Beine dicht an den Kopf – und übersprang das Hindernis, er streifte nur die Lehne des vierten Stuhls, fiel auf die Hände und überschlug sich buchstäblich, kam aber gleich wieder auf die Füße und lachte so unverhohlen zufrieden los, dass wir unwillkürlich alle verstummten.

Danach saß Apoll Besobrasow vollkommen still da, während auf seinem Gesicht noch der helle, bizarre Widerschein der eben durchlebten extremen Willensanstrengung lag. Er schien den Moment der Ruhe zu genießen, und nur ab und zu spuckte er das Blut aus seinem aufgeplatzten Zahnfleisch, das sich in seinen Mundwinkeln sammelte, in hohem Bogen auf die Straße.

So endete mein erster Versuch, mir eine feste Meinung

über ihn zu bilden und ihn in eine bestimmte Kategorie einzuordnen – die des einsamen Philosophen zum Beispiel – ebenso kläglich wie viele weitere. Apoll Besobrasow, an den ich mich schon zu gewöhnen begonnen hatte, den ich mit jenem Besitzerblick betrachtete, den wir auf alles vermeintlich Verständliche werfen, rückte plötzlich in eine urzeitliche Finsternis, und genauso geschah es auch später immer dann, wenn ich mir eine bestimmte Vorstellung von ihm zu machen versuchte, so als wollte ich mich in seiner Gegenwart auf einem Stuhl niederlassen.

In Apoll Besobrasows Gegenwart konnte man es sich nicht bequem machen, seine Persönlichkeit ließ das nicht zu, sie hielt sein Gegenüber in jener ununterbrochenen, süßen Anspannung, aus der die wunderbare Idee der reinen Möglichkeit hervorgeht. Das innere Schicksal, dem die Seelen noch mehr unterworfen sind als die Körper dem äußeren, existierte für ihn nicht. Seine Gefühle von gestern verpflichteten ihn heute zu nichts. Wenn ich eine Zeit lang fortgewesen war, erkannte ich ihn anschließend oft fast nicht wieder, selbst sein Gang veränderte sich, selbst der Klang seiner Stimme. Apoll Besobrasow lange zu kennen hieß, einer ebenso langen und abwechslungsreichen, unsagbar wundervollen Theatervorstellung beizuwohnen – man saß vor einer Bühne, auf der die Farbe der Wolken ständig wechselte und die Flüsse sekündlich ihre Richtung änderten; Leute gingen vorüber, lächelten, sagten schöne, seltsame und weitgehend sinnlose Dinge; sie begegneten sich und gingen wieder auseinander und kehrten niemals zurück, denn Apoll Besobrasow war umgeben von den Figuren seiner Träume, die er nacheinander in sich verkörperte, und doch blieb er selbst unveränderlich präsent, gleichsam außerhalb seiner Seele – oder genauer gesagt war nicht er präsent, sondern ein anderer, der in ihm schlief und träumte und scherzend Gestalt annahm in seinen Träumen, und dieser andere hielt mich in seinem Bann, auch wenn ich oftmals stärker war als der jeweils jüngste Doppelgänger.

»Wann wird der Schlafende erwachen?«, fragte ich mich und spürte doch deutlich, dass das nie geschehen würde, dass wir alle für ihn nicht realer waren als ein Traum, den man noch im Schlaf als Traum erkennt, also so irreal wie nur möglich.

Es war, als stünde er immer außerhalb seiner selbst, oft unterbrach er sich wie ein Schauspieler, der sich im Text geirrt hat, und verwandelte sich in sein Gegenteil, und dann ins Gegenteil des Gegenteils. Dieses neue Gegenteil war aber nicht sein ursprüngliches Ich, sondern ein dritter Zustand: So kehrt der Geist in der Minute des Todes endgültig zu sich zurück – zu sich, doch nicht in sich, denn das Ich des Menschen umfasst in diesem Moment nichts, es wird vielmehr umfasst, es umgibt nicht, wie eine Atmosphäre, sondern ist selbst umgeben von unserem Dasein – eine goldene Insel, eine Insel im Sonnenuntergang, eine Insel des Todes.

Allmählich ließ Apoll Besobrasows Erregung nach, seine Augen kühlten ab und wurden wieder zu dem, was sie gewöhnlich waren. Die wilde Willenskraft in seinem Inneren ebbte ab, seine Haltung verlor an Spannung, und er sackte etwas auf dem Stuhl zusammen.

Einen Moment lang dachte ich, er wäre eingeschlafen, und er schlief auch wirklich eine Sekunde; seine Hand stützte automatisch den sonst so leicht getragenen Kopf, und über seine Lippen kroch wie eine blinde Schlange langsam ein abscheuliches, erschrockenes Lächeln. Gleich darauf war er wieder wach, trank hellgrünen Wein, der dichtem Nebel glich, rauchte eine Zigarette nach der anderen und hüllte sich in blaue Schwaden, denn Apoll Besobrasow inhalierte nicht, und der Rauch aus den Nüstern eines nicht inhalierenden Menschen ist nicht gelbgrau, wie normalerweise, sondern blau.

Nachdem ich den äußersten Punkt des Rausches für diese Nacht hinter mir gelassen hatte, wurde auch ich allmählich wieder nüchterner, und aus dem farbigen Dunst, der uns umgab und seinerseits von schwarzem Dunst umgeben war, lösten sich einzelne Tanzende, Tische voller Erdnussschalen, ungewöhnlich rote und ungewöhnlich bleiche Gesichter über verknitterten, im Lauf der Nacht schwarz gewordenen Kragen.

Mir war übel und ich war müde, und dann wurde mir ganz und gar übel und ich ging ins *lavabo*.

Endlich wurde es hell. Der Osten färbte sich gleichmäßig blau, und über den Köpfen der Tanzenden erloschen in der Ferne langsam die grünen Sterne der Laternen.

Über dem Bahnhof von Montparnasse stand die hellfingrige Venus, und der Himmel, kurz vorm Erwachen, wurde rosa. Auch innerlich erwachte etwas, verstummte, blühte auf. Das Gesicht meines Gegners war jetzt beinahe schön, im unsicheren Morgenlicht zogen blaue und violette Reflexe darüber hinweg.

Müde und seltsam unentwegt, sah es ganz anders und viel weicher aus als in der Nacht. Es war nachgiebig geworden, meinte aber nichts Bestimmtes damit. Es blieb leblos: das Gesicht eines vollkommen fremden Menschen. Tiefer Schlaf lag auf ihm wie ein waches, wechselhaftes Licht. Physisch träumte es, verzog sich langsam zu einem

Stirnrunzeln, einem Lächeln, aber der Geist, der in ihm lebte, nahm daran sichtlich keinen Anteil.

Es war ein neuer Traum, der den vorangegangenen weder erklärte noch aus ihm hervorging. Das Vergangene hinterließ keinerlei Spuren auf diesem Gesicht. Es schien, als hätte der violette Regen der Morgendämmerung die Erinnerungen der Nacht restlos davon abgewaschen, und jetzt sah es starr und sogar ein wenig verwundert vor sich hin.

Plötzlich stieg aus der Tiefe, physisch spürbar wie Brechreiz, eine Welle heftigsten Mitleids mit diesem Unbewegten in mir auf. Ich rang nach Luft, legte den Kopf auf den Tisch und begann bitterlich zu weinen. Und da erhob das verschwimmende, sich verdoppelnde Bild die Stimme. Sie klang lieblich, heiter und ruhig.

»Wer wird denn weinen bei so einem schönen Wetter. Gehen wir lieber schlafen. Sehen Sie, die Sonne geht auf, alles macht sich bereit, das ist die beste Zeit zum Schlafen. Man liegt da und streckt einen riesigen, schmutzigen Fuß unter der Decke hervor … Oder man wäscht sich mit heißem Wasser. Es tut furchtbar gut, sich heiß zu waschen nach einer durchgemachten Nacht, man wird wieder jung und ganz munter, und dann schläft man urplötzlich ein wie ein Stein.«

KAPITEL 3
IN DEM ES NOCH EINMAL SO STARK REGNET

Das Gute entsteht aus dem Bösen.
Das Böse entsteht aus dem Guten.
Wann wird das alles enden?
Tao Te King

Vielleicht ging es auf den Abend zu. Doch in dem heißen Halbdunkel, wo wir spärlich bekleidet saßen und redeten, war es immer noch drückend schwül. Immer noch schläferte uns, aber nach draußen wollten wir nicht, denn draußen lag ein warmes Regenmeer, auf dem wir langsam dahintrieben, tief im Schiffsbauch des riesigen schwarzen Hauses. Nur der Tisch mit dem unbewegten Geschirr lag im Licht; direkt darüber schwebte in der grünlichen Tiefe des Fensterschachts wie das Bullauge eines Dampfers ein dickes, weißes Milchglasviereck, auf das seit dem Morgen mal schwächer, mal stärker ein weicher, schwerer Juliregen trommelte. Manchmal flammte ein Blitz auf, in der Ferne rollte Donner, und wieder regnete es ohne Unterbrechung in der schweren, schwülen Dämmerung eines endlosen Tages, der wohl wirklich auf den Abend zuging.

Es war einer dieser unsagbar rührenden, grauen Sommertage, an denen das fleischige Grün der Kastanien den Himmel verdeckt, an denen alle Fenster offenstehen, an denen die wuchtigen Räder der Karussells sich auf nassen

Straßen drehen und das Dampflokpfeifen ihrer Motoren durch die Luft gellt. An denen die Luftgewehre in den Schießbuden knallen und verschwitzte Soldaten warmes gelbes Bier trinken, während sie unter durchnässten Markisen dem Regen lauschen, der gleichgültig auf die schönen Pissoirreklamen prasselt.

Der senkrechte Lichtfluss zwischen uns hatte sich länger schon hellblau gefärbt, jetzt schimmerte er blau und lila, und wir versanken im Dunkel wie Ertrinkende, vergessen im Bauch eines Ozeandampfers. Der stumme Wasserfall der Dämmerung stürzte unentwegt herab und brach sich lautlos auf dem grauen Holz des Tisches, und erstaunlicherweise passte immer noch mehr Dämmerung in das breite, niedrige Zimmer, hoch unterm Dach eines alten Hauses an dem bühnengleichen, von den Karren der Straßenhändlerinnen umstellten schmalen Platz vor der École Polytechnique.

An zahllosen Kirchtürmen und alten Häusern ringsum schlugen jetzt die Uhren, sie setzten weit vor der Zeit ein und schlugen lange noch weiter, trödelnd und träumend. Auch tagsüber waren sie deutlich zu hören, nachts aber führten sie ganze Unterhaltungen und Streitgespräche; manchmal, wenn eine von ihnen mit seltsam hohem Ton eine Stunde kurz vor Tagesanbruch verkündete, breitete sich einen Moment lang Stille aus, bis aus weiter Ferne, offensichtlich zu spät, der kaum hörbare, heisere, mit aller Enttäuschung und Müdigkeit der Welt vollgesogene Klang der anderen zurückschallte, als stiege er aus der Hölle auf.

Zwischen endlosen Vorsprüngen und Schrägen aus dunklen Ziegeln, zwischen Steilwänden und kleinen, nur dem Dachbodenpublikum sichtbaren blechgedeckten Aufbauten, dort, wo die Glasrosen des Regens so rein und lange, so zart und frei herabfielen und brachen, wo die geheimnisvollen Schneeschmetterlinge so langsam sanken und fast in der Luft stillstanden: Wie gern wollte ich mich dort immer hinlegen und einschlafen, auf einem dieser Vorsprünge, umgeben von Schornsteinen, Rinnen und Wölbungen, fern der Welt, in dieser Ruhe und Einsamkeit, die doch in keinem Felsengebirge lag, sondern hier, fast im Zentrum der riesigen Stadt.

Es schien tatsächlich dunkel zu werden, an der Decke sammelten sich langsam opalschimmernde Schichten von Zigarettenrauch, wie die letzten Grübeleien tuberkulöser Halbwüchsiger, die in diesen riesigen Sarkophagen aus morschem Holz allmählich ihr Leben aushauchten.

Doch irgendwo dort, auf der anderen Seite des Tisches und des Lichtstroms, schwamm wie eine tote Ophelia, wie eine Medusenmaske mit halbgeschlossenen Augen noch immer das ruhige, zärtliche Gesicht Apoll Besobrasows. Er sprach, er sprach schon lange, und ich hörte schon lange bald ihm, bald nur dem Klang seiner Worte, bald dem Regen, bald den Glockenschlägen dahinter zu, bald döste ich, bald wurde ich wieder lebendig und überlegte, wie spät es sein mochte.

Dann schwiegen wir beide vielleicht über Stunden, während das Zimmer noch tiefer in die Dämmerung tauchte, und als das Gespräch wiederauflebte, blitzte Apoll Besobrasows Stimme noch ferner unter dem nächtlichen Viereck des Fensters, das wie der Eingang in ein blechernes Grab hoch über uns blaute: Denn inzwischen war der Raum bis obenhin mit dem dunkelblauen Sternenwasser der Nacht vollgelaufen.

»Die Antike lachte über die Christen«, sagte Apoll Besobrasow: »›Ihr übertreibt die Größe eures Opfers, ihr liebt die blutigen Tränen. Seht, wie die römischen Soldaten sterben.‹ Natürlich, Christus war Jude und ein Mann des Buches, aber der Philosoph Epiktet dachte sogar dann noch, als sein Herr ihn in einen Schraubstock einspannte, um ihm gewaltsam das lahme Bein zu strecken, an dessen wirtschaftlichen Nutzen: ›Pass auf, du wirst es mir brechen!‹, sagte er, und als die Bänder tatsächlich rissen: ›Siehst du, jetzt ist es passiert.‹ Was hat Christus im Vergleich dazu getan? Selbst wenn er ein Genie war, war das ein Grund, so schamlos zu weinen? War nicht sein Tod überhaupt die unanständige menschliche Seite seines Lebens? Jedes Scheitern ist eine Schande, man spricht nicht darüber, so wenig wie über verspieltes Geld. Wie konnte er überhaupt spüren, dass er stirbt? Offensichtlich war der Tod auch für ihn Tod, und das Leben war kein Traum im Traum, sondern eben das: Leben, nach dem er gierte. Warum hat er nicht gelächelt am Kreuz, warum hat er sich nicht geschämt für seinen Tod, wie für ein Rülpsen, so wie die Römer sich schämten?«

»Mag sein, dass das Leiden für Jesus erträglich war, wenn sogar der römische Soldat mit einem Lächeln litt«, stimmte ich zu, »aber was ist mit dem Leiden der Kleinen und Schwachen? Wie können Sie behaupten, die Welt sei vollkommen? Ist Ihnen nicht klar, dass sogar Sie als Schöpfer eine liebevollere, glücklichere, vielleicht sogar schönere Welt geschaffen hätten, und der wahre Schöpfer war doch mehr als ein Mensch!«

»Und woher wollen Sie wissen«, entgegnete Apoll Besobrasow plötzlich wie zornig, »dass der Zweck der Welt im Glück der Menschen und in der Schönheit besteht? Können Sie selbst denn den Anblick von fremdem Glück ertragen, sind Ihnen eine erhabene Tragödie und ein edler

Tod nicht lieber? Ist es insgeheim nicht gerade das Tragische in der Welt, was Sie lieben? Wenn ich der Schöpfer wäre, hätte ich die Welt wahrscheinlich noch tragischer gemacht, ich hätte ihr ein Vielfaches an Schmerz, Grausamkeit, Krankheit und Beschwernis mitgegeben. Verachten Sie nicht selbst das Leben nach dem Tod, weil es dem Leiden auf Erden die Realität nimmt und ihm stattdessen einen Nutzen gibt? Trotzdem existiert es leider … Wie gesagt, ich hätte die Welt noch viel tragischer gemacht, denn so käme sie ihrem Sinn schneller nahe.«

»Welchem Sinn?«

»Der Erkenntnis des Guten. Gerade im Schmerz und im Tod erkennt und bejaht der Sterbende mit größter Intensität das Gute und das Mitleid – falls es Mitleid ist, worum es Ihnen geht.«

»Aber wozu dient diese Erkenntnis, wenn der Erkennende stirbt?«

»Wozu denn ewig leben? Man versteht, jubelt, gibt seinen Segen, und dann kann man abtreten – wer will schon ewig Symphonien hören?«

»Und was ist mit denen, die sterben, ohne etwas verstanden zu haben?«

»Sie können Gott vergeben«, sagte Apoll Besobrasow leise.

»Vergeben kann man für sich – aber die, denen auch das nicht vergönnt war?«

»Wir und sie sind eins, wer mit sich kein Mitleid hat, braucht auch die anderen nicht zu bedauern.«

»Aber angenommen« – ich versuchte mit letzter Kraft, mich zu verteidigen, oder nicht mich, sondern etwas in meiner Nähe, das in schrecklicher Gefahr schwebte, das jeden Moment sterben würde –, »angenommen, Sie könnten wählen zwischen zwei Welten: In der einen wäre alles frei, alles hinge vom Menschen ab und könnte sich nach seinem Wunsch verändern oder entstehen, und in der anderen wäre alles starr, alles für immer vorbestimmt, alles unveränderlich und zwingend determiniert, welche würden Sie wählen?«, fragte ich verzweifelt in die Finsternis, die vor mir lag. Eine kurze Pause, dann kam vollkommen ruhig, wie aus weiter Ferne die Antwort:

»Die notwendige Welt.«

»Wieso?«

»Einfach so …«

Ein seltsames Geräusch, wie ein bitteres Lachen, und Stille.

»Apoll Besobrasow!«

Schweigen.

»Apoll Besobrasow! Wo sind Sie? Antworten Sie.«

»Weit weg.« Dann, ganz leise, wie im Einschlafen: »Ich bin in dem, was vor der Geburt des Lichtes war.«

Wieder Schweigen; ich will etwas entgegnen, erklären, verteidigen, aber ich bin müde, meine Gedanken verwirren sich, ich verliere mich und sinke durch endlose, endlose Schluchten.

»Und die Kunst?«, fällt es mir plötzlich ein.

Weit weg, sehr ruhig und spöttisch – seine Stimme klingt wie im Schlaf:

»Eine Schande.«

Es ist so dunkel, dass man Angst bekommt. Blendend hell flammt ein Streichholz auf und hinterlässt grüne Kreise hinter den Lidern. Wieder hört man, wie der Regen fällt, wie irgendwo in der Ferne die Trambahnen klirren. Mich fröstelt, aber ich will weder aufstehen noch sprechen.

Schließlich taste ich mich vor bis aufs Bett, und kurz darauf träume ich schon.

Ich falle in goldene Brunnen voller Wolken und fliege, fliege Millionen von Jahren tiefer und tiefer in andere Welten, andere Zeiten.

Als Kind bin ich oft mitten im Gebet eingeschlafen; wie gut, wenn ich damals auch mitten im Schlaf gestorben wäre.

Ein kalter Sommer. Die Uhr, der Kamin. Der Abgrund des trüben Spiegels. Glorie verdämmert. Schläfrige Stunden. Die unreine Frische der Kissen. Müdigkeit. Schlaf. Reglose Stunden. Der kränkliche Schimmer des Bettes. Ermattung.

Hinter den geschlossenen Lidern tanzen unentwegt goldene Flocken, Punkte, Atome, Sterne. Wohin sinken die Sterne? Lächelnd verdämmernde Glorie. Das Gesicht fällt wehrlos ins Dunkel, steigt tiefer im Sternenstaub.

Ins Vage, abwärts, ins Nackte. Ohne Schutz und ohne Gedächtnis. Die Stirn entkrampft, die Züge geglättet. Endlich darfst du schön sein, Gesicht, weil dich endlich keiner mehr sieht. Du siehst dich selbst nicht mehr, denn bald träumst du deinen ersten Traum.

Du schläfst, Besobrasow, die Glorie deines unbewegten Blickes verdämmert. Aber du hast die Welt noch nicht verlassen. Unklar und dumpf dringen die Stimmen der anderen zu dir. Du hörst sie noch. Vielleicht träumst du sie auch. Tiefer die Kälte der Kissen. Heller das Flackern des Äthers. Wer einschläft, sieht jäh alles klar. Wer einschläft, löst sich von allem. Sein Traum handelt von etwas anderem. Still, ich werde wieder wach. Ich höre die Leben neben mir. Wer sind diese Menschen?

Wie parallele Fäden, wie Telegrafendrähte vor dem

Zugfenster, wie Echos im Nebel. Warum sie? Warum bin ich mit ihnen auf der Welt? Warum bin ich auf der Welt? So ist es, so war es immer. Vielleicht liegt es auch lange zurück, und ich träume jetzt nur von damals. Ein paralleles Gleis. Lange flimmern die Lichter des Parallelzugs im Schnee. Und plötzlich eine Weiche, eine Kurve, ein roter Punkt, und wieder Schnee.

Wo seid ihr, die ich einst liebte? Schweigen … Sie hören nichts mehr. Der Sternenschnee vor dem Fenster dämpft das Stampfen der Lok – wann war das nur, und war es denn wirklich?

Wo liegt diese Stadt, in welchem Märchen? Endlose dunkle Straßen, die Häuser verstellen einen Himmel voll regloser Sterne. Und wieder Regen. Tief unten brennen Laternen. Ein blasser Mensch hat den Vorhang zur Seite geschoben und schaut im Laternenlicht konzentriert auf die Uhr. Er muss bald zur Arbeit.

Die ganze Nacht brennt unten Licht. Jemand wälzt sich im Nebenzimmer, sein Bett quietscht, er phantasiert. Jemand steht im Dunkeln auf. Ein Strahl bricht sich am Grund des Nachttopfs und wird langsam leiser. Ein paar Tropfen noch … Ende.

Das grauweiße Licht einer Glühbirne, im Zigarettenrauch, der sich langsam verzieht. Dort schläft einer in seinen Kleidern, auf dem Bauch: plötzlich aller Schmerzen und Ängste ledig, dem Chaos der Gedanken entrückt und lebend in den Himmel aufgenommen.

Noch tiefer schläft man in den dritten Hinterhöfen und sechsten Etagen, in niedrigen Zimmern ohne Fenster, oder mit Fenstern zu lichtlosen Schächten, in deren Tiefe auf einem Drahtnetz, das die trüben Fenster schützt, jahrein, jahraus Zigarettenschachteln, Zeitungen und Küchenabfälle aufweichen und ausbleichen. Ganz am Ende, hinter dunklen Vorhängen und schwindsüchtigen Wandschirmen, umgeben von Truhen, Kleiderständern, Trittleitern, schmutzigen Küchen, grauen Kloschüsseln ohne Brille, zwischen Motten, Spinnen, Wanzen, Fliegen, Asseln, Streptokokken und Gonokokken, Spirochäten, Spirillen, Stäbchenbakterien und den geheimnisvollen, auch unter dem stärksten Mikroskop nicht erkennbaren Erregern von Krebs, Trachom, Schlafkrankheit und Starrkrampf, in einem Leichentuch aus Staub und Feuchtigkeit, dort am Ende Dutzender von Hintertreppen, die im irrealen, kranken, starren Licht von blassgrünen Gaslampen und trüben, staubig-gelben Glühbirnen liegen, hinter all den Gängen, Fluren, Höfen, Aborten und Abstellkammern ist die antike Glorie von Apoll Besobrasows unbewegtem Blick erloschen, und er schläft, er hat seinen Namen vergessen und aufgehört zu sein.

Während ein Dutzend Kilometer im Umkreis in der dichten, krankhaften Luft hoch über der Erde noch gelesen oder im Dunkeln geträumt, geweint und gehustet, kopuliert und defäkiert, gespült und gespritzt wird, während man dem Regen lauscht, wach wird, sich herumwälzt oder im Bett liegend endlos lange Gespräche führt, wie Mönche in Katakomben, während man streitet und Kränkungen aufzählt, an nicht gehaltene Versprechen erinnert, an verlorene und vergeudete Jahre, und umständlich kleine Summen nachrechnet, voller Vorwurf und Spott, um sich dann zu versöhnen, zu liebkosen … Tiefer nächtlicher Trost, warmes Vergessen, Entspannung und endlich tiefer Schlaf, der auf den erschöpften Gesichtern die innige, karge Ruhe mittelalterlicher Heiliger aufgehen lässt.

Die schmutzigen, zerknitterten Kleider, das Jackett mit den verschwitzten Achseln, die erbärmliche Hose mit den frischen Lehmspritzern und der schweißdunkle Strumpfgürtel einer Frau – das alles gleicht, auf einen Stuhl geworfen und im Stich gelassen, einem reglos dasitzenden Menschen, dessen Gestalt ganz allmählich, über zahlreiche Abstufungen und Nuancen, aus dem kalten Licht des anbrechenden Tages hervortritt, als tauchte sie aus einem tiefen Gewässer auf. Bald tickt irgendwo kaum hörbar ein Wecker, und in der Stille vor Tagesanbruch quengelt ein Säugling, der sich in seinen nassen Windeln wälzt, und plötzlich dringt von weit unten klar und eilig das Klacken abgetretener Absätze herauf, in der Morgenkühle laufen fröstelnde Menschen auf dem Weg zur Fabrik vorüber, verbrüht am kalten Wasser und benommen vom Schlafmangel, krank und tapfer – die täglichen gleichgültigen Zeugen des rosigen Erscheinens, des blutroten Loderns, des gelben Leuchtens und weißen Verschwindens eines kalten Sommermorgens, an dessen Stelle rasch das tote, fahle Licht des Regentages tritt.

Trambahnen, Trambahnen, Trambahnen. Die überfüllten Wagen scheppern durch leere Straßen. Das Gaslicht geht aus. Schwere Lastautos rollen zum Zentralmarkt. Weiße Dämmerung. Europa. Im Winter schieben sich die schwarzen, schiefen Gestalten derer, die in Hauseingängen übernachtet haben oder auf den Stufen zur Metro, dicht am Eisengitter, aus dem die warme, stinkende Luft des Untergrunds hervorweht, unauffällig in die ersten Cafés, oder sie steigen endlich zu der Bahn hinunter, mit der sie lange unter der Erde im Kreis fahren werden, mit wackelnden Köpfen, eingeschlafen in der Wärme; und selbst sie werden beneidet von denen, die in die Fabriken eilen, selbst sie scheinen glücklicher, weil heimgekehrt zur Wahrheit. Viel später beginnt erst der Morgen der Angestellten, der Schüler und der kleinen Ladenbesitzer, und noch viel später der Morgen der Herren mit Halbglatze, jener zählenden, schreibenden, lästernden, gut gekleideten Herren in Fil-d'Ecosse-Socken und kunstseidenen Hemden, amerikanischen Schuhen und englischen Anzügen, mit ihren überaus tugendhaften Gedanken. Ein Morgen voll grauenvoller, übelriechender, kotiger, wurmiger, eitriger, ruhiger und gewichtiger Gespräche, umgeben von modischen Möbeln aus Eichenimitat und Hotelsilber mit koffeinfreiem Kaffee, alkoholfreiem Wein und salzlosem Salz – Christusmörder, apokalyptische Plagen! Der Morgen derer, die Geld haben. Derer, die sich im Recht fühlen.

Und schließlich beginnt nach allen anderen, in Lärm, Getümmel und grellem Licht auch der letzte Morgen – ein von der Leere, den sauberen Mülleimern und den hochgestellten Stühlen der Cafés unendlich weit entfernter Morgen der Konfusion, Benommenheit und Atemnot, der juckenden Hämorrhoiden und der im Minutentakt hervorgeholten Glieder und Taschenuhren. In verwüsteten Zimmern hinter herabgelassenen Jalousien endet noch der letzte, schwerste und sinnloseste Traum, in dem schon Straßenlärm und quietschende Autos, zerwühlte Laken und eingeschlafene Arme mitspielen. Langsam öffnen sich lichtscheue Augen, man ist benommen vor Kopfschmerz, vor Sodbrennen, vor Müdigkeit und Schmerzen in den Genitalien. Es erwachen die Seelen derer, die gestern bis zum Morgen gelacht, gespottet, geschrien und gepanschte Getränke konsumiert haben, die wirre Argumente und lasterhafte Küsse getauscht und sich ausdauernd und erschöpft gepaart haben, mit irgendwem, irgendwie, irgendwo. Sie werden sich lange reuig mit einem schmutzigen Kamm durchs Haar fahren,

Wasser mit Magnesium trinken, sich im Schritt kratzen, gähnen, die Zeitung lesen, kalten Hotelkaffee trinken und dann vielleicht hintüberkippen und bis zum Abend weiterschlafen.

Doch wo war Apoll Besobrasow gewesen, während er wie eine Mumie eingewickelt dalag, furchtbar verkrümmt oder seltsam ausgestreckt wie eine Steinfigur auf einem antiken Grabmal? Er wusste nichts davon. Sein tiefer, ohnmachtsartiger Schlaf schlug beim Erwachen oft in schwere Verstörung um, er erinnerte sich nur mühsam, wo er war, und erkannte seine Umgebung nicht recht wieder. Es war, als müsste er neu gehen lernen. Er spürte noch die Berührung jenes Gewaltigen, Schrecklichen, Goldenen, für Sterbliche Unbegreiflichen, wie Tobias nach dem Abschied des Engels. Alles schien ihm verwandelt. Die Straßengeräusche klangen tragisch klar, sie riefen und schrien und wiederholten sich. Alles war voller Geheimnis und Bedeutung. Alles wunderte und ängstigte seine Seele, die in der Nacht so weit ausgeflogen war. Aber was sollte er tun? Aufstehen, den Raum durchmessen, Licht absorbieren, Masse haben. Vielleicht sollte er sich von heute an auch anders nennen, niemanden mehr erkennen, sich nicht mehr rasieren, sein Russisch verlernen? Oder den ganzen Tag lesen? Doch in den Büchern standen entweder Dinge, die er schon wusste, oder solche, mit denen er nicht einverstanden war. Tagsüber ins Kino gehen, sich am Morgen schon betrinken?

Dann ist der erste Tumult des Erwachens vorbei. Zum tausendsten Mal hat Apoll Besobrasow dieses absurde Leben akzeptiert. Noch hat er sich nicht von der Stelle bewegt, doch seine Züge haben sich schon beruhigt und geglättet. »Notwendigkeit oder Vorsehung, was immer

Du bist, unüberwindlich oder gnädig, gib mir, was Du willst, und nimm, was Du willst«, verdreht er die zweitausend Jahre alten Worte. »Nicht die Ausschweifungen und Wunder der Griechen, nein, etwas Römisches ist es, was uns fehlt, um heldenhafter zu leben: uns täglich mit kaltem Wasser zu waschen und dem Schicksal großmütig zu vergeben.« Apoll Besobrasow ist wieder Herr der Lage, jetzt wird er in Ruhe aufstehen und ein Hemd waschen; er wird Gymnastik machen und sich dann in einen Park setzen und Aristoteles lesen, umgeben von Soldaten auf Urlaub und Kindern.

KAPITEL 4

Diese Liebe zur Abwechslung war der Grund für den Tod Adams und aller seiner Nachkommen.
Zohar

In jenen Tagen wechselte meine Stimmung immer mit dem Wetter, als würde meine schwache Seele sich von der Sonne ernähren und mit der Sonne verfinstern.

Bei trübem Wetter fing der Tag in Besobrasows Zimmer gar nicht erst an; nur ein blasses Leuchten drang wie durch tiefes Wasser herein. Und wenn dichter Schnee aufs Dachfenster fiel, wurde es drinnen Nacht. Hin und wieder stieg einer von uns auf einen Stuhl, der auf den Tisch gestellt war, kippte das Fenster, um es von der Schneeschicht zu befreien, und sah sich einen Augenblick um, wie der Kapitän eines aufgetauchten U-Boots. So weit das Auge reichte, breiteten sich in geometrisch geformten weißen Wellen die Dachschrägen, Simse und Steilwände schmaler, hoher mittelalterlicher Häuser aus – und dann tauchte das Boot wieder unter, und es war still darin zur Stunde des Schnees.

Manchmal zündete Apoll Besobrasow eine Kerze an, denn der ehrfurchtgebietende Vermieter schaltete vor fünf Uhr den Strom nicht ein, obwohl es um halb vier schon ganz dunkel war. Beim Licht einer Kerze, in dem er einen riesigen Schatten warf, las Apoll Besobrasow die *Nachfolge Christi*, ein Buch, an dem er rein gar nichts verstand, wogegen ihm von Spinozas *Ethik* ein kurzer Abriss aus einer billigen Philosophiegeschichte genügte, um sich diese Lehre, die er ohne Weiteres selbst hätte entwickeln können, vollständig anzueignen.

An nebligen Tagen dachte ich beim Aufwachen lange über sein Leben nach, und Apoll Besobrasow, der aus irgendeinem Grund immer erriet, wann ich wach war, auch wenn ich mich nicht rührte, schickte mich Milch holen; wenn ich mich weigerte, ließ er gern die Karten entscheiden, denn nach seiner Überzeugung war das Los der einzige Punkt, an dem Gott direkt ins Leben des Einzelnen und der Völker eingriff: Die Griechen hätten aufgehört, eine religiöse Nation zu sein, sobald sie ihre Beschlüsse und die Besetzung von Ämtern nicht mehr an Los und Orakel ausrichteten. Der vom Schicksal Ausersehene stieg dann in den feuchten Brunnen des Treppenhauses hinunter, und bei seiner Rückkehr fand er den Gefährten schlafend auf den verstreuten Karten, daneben auf dem Boden den brennenden Spirituskocher mit dem angeschmorten leeren Teekessel, denn der Schlaf zählte für uns zweifellos zu den wichtigsten Beschäftigungen. Es kam vor, dass Apoll Besobrasow an langen Regentagen überhaupt nicht das Bett verließ und ich allein spazierenging, in meinen augenblicklich durchnässten Schuhen, deren löchrige Sohlen ich auf Besobrasows Rat von innen mit abgeschnittenen Dragonergurten abdichtete. Lange lief ich so herum und hielt mein Gesicht in finsterer Begeisterung den kalten Tropfen entgegen, drang immer tiefer in die Dunkelheit der unbekannten Straßen am rechten Seineufer vor, bis ich schließlich kapitulierte, klein beigab, und mich wie ein steuerloses Boot von der Strömung wieder nach Hause treiben ließ, immer weiter vornübergebeugt und in meinen Kragen verkrochen, während in den gelben Nebelwogen schon die Gaslaternen angingen und sich mit einem matten Lichthof umgaben, durch den in leichten Schleiern langsam und unermüdlich feinste Regentropfen herabsanken. Wenn ich zurückkam, legte ich mich oft noch in Hut und Mantel bäuchlings aufs Bett und schlief ein, bis ich spätnachts von einem schlimmen Traum plötzlich aufwachte und mit rotem Kopf erschrocken um mich blickte. »Besobrasow!«, rief ich im Dunkeln und bekam, vielleicht mit Absicht, lange keine Antwort.

Im Sommer, wenn wir die Hitze in unserem flachen Sarg direkt unterm Dach nicht mehr aushielten, schliefen wir völlig nackt, und ebenso nackt stand ich nachts mit einer Kerze auf dem Bett und suchte wie besessen nach Wanzen. Besobrasow dagegen warf sich ihnen stoisch zum Fraß vor, und einmal beobachtete ich sogar, wie eine Wanze über sein Gesicht kroch und er sie mit Dulderlächeln, einem christlichen Heiligen gleich, absichtlich nicht abschüttelte, sondern nur fest die Augen schloss. In heißen Nächten schliefen wir oft auch im Bois de Vincennes oder auf den Befestigungsanlagen; dazu gruben wir nach Pfadfinderart eine kleine Mulde auf unserer rechten Seite – Besobrasow war als Kind Pfadfinder gewesen. Doch all das kam erst später; noch davor steht in meiner Erinnerung das Glücksgefühl, mit dem ich an einem Junimorgen in Besobrasows Zimmer aufwachte. Ein breiter, gleichmäßiger, gleißend-freudiger Sonnenstrahl fiel von der Decke herein und strahlte vom roten Fliesenboden als rosiger Schimmer zurück. Eigentlich war es eine Feuersäule, die mitten im Raum stand, kompakt und immateriell, voll freudig tanzender Staubkörner. Kurz darauf nahm der nackte Apoll Besobrasow auch schon eine Sonnendusche darin, und durch die geöffnete Fensterluke drang die munter quietschende, fröhlich verstimmte Fanfare eines kleinen Turnvereins, der draußen vorbeizog. Was für ein Glück war es, sich an so einem Morgen zu waschen und kräftig trockenzurubbeln, mit nackten Füßen in die Tennisschuhe zu schlüpfen und schließlich ohne Jackett, das hellblaue Hemd hoch aufgekrempelt, auf der Straße zu stehen.

Um diese Zeit war es dort hell, sauber und sonntäglich leer, hell glänzte das schwarz-violette Holzpflaster, es gab fast keinen Verkehr, nur an den Obstkarren standen dicke, lustige Frauen, die für wenig Geld einen nassen Rest Erdbeeren anpriesen. Der schmale, teils von Häusern verschattete Platz vor der École Polytechnique lag in theatralischem indirektem Licht. Der Himmel war blau, er wurde blinzelnd bestaunt von dicken, sauberen Männern mit roten Hälsen und weichen Schuhen, die breitbeinig vor ihren Hofeinfahrten standen oder auf dem Bordstein saßen, und neben ihnen stämmige, ausnehmend großherzige und gutmütige Mischlingshunde, die gleichfalls irgendetwas bestaunten.

An Sommertagen, wenn die Luft so wundervoll hell ist, wenn alles beleuchtet und gewärmt, alles grün und staubig ist, wenn alles irgendwohin führt und man hinter jeder Ecke eine ländliche Straße erträumt, welche schmerzhafte Gier nach Wärme und Bewegung erfüllt da das Herz, während man morgens vorm unbequemen Spiegel steht. Nur schnell den Hals noch fertigrasieren, das neue blaue Hemd überstreifen und dann alles stehen und liegen lassen und mit hochaufgerichteter schmaler Brust und zurückgekämmtem schütterem Haar ins Freie stürmen, ans Licht und ins Glück, natürlich. So fliegen unter Soldaten, die Ausgang haben, fröhliche Rufe hin und her, sie witzeln und albern herum, während sie hastig die Militärblusen über den Kopf ziehen und angestrengt, die Zungenspitze im Mundwinkel, ihren Stiefeln den geheimnisvollen letzten Glanz geben. Schon ist der Flachsschopf sauber gekämmt, die Falten des Hemds sind mit pflanzenhafter Vollkommenheit geordnet; ein letzter besorgter Blick in den Spiegel am Kasernentor, eine kurze Meldung beim Feldwebel, und endlich die sonnige Straße und das goldene Barbierbecken, das über dem Boulevard schwebt.

Aber hast du Vaterlandsverteidiger dich nicht allzu freudig auf den Weg gemacht, und ach, wird dich im Lauf dieses langen Tages nicht der dumpfe, bierschwere Trübsinn einholen?

's war abends gegen sieben,
Wir hatten Langeweile;
Erst schälten wir die Zwiebeln,
Dann kriegte Anton Keile …

»Überlegen Sie es sich gut«, sagte Besobrasow oft, »ehe Sie sich an einem sonnigen Tag mit der trüben Maische der Erwartungen im Herzen ins Getümmel stürzen, denn wenn Sie den endlosen, staubigen Tag über nicht fündig werden und ermüden, wer soll Sie dann beschützen unter dem glutheißen Himmel?« Ja, Apoll Besobrasow war ein Meister im Flanieren, gutmütig und gleichgültig, ausdauernd und mühelos, ohne Ziel und doch mit größtem Nutzen, ohne einen Schatten von Neid, Missbilligung oder Mitleid; von ihm habe auch ich gelernt, im Gehen – einem Schreiten wie von hieroglyphischen Figuren – Ruhe und Gleichgewicht zu suchen, und auch wenn ich es nie zur Perfektion darin brachte, vergaß ich manchmal doch Neid und Bedauern und gelangte zu jenem tiefen Bejahen aller Dinge, das nur den ägyptischen Kolossen eigen scheint. Besobrasow ging durch die Straßen, die leichte Kappe, unter der er wie hinter einem Monokel seinen schweren Blick verbarg, tief in die Stirn gezogen, mit gereckter Brust und einwärts gedrehten Füßen, und viele sahen ihm mit unwillkürlicher Hochachtung nach, denn er blickte mit demselben unveränderlich gutmütigen Ausdruck auf Gesichter und Wände, wobei er den warmen Wunderwerken der Anstreicherkunst mehr Aufmerksamkeit schenkte – oder manchmal auch einem in der Sonne leuchtenden schrägen Zinkdach oder einem Zeppelin. Lange, bis sein Nacken schmerzte, stand er auf dem Boulevard und sah ihnen aus schmalen Augen nach, und ihre märchenhafte Prozession durch das Blau erinnerte ihn an kostbare, selten wachgerufene Traumempfindungen.

Eine ferne Glocke ließ langsam und etwas heiser die Luft erzittern, und die breitbeinig Sitzenden lauschten ihr offenbar gern, obwohl wahrscheinlich keiner von ihnen regelmäßig in die Kirche ging. Und plötzlich schoss wie ein Schwarm großer roter und grüner Uferschwalben ein Trupp Radfahrer über den Platz, rotwangige Halbwüchsige auf unbequemen, sündteuren Rennrädern.

So gingen wir und genossen die Schönheit der warm leuchtenden Fensterläden und Wände, meisterlicher Imitationen von Carrara-Marmor oder seltenen Tropenhölzern, ausgebleicht und etwas verschwommen von der Sonne, und gerade durch diese Flüchtigkeit von überwältigendem Reiz – an all diesen Punkten, Streifen, Schichten und Wirbeln des imaginären Holzes oder Porphyrs hatten die modernen Malermeister mit geradezu mittelalterlicher Sorgfalt gearbeitet, hatten mit schiefgelegtem, weit zurückgebogenem Kopf aus zusammengekniffenen Augen ihr Werk betrachtet und sich dann wieder tief darüber gebeugt, um ein besonders schwieriges Muster zu malen … Wir passierten poliertes Kupfer und dunkelgrüne Palmen, die frisch gewaschen und glänzend in ihren Holzkisten standen, hübsche, seriengefertigte Blechschilder, auf denen »Bass« oder »Byrrh« stand, »Défense d'afficher«, »Défense d'uriner« oder »Docteur spécialiste, 914 Boulevard Sebastopol«, und künstliche Brauchwasserbäche, die munter zischend in die Rinnsteine schossen und ständig aufs Kunstvollste die Illusion eines eben niedergegangenen Gewitters unter dem schon wieder blauen Himmel erzeugten: Dort, hoch oben, zog langsam wie ein kolossaler Luftballon eine weiße Kumuluswolke vorüber, die ihren Schatten auf Mansarden und einen selbstgebastelten Rundfunkantennenmast warf.

Aus grünen Wagen sprühten schäumende, zischende Wasserfächer hervor, die sich knapp vor den Füßen, kurz bevor sie einen übergossen, plötzlich in unscheinbare Rinnsale verwandelten, um sich gleich darauf wieder geräuschvoll zu entfalten, während der selbstzufrieden lächelnde athletische Wasserfahrer, der seinen beidseitigen Strahl mit der Virtuosität eines Zauberers oder Geigers beherrschte, zum tausendsten Mal das immergleiche hydraulische Manöver wiederholte, ohne seiner müde zu werden.

Auf manchen Straßen standen gestreifte Buden, in denen zu Spottpreisen allerhand überflüssige Dinge verkauft wurden, grellbunte Massenware. Eisverkäufer präsentierten ihre Verlockungen: In tiefen Zinkzylindern schillerten die überraschendsten, unverkennbar chemisch hergestellten Farben. Cremeweiße und grüne Trambahnen blockierten die Straße, Kioske stellten Beine von staunenswerter Schönheit aus – fotografierte, teils gar farbige Beine auf den Seiten pornografischer Zeitschriften, mehrreihig aufgehängt zwecks Erregung verbotener Empfindungen sowie zu kommerziellen und dekorativen Zwecken. Breite Spruchbänder flatterten über der Straße, und an allen Ecken prangten Trikoloren, wie sie über Nacht an provisorischen weißen Masten über den Ankündigungen von Herbst- und Automobilsalons emporwachsen.

Das Volk drängte sich zwischen Bretterbuden, wo sich rhythmisch knatternd hohe Lotterieräder drehten und ihre hübschen Ziffern – besonders die Zwei und die Acht – sinken und steigen ließen; auf die Glückspilze wartete Würfelzucker in Schachteln, manchmal bis zu fünf Kilo.

Und plötzlich leerte sich die Straße wieder, verschwanden all die fetten, absichtsvoll schaukelnden Frauenhintern, und mit ihnen Arme, Nasen, Achselhöhlen, gepuderte und glänzende Haut, Brüste verschiedener Größe und Festigkeit, Hosen und zahllose Stutzerschuhe in den unwahrscheinlichsten Farben bis hin zu leuchtendem Blau, und die darin verborgenen Geheimnisse ebenso vieler Socken, fadenscheiniger oder zerrissener, sorgfältig gestopfter, laienhaft mit grobem Faden zusammengezogener und an den Zehen eingeschlagener, halbseidener, halbwollener, Fil-d'Ecosse- oder Demi-coton- oder ganz und gar fehlender Socken. In den Hosen ruhten die Geheimnisse verdächtig fleckiger Unterhosen, in den Brustkörben die Geheimnisse nicht ganz ausgeheilter Lungenprozesse, in den Herzen die Geheimnisse finanzieller Nöte, mystischer Hoffnungen und erotischer Nachtwachen.

Wir gingen vorbei an plump und achtlos rauschenden Brunnen, an Halbwüchsigen und Zeitungsverkäufern, vorbei an den majestätischen, flachen Bauten des Observatoriums und am Denkmal für Marschall Ney, auf dessen erhobenem Säbel eine Taube ihren Gedanken nachhing, vorbei an klobigen, roten Zweizylindertaxis »de la Marne«, wie man sie heute nirgends mehr sieht, an einer Vielzahl vertrauter und liebgewonnener, leuchtender und verblasster Dinge und am einzigen Schauspiel und Strafgericht, das allen Museen mitsamt der Akropolis vorzuziehen ist: an der freudlosen Gasse, und so erreichten wir schließlich Montparnasse, und auch diesmal konnte ich die wohlbekannte, infame, schmerzhaft-freudige Erregung in mir nicht unterdrücken, die alte Erwartung eines unerklärlichen Glücks inmitten der bunten, groben Menge – eine so oft schon enttäuschte Hoffnung, die aus der tiefen, lebendigen Wurzel der Sehnsucht nach niederen Freuden doch immer wieder neu hervorwuchs.

Zu beiden Seiten des breiten Boulevards lagerten die weit aufs Trottoir hinausgeschobenen Korb- und Metallstühle des »Rotonde« und des »Dôme«. In der ersten Zeit, als ich hier ankam, war mir vollkommen unbegreiflich, wie man diesen Ort wieder verlassen, wie man einfach seinen Stuhl zurückschieben und die Asche vom Mantel streifen konnte; ich fand, man müsste ewig hier sitzen bleiben und nächtelang nur über die wichtigsten Dinge sprechen, um endlich zum Kern vorzustoßen und alle Geheimnisse und Ziele zu erfassen. Mein größter Hass galt denen, die den Zauber als erste brachen und gehen wollten, während ich dasaß und Witze schluckte: armenische, jüdische, Soldaten- und Generalswitze, sowjetische und Marseiller Witze, sie alle legten sich Schicht um Schicht,

Last um Last auf meine Seele wie Asche, Ruß, Schalen, Abfall, sie trübten mir das Licht und versetzten mich in eine schwere, rauchige Wut.

Unter breiten, gelben Baldachinen oder in der prallen Sonne räkelte sich die örtliche Gesellschaft und rollte ihr Gaumen-R. Die Männer witzelten und zerlegten Erdnüsse, sie waren übersät von Schalen. Die Frauen wärmten ihre breiten, feisten Schultern in der Sonne, und ihre Augen unter den tiefen Krempen großer Strohhüte wirkten hell und animalisch-schläfrig. Eine ganze Nation von Frauen kam hier zusammen: Sie hatten den halben Tag mit dem gründlichen, langsamen Waschen und Bemalen ihrer Haut und langem, selbstgefälligem Ankleiden verbracht, um schließlich als duftende erotische Objekte auf der Schwelle des »Café du Dôme« zu erscheinen. Dort bestellten sie die obligatorische große weiße Tasse Kaffee, legten mit geschmeidiger Geste eine Schachtel amerikanische Zigaretten auf den Tisch und verfielen in schöne, lasterhafte Starre – unter ihren hochmütig gesenkten, geschwollenen und geschminkten Lidern sandten sie vielsagende Blicke aus und fingen durchdringende fremde auf, wehrten anstößige mit leichtem Wimpernschlag ab und würdigten bittende.

Stunden um Stunden, als wäre man am Strand, beobachten die wundervollen, ausdruckslosen Augen so den ununterbrochenen Strom der Neugierigen, die selbstzufriedenen Posen der reichen Ausländer und das jämmerliche Gefuchtel der armen Künstler, die sich das Café nicht leisten können und deshalb auf der Schicksalsbank gegenüber sitzen, wild gestikulierend, stets bemüht, alle zu verachten und zu Recht von allen verachtet, denn sie hegen auch gegenseitig nur grausame, schnöde Verachtung füreinander. Auch ich saß oft dort, in der vergeblichen Hoffnung auf ein paar Francs oder ein Paar Schuhe, und unter meinem gespielten Gleichmut füllte mein Herz sich bis zum Rand mit unerklärlichem, unaussprechlichem Abscheu gegen irgendeinen argentinischen Jüngling, der mit animalisch-aristokratischem Lächeln dem Kauderwelsch ringsum lauschte.

Die weiblich-sensiblen Russen waren außerstande, ihre Armut mit stoischer Würde zu tragen, sie ahmten immer irgendwen nach, mal kleideten sie sich wie hungerleidende Amerikaner, mal wie nachlässige Künstler; sie begrüßten sich in tendenziösem Ton und wanderten heuchelnd von Tisch zu Tisch, auf der Suche nach jemandem, der ihnen etwas spendierte. Schweigsamer und aufrechter waren die wenigen Vorkriegsemigranten, die schon seit zwanzig Jahren hier waren (als die Sintflut die Erde wieder freigab und die erste Palme wuchs, sagte man, sei daneben ein Cafétisch aufgetaucht und am Tisch ein Emigrant) – offenkundig hatten sie noch ein ganz anderes Europa gekannt.

Apoll Besobrasow, dem die Russen gleichgültig waren, wandte gern und manchmal etwas angewidert den Blick von ihnen ab, obwohl er oft sagte, die Welt sei aus einem einzigen Material gemacht und gehorche einem einheitlichen Gesetz, weshalb die Ablehnung der kleinsten Einzelheit gleichbedeutend sei mit dem Hass auf das Ganze – ein Ganzes, das er mit unendlicher Gutmütigkeit betrachtete oder vergaß, freundschaftlich, spöttisch, aber niemals richtend oder anklagend. Damit beruhigte er mich, ich vergaß mein quälendes Gut und Böse und tauchte ein ins Sehen, versank in der Betrachtung irgendeiner kräftigen, geschminkten Frau, die virtuos ihre schweren, von künstlichen Wimpern umrahmten Lider hob und senkte, als pulsierte darin ein geheimnisvolles, von ihr unabhängiges Leben.

Die absolut unspirituelle Schönheit solcher Frauen, die zweifellos an nichts dachten und alles entschieden, sich alles erlaubt hatten, war viel rätselhafter als eine vergeistigte Schönheit, es war etwas Apokalyptisches an ihnen, eine Art offene, ins Extrem gesteigerte Pracht des irdischen Lebens. Sie alle glaubten an einfache, niedere Dinge – Geschlechtsverkehr, Sport, Geld, Kartenspiel –, und dieser eng begrenzte, aber feste Glaube warf ein eigentümlich ruhiges, titanisches Licht auf ihre Gesichter.

Den Hintergrund all dieser Bewegung und Veränderung, all des Essens und Lachens bildeten die starren, versteinerten, unnatürlich weiß geschminkten Gesichter der örtlichen Prostituierten. Sie kannten hier jeden, und außerhalb ihrer beruflichen Verpflichtungen gaben sie sich kühl und reserviert, ja burschikos, sie blieben unter sich und mieden psychologische Ergüsse. Neben den Kellnern und Taxifahrern waren sie hier unter lauter Müßiggängern die einzigen, die arbeiteten; sie verachteten alle anderen und fühlten sich unendlich überlegen.

Nach der gleißenden Buntheit der Terrasse wirkte das Innere des Cafés dunkel. Die zahlreichen Spiegel, in denen manchmal ein greller Sonnenstreifen aufblitzte, schimmerten grünlich, und das ganze leere Café wirkte wie eine künstliche Grotte. Von hier aus sahen wir dem Schauspiel zu, und wenn wir genug gesehen hatten, standen wir wieder auf und begaben uns, nach einem Abstecher in einen Milchladen, zu unserem Mittag- und Abendessen auf den Friedhof von Montparnasse.

Auf einer Bank zwischen sonnenwarmen Grabsteinen,

ruhmsüchtigen Basreliefs und bescheidenen Ziergittern aßen wir mit den Fingern Quark, saugten rohe Eier aus und tranken kalte, säuerliche Milch; danach wuschen wir uns unter einem Wasserhahn, der zum Gießen der Friedhofspflanzen bestimmt war, und Apoll Besobrasow legte sich, ein Bein aufgestellt, auf den Rücken, um auszuruhen. »Gehen wir lieber, ehe man uns hinauswirft«, sagte ich zu ihm. Tatsächlich verließen wir bald darauf in Begleitung eines schweigsamen Invaliden und eines aufgeregt gestikulierenden, schwarzgekleideten alten Weibleins den Friedhof und zogen uns im drückend heißen Abendlicht Richtung Avenue des Gobelins zurück, wo wir ins Kino wollten.

Die riesige Sonne stand schon tief, in Staubwolken gehüllte Lastwagen brausten an der hohen Gefängnismauer vorbei, alles war still, erschöpft von der Hitze und theatralisch-feierlich beleuchtet. Kinder spielten auf den Gehsteigen, sie versuchten auf einem Bein hüpfend ein Kästchen mit der Aufschrift »Himmel« zu erreichen. Die anderen Kästchen hießen »Montag«, »Dienstag«, »Mittwoch« und »Donnerstag«; der »Himmel« fiel auf einen Sonntag. Geschäftsleute saßen vor ihren kleinen Läden und unterhielten sich leise.

Am Eingang des Kinos brannten elektrische Lampen; die Fototafeln und die Wände dahinter, die mit einer leuchtend-bunten Ziegeltapete beklebt waren, wurden von ihrem gelben Schein im Tageslicht eher verdunkelt als erhellt.

Nachdem wir unser Geld gezählt hatten, ließen wir uns lange vor Beginn der Vorstellung in einer der ersten Reihen nieder, aus Sparsamkeit, aber auch, weil Apoll Besobrasow gern so dicht vor der riesigen Leinwand saß, dass er nichts außer ihr sah. Wir stellten die Füße auf den Eisenbügel der

Reihe vor uns und nahmen sie nur gelegentlich herunter, um in der Leere dumpf aufzustampfen. Endlich flammten die spärlichen Lämpchen heller auf, nach einem kurzen Klingelzeichen begann das einfache Orchester falsch, aber routiniert ein Stück aus den Vorkriegsjahren zu spielen, und schon schoss der helle, milchweiße Zauberstrahl über unsere Köpfe hinweg und erleuchtete, plötzlich zu einem warmen Gelb verfärbt, das hohe Viereck. Doch die Maschine hatte anscheinend einen Schaden, und der achte Teil des *Grünen Bogenschützen* verdoppelte sich immer wieder und hüpfte, in statische Bilder zerteilt, vor unseren Augen auf und ab; in diesen Momenten erhob sich spärliches Geheul im Saal, in einem hellblauen Schleier aus Zigarettenrauch gingen die Lichter wieder an, und man sah, dass das Kino so gut wie leer war. Hier und da saß ein zerzaustes, vom Licht aufgestörtes Liebespaar, weiter vorne ein dunkelhaariger, ungewöhnlich stark behaarter junger Mann, ein typischer Pechvogel, und rechts von uns in einigem Abstand eine junge Frau in kurzem Rock und teuren Strümpfen, die pausenlos rauchte und das verweinte Gesicht verzog.

»Der reinste Selbstmörderclub«, sagte Besobrasow.

Dann brach die verworrene achte Folge plötzlich ab; immerhin hatte sie uns aber auf das Tempo der Kinorealität eingestimmt – einer grünlichen, von damals noch lautlosen, nur als Lichtblitze vorhandenen Schüssen durchzuckten Welt, die gegen Ende hin phantastisch komisch wurde; die Handlung widersprach allen Naturgesetzen und jeder Wahrscheinlichkeit, was bei Apoll Besobrasow wahre Heiterkeitsstürme hervorrief – sein höllisches, ungezügeltes Gelächter brachte mich auf den Gedanken, er könnte eines Tages unbemerkt den Verstand verlieren. Doch nun trat mit hölzernem Lächeln ein dicker junger Mann auf die Bühne – er war bemalt wie eine Schaufensterpuppe, und sein billiger, sorgfältig gebügelter Anzug verstärkte diesen Eindruck noch – und sang mit erstaunlich unlebendiger, knarrender Stimme ein fröhliches Lied. Apoll Besobrasow hörte nicht zu, war aber äußerst zufrieden; ihn amüsierten die ungewöhnlichen, völlig formelhaften Gesten des Coupletsängers, der die klassische Tradition in reiner Form bewahrt hatte: Bald drückte er die Hand aufs Herz, bald streckte er sie aus, nicht weiter, aber auch nicht weniger weit, als der strenge Kanon es vorschrieb, schließlich reckte er sie senkrecht nach oben und sang sogar etwas selbstkomponiertes Kommunistisches – unverkennbar stammte er aus einer alten Zirkusdynastie.

Und wieder erschienen die blauen Lichtstrahlen, und vor unseren Augen verschwammen die nebelhaften Sphären, die fernen, unerreichbaren, sonnigen Landschaften der fotografischen Mythen: bei Tageslicht aufgenommene Mondgebirge, assyrische Wolkenkratzerarchitektur, Zimmer voller Schaukelstühle und Verbrecher, an deren Fenstern im Minutentakt der »elevated train« vorbeischoss. Dort wurde ein kriminelles Vorhaben besprochen, während die nichtsahnende junge Erbin in einem breiten weißen Auto in die braune, flimmernde Ferne fuhr, bald eingeholt von naiv-resoluten zweitklassigen Gesetzesbrechern, die kurz darauf unweigerlich versprengt, ja sogar in die Luft gesprengt wurden, und da blinzelten auch schon zwei unermüdlich mit hitzefestem Borschnee bestreute Riesenköpfe mit ihren Elefantenaugen und vereinigten sich in einem abschließenden Lippenkontakt, bei dem gewaltige Hautfalten entstanden.

Wieder klirrte im Orchester etwas, und die erschöpfte Musik brach augenblicklich in der Mitte einer Phrase ab;

gleich darauf schlugen mit lautem Prasseln die Sitze hoch und wir brachen auf in das noch unwirklichere Reich der staubigen Bäume, Leuchtreklamen und mobilen Eisverkäufer. Ich wusste im Voraus, welche Richtung unsere steif gewordenen Beine einschlagen würden.

Von Kind an liebte Apoll Besobrasow die phantastische Welt der Panoptiken und Wachsfigurenkabinette, der Lunaparks und der Turnsäle – ihre plumpen Papiermachéwolken und schwerelosen gotischen Pappgewölbe, ihr grell bemaltes Eisen, ihren Staub und ihre Verlassenheit.

Nur für den Menschen – den Gedachten – sei die Welt undurchdringlich und starr, sagte er oft: Für Gott dagegen, also für den, der die Welt denke, sei alles durchlässig, fließend und beliebig veränderbar, so wie es für uns die Objekte unserer Vorstellungskraft seien, oder die Automaten im Panoptikum, wo alles nach unserem Willen sich bewegt, singt und leuchtet. Besonders gern mochte er die alten deutschen Automaten, die »Löschung des Brandes« zum Beispiel, oder die »Ausfahrt des Präsidenten«, bei denen gleich nach dem Verschwinden der Münze ein kompliziertes mechanisches Gewusel einsetzte, man hörte ein Ticken, die Tore der Feuerwache gingen auf, kleine Bleiwagen kamen herausgerollt, und aus dem obersten Fenster des dreistöckigen Häuschens, in dem das elektrische Feuer brannte, lehnte sich in regelmäßigen Abständen mit ernster Beharrlichkeit die kleine Figur des Opfers heraus.

Auch die chiromantischen Apparate interessierten Besobrasow: Hier leuchteten große, trübe Lampen auf, der Ablesemechanismus surrte, und die Hand, die sich auf Dutzende Metallbläschen presste, wurde steif vor Anspannung. Frauen in Glaskästen zogen mit eiserner Hand Schicksalsprognosen hervor, warfen sie mit präziser Bewegung in eine Kupferschale und erstarrten in ewiggleichem Lächeln, und manche versprühten mit leisem Zischen ein Wölkchen unerträglicher Apothekendüfte. Andere spielten eine heisere, kaum hörbare Musik, die wie von weit her aus schmutzigen Ebonittrichtern drang. Dann erlosch das Kontrolllämpchen, und die Musik brach ab. Spiegel verwandelten die Besucher in Elefanten, auf Stative montierte Gewehre feuerten lautlos auf elektrische Zielscheiben, und wieder andere Apparate waren abgeschaltet und dick verstaubt; stumm hüteten sie ihre verklungenen Spielzeuggeheimnisse. Dann führte die Galerie um eine Ecke und gab den Blick auf eine mehrere Stufen tiefer gelegene lange Reihe unsittlicher Stereoskope frei, um die sich, einer ins Zimmer geführten Herde hellblauer Kühe gleich, einige linkische, braungebrannte Soldaten mit aufgeknöpften Kragen drängten. Sie lachten verschämt und rempelten sich an, während sie versuchten, mit acht Augen zugleich in dasselbe, von innen trüb beleuchtete Glas zu schauen. Manchmal versagte der Augenlustapparat den Dienst, und die Soldaten, verärgert über den Verlust ihrer dürftigen Einkünfte, schlugen laut und lauter mit der flachen Hand dagegen und sahen sich ratlos um. Sich bei der Direktion zu beschweren wagten sie nicht, zumal diese Direktion, die in Gestalt einer außerordentlich dicken, einbeinigen Dame neben einer künstlichen Nachtigall und einer Vitrine mit Scherzartikelkot und Brechmittelbonbons saß, sich ungern von der Stelle bewegte. Still und seltsam war es im Inneren der Stereoskope; auch dort ging ein staubig-gelbes Licht an, und in grauen, unhygienischen Betten oder primitiven Badewannen tauchten fette, lächelnde Frauen auf, die ihre unmoralischen Schenkel und andere, zum Bedauern der Soldaten recht verschleierte interessante Stellen zeigten.

Metallisch zirpend folgte ein Bild auf das andere, und bald erstarrte auch die letzte Schöne in ihrer geheimnisvollen Räumlichkeit der vierten Dimension, ein noch ungewaschenes Bein hoch in die Luft gestreckt.

Weiter machte der Gang eine Biegung und führte in den Keller, wo die Sportgeräte standen.

Der breite, niedrige Raum war von monströsen Metallwesen auf ein oder zwei Beinen bevölkert. Ein schmiedeeiserner Neger bot in der Mitte seiner Brust ein ledernes Schlagkissen dar – die Stärke jedes Hiebs wurde auf einem Zifferblatt angezeigt, bei besonders gewaltigen leuchtete außerdem ein trübes Licht in seinen Augen auf und er gab, ohne eine Miene zu verziehen, ein seltsam metallisches Fiepen von sich. Andere Apparate hatten kupferne Arme, Griffe und Hebel, waren mit an Ketten in der Luft hängenden oder am Boden befestigten Kugeln verbunden. Weiter hinten lag noch eine unbeleuchtete Abteilung, die nach meiner Vermutung auch die interessanteste war.

Ein Kraftmesser mit zwei gebogenen Griffen war von einer krakeelenden, alkoholisierten Runde umgeben, deren Held und Mittelpunkt, ein dicker, rot angelaufener Mann, von Zeit zu Zeit ein gepresstes »et voilà!« oder »sans blagues« hervorstieß; ein anderer, kleiner Mann in dunkelblauem Arbeitsanzug erklärte mit schwerer Zunge, die Griffe seien ihm zu groß, doch das wollte niemand als mildernde Umstände gelten lassen. Apoll Besobrasow bahnte sich bescheiden einen Weg zu dem Dynamometer und bemühte sich dabei, möglichst schmalschultrig auszusehen. Die betrunkenen Kraftprotze machten ihm Platz und sahen lächelnd zu, wie er mit leicht gebeugten Knien vor den Hebeln in Position ging.

Der Pfeil zuckte kurz, setzte sich dann in Bewegung und

zeigte, während allmählich eine Kontrollleuchte nach der anderen anging, auf 100, dann 250, 500, 750; bei etwa 900 begann er zu vibrieren, Besobrasow verzog krampfhaft das Gesicht, und der Pfeil schoss hoch auf 1100.

»Non, mais il est raide, le mec«, sagte hinter dem Rücken der Gruppe ein riesenhafter, rotwangiger Soldat – es war derselbe, der im Gang gegen das Stereoskop geschlagen hatte. Verächtlich stülpte er die Lippen vor:

»Comment donc on s'y prend?«

Er packte mit grimmiger Miene die Griffe. Der Pfeil bewegte sich willig von der Stelle und glitt munter den Kreis entlang; bei 800 angekommen schwankte er leicht und blieb stehen. Ein Brüllen, eine krampfhafte Anstrengung – 850. Es war nicht zu übersehen, wie die Verhältnisse rund um den Kraftmesser, den Apoll Besobrasow bestens kannte und an dem er schon seit Jahren trainierte, neu bewertet wurden. Der Riese wurde sofort kleiner, der kleine Mann in Blau triumphierte fast, in die Übrigen kam Leben.

»Mais il ne faut pas se tirer«, sagte der Dicke unwillig. Daraufhin wiederholte Apoll Besobrasow die Übung, so langsam er konnte, und kam diesmal genau auf tausend.

»Et vous voyez«, sagte der Stiermensch verlegen und trat zurück. An den übrigen Apparaten blieb er allerdings Sieger, obwohl Apoll Besobrasow an keinem weit zurücklag, denn im Wettkampf mit dem Stärksten brach er an diesem Abend einige seiner Rekorde, und die neuen wurden sogleich mit Bleistift an den mit Ölfarbe gestrichenen Wänden notiert, die anscheinend nie jemand putzte – die älteste Inschrift war schon fünf Jahre alt.

Apoll Besobrasow übertraf sich selbst in diesem Keller. Nie hatte ich ihn so ernst gesehen. Sein Gesicht verzerrte sich vor Anspannung, der Hals lief tiefrot an, und sofort nach jeder Übung wich das Blut zurück und er wurde blass. Die Soldaten beobachteten ihn mit abergläubischer Ehrfurcht. Die betrunkene Suite des Dicken aber ließ ihren Ärger an mir aus. Ich zerrte mit unerfahrenen, schmerzenden Händen an den schmalen Eisengriffen; der Pfeil hüpfte ein wenig, blieb dann irgendwo bei 50, 100, 150 stehen und ließ sich, wie ein eiserner Berg, um nichts in der Welt weiter von der Stelle bewegen.

Furchtbar anzusehen war Apoll Besobrasows Gesicht in den Momenten der Anstrengung, wenn er die Natur überwand und all seine moralische, vielleicht auch spirituelle Kraft in die ungeheure Anspannung seiner Arme legte, bis über die Schmerzgrenze, bis er rote Kreise und weich verschwimmende Feuerkringel vor Augen hatte. Wie im Traum, wie ein paradiesisches Licht sah er die höher und höher aufleuchtenden Lämpchen des Automaten, und da, endlich, schallte das helle Läuten der flachen, runden Glocke am Ende der Feder zu ihm herab, wie Walkürengesang, der seine Seele davontrug. Oft bemerkte er erst auf der Straße, dass seine Hände blutig gescheuert und zu dicken, dunkelroten Blasen angeschwollen waren, und er wäre wohl imstande gewesen, sein Geld bis zum letzten Centime für alle anderen an die eisernen Sportmoloche zu verfüttern. Ach, hätte man doch wenigstens einen Teil dieser ungezähmten Kraft auf eine sinnvolle Tätigkeit lenken können – aber nein, es blieb bei Nichtigkeiten, und im nächsten Augenblick wurde er schon wieder vollkommen ruhig, seine Energie schlief ein in ihrer Unterwelt, aus der jeder Weg ins Leben versperrt war von seinem großartigen »Wozu?«

KAPITEL 5

»Je suis Dieu«, dit Faustroll.
»Ha ha!«, dit Bosse-de-Nage,
sans plus de commentaires.
Alfred Jarry

Inzwischen hatte es draußen angefangen zu regnen, und auf den Trottoirs schwammen langgezogene grüne und rote Lichtreflexe. Wir standen eine Weile unentschlossen unter einem Vordach, damit beschäftigt, unser Eis von allen Seiten abzulecken, und lauschten dem fernen, ununterbrochenen Klingeln, das die Fortsetzung der Vorstellung im »Illusion« ankündigte; auch die benachbarten Kinos erhoben jetzt ihre Stimme, durch das schwache Rauschen des Wassers hörte man ständig irgendwo eine Klangerbse, die kläglich in ihrer metallenen Kehle auf und ab hüpfte. Die erste Klingel war schon verstummt, es war Zeit zu gehen. Auch die kalte Waffel in meinen klebrigsüßen Fingern war schon ganz dünn, bald würde ich sie genüsslich aufessen.

Wir warfen noch einen Blick auf das üppig giftgrüne, künstlich von unten beleuchtete Blätterdach der Bäume, dann gaben wir uns einen Ruck und rannten los, die Schuhe augenblicklich durchnässt, passierten die Bushaltestelle der Linie N und das Pissoir vor dem um diese Stunde geschlossenen Kaufhaus, doch ehe wir das »Cinéma Port-Royal« erreichten, wurden wir von einem rasant heranbrausenden, einen Wasserfächer vor sich hertreibenden De-Dion-Bouton-Taxi aufgehalten.

Eine forsche, gutgelaunte Stimme rief nach Besobrasow:

»Allo Apoll, steigen Sie ein und nehmen Sie den jungen Mann da gleich mit, Marussja Nikolajewna feiert heute Geburtstag im Atelier von Grosbois, und ich soll Sie um jeden Preis auftreiben.«

In dieser Stimme, die zu dem trotz Bauchansatz und beginnender Glatze überaus schneidigen Marineoffizier Kostja Toporkow gehörte, lag so viel liebevoll-dreistes russisches Draufgängertum, so viel ansteckender Übermut, dass wir, ohne zu wissen, worum und wohin es ging, den verruchten Verbrecherschuppen aufgaben, mit eingezogenen Köpfen in die Droschke kletterten und wenig später schaukelnd und mit Flaschen beladen in rasendem Tempo in die leere Impasse de la Photographie einbogen. Helles Laternenlicht fiel auf eine niedrige Mauer, die direkt auf uns zuraste, doch plötzlich quietschte es durchdringend, das Auto schlitterte mit blockierenden Rädern über das ölige Pflaster, krachte gegen die Mauer, dass der Putz herabrieselte, und kam vor einem halb verfallenen fabrikartigen Gebäude zum Stehen.

»Na los, steigen Sie aus!«, sagte dieselbe unverschämt vergnügte Stimme, und während wir die dunkle, kaputte Treppe hochstiegen, hörten wir schon von weitem das laute, rhythmisch aussetzende Dröhnen des Grammophons, das uns in freudig-peinliche, weil unfreiwillige Aufregung versetzte. Doch es war falscher Alarm, die Hausherren warteten nur auf Toporkow, um mit ihm in die Rue du Dragon zu fahren, wohin die Feier des großen Andrangs wegen verlegt worden war.

Wieder trug es uns davon und rüttelte uns durch in der engen, stoffgefütterten Kiste, aber diesmal war das Auto voller, und im chaotischen Gelächter der übereinander sitzendenden Leute und deren lautem Durcheinanderreden spürte man schon die Vorfreude auf baldige Befreiung, die Hoffnung auf Exzesse.

Wir durchquerten einen kleinen Hof und mehrere Flure und gelangten in einen leeren, hohen Saal, in dem wir, plötzlich in unbehagliches Schweigen verfallen, umherliefen. Die Wände dieses merkwürdigen Raums versanken im Dämmerlicht, denn er wurde nur von einer einzigen, starken blauen Lampe angestrahlt, die das Dunkel unter dem hohen Glasdach nicht zerstreuen konnte. Die eilig von Staffeleien freigeräumte Fläche in der Mitte, genau unter der Lampe, war nach zwei Seiten von einer niedrigen Balustrade begrenzt; auf der dritten erhob sich das Podest für die Modelle. Jenseits der linken Barriere, in der Bildhauerabteilung, zeichneten sich in der Dunkelheit bizarre zerbrochene Gipsbüsten und für die Nacht mit feuchten Tüchern bedeckte Schülerarbeiten ab; dahinter lagen Klosetts, Waschbecken und die Kabinen, in denen die Modelle sich auszogen. Ganz oben an den Wänden hingen Bilder, unter deren dicker Staubschicht man selbst im Tageslicht nichts hätte erkennen können. Nur ab und zu fiel ein Lichtstrahl auf ein gelbes Gesicht unter einem Zylinder der neunziger Jahre, denn die Akademie war schon sehr alt, und ihre zahllosen Gänge, Dachböden und verborgenen Winkel quollen über vor schadhaften Dekorationen und vergessenen halbfertigen Gemälden. Das Ganze erinnerte an die Kulissen eines verlassenen Theaters oder an ein Spukhaus, wo ein Lichtstrahl, der durch den allgegenwärtigen Staub dringt, die Gespenster von den Wänden und aus den Ecken lockt. Der Schall jedoch breitete sich hier, anders als das Licht, mit Leichtigkeit aus: Das Gebrüll des Grammophons, das wir von irgendwem ausgeliehen und mitgebracht hatten, füllte dröhnend den Raum.

Auf der kleinen Bühne, die den Tisch ersetzte, standen lange Reihen von Flaschen und belegten Broten. Der Hausherr, ein Litauer mit breiten Wangenknochen – von Beruf war er Boxer, Modell und Pförtner –, nahm mit seiner Riesenhand behutsam Talkum aus einer Blechdose und streute ihn mit der klassischen Geste des Sämanns auf den sorgfältig gefegten Boden. Die Sportlerkarriere des bescheidenen, schüchternen Mannes war an einem Mangel an Wut gescheitert – die Notwendigkeit, immer wieder auf den blutigen schwachen Punkt seines Gegners einzuschlagen, »lui fermer les yeux«, widerstrebte seinem bäuerlich-gutmütigen Naturell. Beim Tanzen – er forderte jede neu angekommene Frau auf – streckte er vorsichtig den Hintern heraus, um mit seinen Riesenfüßen kein Unglück anzurichten.

Etwas ratlos wanderten wir umher, noch konnte sich keiner zum Trinken oder Tanzen entschließen. Apoll Besobrasow inspizierte die Wände, Toporkow und ich erforschten Gänge und Klassenzimmer, und nur das Grammophon war in seinem Element: Es dröhnte blechern und flötete zärtlich; mal ließ es zwei Saxophone in geschmeidigen Wettlauf treten, mal sang es mit heiserer menschlicher Stimme, atemlos plappernd, schreiend und nuschelnd, dann wieder klang eine ferne Glocke, die Musik setzte eine Viertelsekunde aus und nach der Synkope in verändertem Tempo wieder ein, wie um es etwaigen Tänzern absichtlich schwerzumachen; und wieder schallten die Trompeten, die Becken schlugen, und die Geigen, plötzlich alleingelassen, schwebten in zartem, schmachtendem Unisono dahin.

O Ball, wie ein lyrisches Gewitter ballt sich dein vielgestaltiger Lärm! Hier und da klingst du ab, und man hört deutlich die Gespräche in den Ecken, den groben Streit und das leise, glückliche erotische Gelächter, doch dann erfasst dein Tumult wieder alle; von dionysischer Ungeduld gepackt, zerfallen die Grüppchen, alle drängeln, singen, vergießen Bacchus' Gaben, und nur die Besoffenen stöhnen schwach, wie Verwundete in einer orgiastischen Schlacht, denn sie können nicht mehr aufstehen. Mit dem okkulten Nass strömt eine seltsame Taubheit durch den vergifteten Organismus, und das Pulsieren der Musikmaschine, die den Tanz rhythmisiert, dringt wie aus der Ferne ans Ohr; die Tänzer, deren Wölbungen und Vertiefungen sich immer exakter ineinanderfügen, imitieren ein kytherisches Ritual, Köpfe neigen sich Schultern zu, Gesichter dem Duft parfümierter Haare. Uralte Ängste verblassen, und eine tänzerisch-leibliche Brüderlichkeit ergreift Besitz von den Willigen. Man hört die Musik kaum mehr, ein rhythmisches Scharren lenkt die Körper, die auf geheimnisvolle Weise selbständig zu denken und einander den Impuls zu einer Drehung, einer Verlangsamung, einem Innehalten mitzuteilen scheinen. Doch kaum bricht die Musik einen Augenblick ab, werden aufgeregte Stimmen laut, und wie aus dem Rausch gerissene Drogensüchtige oder durch eine ungeschickte Bewegung getrennte Liebende fordern die Tänzer die Fortsetzung ihres harmonischen, musikalischmotorischen Androgynats.

O Tanz, wie lieb ist dem gerührten Trinkerauge der

Anblick zweier von dir Verwandelter, selbstvergessen dem amusischen Chaos ihrer Umgebung entrissen, aus der Zivilisation in den Rhythmus, aus dem tonlosen Denken ins klingende Tun zurückgekehrt – denn am Anfang der Welt war die Musik. Wie schön sehen sie aus, die im Tanz Vereinten und Versunkenen, die bald stillstehen, bald in Bewegung kommen, kreisend und gleitend: Losgelöst von allem, vergessen sie die Wirklichkeit und würden wohl lieber vor Müdigkeit sterben als aufhören zu tanzen. Doch sobald die Musik versiegt, ist es, als würde jäh alles Wasser aus einem Becken abfließen, und die überrumpelten Fische, rot und unansehnlich in ihren ramponierten Kleidern, zucken noch einen Augenblick und blicken verstört um sich. Wie hässlich sind sie in diesem Moment, verströmt in einem fremden, beweglichen Element – wie erschöpfte Liebende, die sich mühsam voneinander lösen.

Indessen wird der Ball, wie ein langes Unwetter im Süden, kurzzeitig still. Hier und da ertönen Wortwechsel, Betrunkene umarmen sich torkelnd, mancher hat sich in einem Sofa vergraben und gibt sich tiefstem Pessimismus hin.

Wenn die Frauen erst verteilt sind, amüsieren oder langweilen die einzelnen Gruppen sich separat, und ihre dissonanten Stimmungen erzeugen innere Unordnung. Das gemeinsame Fest zerfällt in eine Reihe einzelner Bälle, jeder um ein anderes Sofa gruppiert, und während in der einen Ecke eine Runde alle Hoffnung aufgegeben hat und nach Musik verlangt, die ihre flüchtige Gemeinschaft wieder zerreißt, ist die Stimmung der betrunkenen Menschheit nebenan auf dem Höhepunkt angekommen und braucht, um sich dort zu halten, fröhliche Blechklänge; dann gibt es Streit um Schallplatten und Beleuchtung.

Doch auch die einzelnen Bälle zerfallen ihrerseits in instabile musikalische Atmosphären, in eine Abfolge von Begeisterung und Niedergeschlagenheit, ausgelöst oft nur durch die glückliche Wiederholung irgendeines Blues mit einer besonders zärtlichen Klangfigur, die so unerklärlich, so unnachahmlich süß ins Herz dringt.

O Ball! Du bist wie ein langer Tag, wie das Leben, wie ein musikalisches Ganzes, unteilbar in notwendige Äonen und doch gegliedert in lyrische Perioden, als da wären: die kalte Introduktion, die gymnastische Animation, die tänzerische Exaltation, die alkoholische Intoxikation, die verbale Stimulation, die sexuelle Satisfaktion und die morgendliche Meditation – doch kehren wir zurück zum Ausgangspunkt, an dem der athletische Gastgeber sorgsam den Boden bestreut und noch niemand die magischen, bitteren Flüssigkeiten gekostet und Mitleid und Trost von seinen zeitweiligen Brüdern gefordert hat, die genau wissen, wie angenehm es ist, ein paar betrunkene Tränen zu vergießen, wenn die Luft so dumpf und rauchig und so voller Gerüche und Geräusche ist, dass der ganze Ball wie ein einziger Farbensee scheint. Nur wer gepackt wird von einem unbezähmbaren Bedürfnis, läuft von hier fort; die Augen halb geschlossen, presst er die Hand vor den schon mit Erbrochenem gefüllten Mund, bahnt sich halbtot einen Weg durch die Tanzenden und stürzt ins Nichts der sanitären Anlagen, um anschließend, geschwächt und befreit von dem eingeweidezerfetzenden Dämon, wieder zurückzukehren zur Musik. Langsam, immer wieder erlöschend, entbrennt das Feuer des Balls.

O Bettlerfest!, wie lange lässt dein Wirbel auf sich warten, es scheint, als würde er nie beginnen. Anfangs wagt keiner zu tanzen, ja auch nur den Saal zu durchqueren.

Die festlich Gekleideten betrachten sorgenvoll die Zerlumpten, und immer ruft irgendwer in unnatürlichem Ton:

»Trinken wir, Herrschaften!«

Doch auch dazu kann sich keiner entschließen. Die Veranstalter sehen sorgenvoll auf die Uhr: Es ist schon halb elf. Die Gäste betrachten ratlos die ungleich belegten Brote und die durcheinandergewürfelten Gläser, aber da!, jetzt hat jemand blitzschnell sein Sakko abgelegt und entkorkt eine gelbe Flasche, wobei er die Anwesenden mit strengem Blick durch seine Brille betrachtet.

Vorsichtig, wie ein Maler, der die leere Leinwand anfangs nur ganz leicht berührt, als zögerte er, sie schmutzig zu machen, gießt er die gelbe, sauer riechende Flüssigkeit in ein dickes Zwergenglas. Eine Stunde später bewegt seine Hand sich schon frei über die Leinwand, die Finger sind voller Farbflecken, und die Tuben werden in nervöser Hast wild durcheinander auf der Palette ausgedrückt. Vorerst aber wacht jeder über sein halbvolles Glas und sein Getränk, um verhängnisvolle Interferenzen zu vermeiden; langsam und betont ernst trinkt ein kurzsichtiger Neunzehnjähriger mit dicken rosa Lippen, der sich seiner Gesundheit schämt. Am schnellsten von allen werden die Säufer betrunken, geschickt wie Taschenspieler lassen sie den Wein in sich verschwinden, den sie nicht mehr vertragen; sie trinken, ohne das Gesicht zu verziehen, und wischen sich die Hände an den Haaren ab.

Ein Trupp Mädchen in wechselseitig ausgeliehenen Schuhen und Röcken trifft ein, sie halten lange ihre Gläser in der Hand und sehen sich um, als würden sie auf etwas warten, aber dieses Etwas lässt sich Zeit.

»Wollen wir vielleicht gehen, Herrschaften«, fragt plötzlich jemand, und damit ist der Widerstand des blassen Tagbewusstseins gegen die schamlosen, herrlichen Götter der Unterwelt auf seinem Höhepunkt angelangt.

Doch mittlerweile hat der Wein erste Wirkung entfaltet, von den Gästen noch sorgfältig kaschiert, auch wenn einzelne es immer fertigbringen, sich gleich zu Beginn des Abends in sagenhaftem Tempo zu betrinken; ihre hochroten lustigen Gesichter leuchten aus der betont wohlanständigen Menge hervor.

Zwei ziegelrot braungebrannte, nach Offiziersart penibel gekleidete und rasierte Taxifahrer unterhalten sich würdevoll mit Kostja Toporkow, der ein Hemd ohne Jackett und an den Füßen Espadrilles trägt – so reden herausgeputzte Soldaten auf Ausgang mit einem Kameraden in schmutziger Uniform, der frisch aus dem Schützengraben kommt. Der eine der beiden, ein hochgewachsener Deutschrusse mit großen Goldzähnen, wendet sich an den anderen, einen kleineren, breitschultrigen Mann, dessen schneeweißes Hemd seinen mageren roten Hals besonders lebhaft zur Geltung bringt:

»Nun denn, Oleg Wassiljewitsch, plaudern wir ein wenig!«

»Wie denn plaudern, Herr Doktor, wenn wir noch gar nichts getrunken haben«, erwidert der andere mit einem freundlich-verwegenen Lächeln. Sofort bringt Toporkow ihnen wiegenden Schritts Madeira und legt es beim Einschenken darauf an, ihre Gläser unbedingt bis zum Rand zu füllen, während sie seinen kräftigen Arm unter einträchtig geheucheltem Protest wegzuschieben versuchen.

Trink, Bruder! Der Wein ruft Vergangenes wach. Denk zurück an die Heimat, an raschelnde zarthelle Birken. Trink nur, mein Lieber, gedenk der im Kampf gefallenen

Freunde, der Tränen der Mädchen beim Abschied, der Tränen so leicht. Trink, mein Gefährte, wenn auch nicht für immer, so doch für die Zeit meiner Irrfahrt. Scherze und lache, du sonnenverbrannter Nachtmensch. Es schluchzt die Musik, und die Zeit rast dahin, du hast alles verloren, verziehen, hast alle verlassen. Hast dein Kinn glatt rasiert und dein Stahlross gesattelt, die Stadt rasch durchquert, immer lächelnd und scherzend. Plötzlich ernst, ja bestürzt – und vorüber, wir kennen uns nicht. Du bist hier, um zu trinken mit deinem Gefährten im schneeweißen Hemd. Hoch die Gläser, ihr Helden, Chauffeure, allez und pardon!

Wer lacht, dem wird leichter, an uns soll's nicht scheitern. Es trinken die Fahrer, sie sprechen von früher. Es klirren die Gläser, und wieder gedenkt man der Brüder, der lieben, gefallen in Steppen, wie Lichter auf blauender Straße, die mächtigen Arme gebreitet im Sturz.

Alles schwankt: Wie durch Watte taumelt ein Betrunkener zur Toilette. Er will möglichst schnell zurück, dorthin, wo was auch immer weitergeht; ungeschickt nestelt er seinen Harnschlauch hervor, aber der Strahl trifft partout nicht ins schwärzliche Becken, er plätschert und tröpfelt ringsum. Manchmal trifft er den Anzug, an diesen Stellen wird dem Träger sonderbar warm. Und plötzlich steigt ein unerträglich salziger Geschmack in dessen Kehle auf. Krampfhaft reißt er sich den Hemdkragen auf und stützt sich mit der freien Hand gegen die Wand, doch aus seinem Mund kommt nur ein ätzendes Rinnsal Magensaft. Aber da, endlich, bricht eine mächtige Welle aus seinen Eingeweiden hervor, schießt ihm in die Nase und ergießt sich ölig klatschend in das Becken, immer weiter und weiter, bis er am Ende doch erleichtert ist. Der letzte giftige

Schwall Magensubstanz befördert undefinierbare Essensreste ans Licht, dann verlässt der Geläuterte, ernüchtert und blass wie nach langer Krankheit, sein stinkendes Verlies, er wischt sich unauffällig die Tränen ab und tut, als sei nichts gewesen, nur die blassrosa Nudel, die an seiner Schuhspitze klebt, lässt keinen Zweifel daran, wo er war.

Derweil wechselt niemand die Nadeln des Grammophons. Im Zentrum des Geschehens rauscht es einsam vor sich hin, obwohl gleich daneben der »Trauerstuhl« steht. Wer gekränkt oder isoliert ist, erotisch gescheitert – verstoßen von einem der Sofas, auf dem vier Witzbolde gleichzeitig um jeden Preis einer vor Lachen schon ganz schwachen fülligen Landsmännin näherzukommen versuchen –, wen plötzlich die Traurigkeit packt, der geht das Grammophon ankurbeln, den Phonographen, das Pathéphone: »Amüsiert euch nur, ich sehe lieber zu!« Aber schon gesellt sich eine höfliche rastlose Seele zu ihm und bietet Alkohol an oder beginnt irgendein Gespräch; der Zauber des Abseitsstehens ist gebrochen, und der Abtrünnige kehrt zurück ins Gewirr der Tanzenden.

Glaube nur keiner, dass hier alle unentwegt fröhlich sind: Nur manchmal, in kurzen Momenten gelingt etwas und trifft sich, man lacht gemeinsam und fällt sich nicht ins Wort, ein paar Schöne teilen ein paar Körperpartien miteinander und erleben einen angenehmen, wenn auch unvollständigen erotischen Moment, und hinter den ewigen Wolken tritt ein niederes Glück hervor, das die amoralische Szenerie in ein flüchtiges, aber warmes Licht taucht; doch dann löst sich alles auf, und wieder herrscht die Qual des unentwegten Wartens.

O verruchter, erholsamer Ritus des Tanzens! Anfangs drohst du zu stocken und jämmerlich zu verkümmern, aber da gibt ein verzweifelt fröhlicher, inniger Ausruf oder das Klirren eines Glases das geheime Signal zur Abfahrt, und du stößt dich mit all deinen rotwangigen Passagieren vom Ufer ab und brichst mit gleichmäßig pulsierendem Musikmotor auf zur Insel Kythera.

Die erhitzte Atmosphäre ist plötzlich wie von Rauch erfüllt. Alles schreit und schwankt, schwimmt und schallt in den Ohren. Unbekannte küssen sich und schwören sich ewige Freundschaft. Frauen lassen ihre schönen Köpfe im Tanz auf die nächstbeste Schulter sinken. Eine Welle der Brüderlichkeit und Zärtlichkeit, Verzweiflung und Heiterkeit rollt durch die Herzen, sie wächst und wächst – nur ein bisschen noch, und etwas wird für immer, immer vorbei sein, und etwas anderes für immer, immer im Gedächtnis bleiben, so scheint es; aber da zieht ein böser Dämon, der dem Zauber widersteht oder seine Umgebung nicht spürt, den Hass aller anderen auf sich, denn er schaltet das Grammophon aus und besteht auf irgendeinem albernen Spiel, und die Tänzer erwachen aus ihrem Taumel; Hände, die in suchenden, schwitzigen Händen lagen, werden erschrocken zurückgezogen, und Lippen, die kurz davor waren, sich zu vereinigen, trennen sich endgültig.

Immer findet sich so ein Unmensch, der immun ist gegen den Hauch eines anderen, irrationalen Glücks.

»Ich kann essen, soviel ich will, es kehrt sowieso alles zur Natur zurück. Wo ist denn der Portwein?« Pawlik, ein schöner, immer wie frisch gebadet wirkender Fähnrich zur See, schaut sich um. Der Portwein wurde vorsorglich im Nachbaratelier versteckt: Dort hat der kampftüchtigste Nachwuchs ein konspiratives Grüppchen gebildet, man trinkt direkt aus der Flasche, den Kopf weit in den

Nacken gelegt. Doch beim nächsten Treffen im Versteck ist die Enttäuschung groß: Die Flasche ist weg! Und sie genieren sich, danach zu suchen. Macht nichts, ein paar Minuten später wird sie von selbst wieder auftauchen, schamlos mitten auf dem Tisch und völlig leer.

Entfernen, entführen, entfliehen. Ein tanzendes Paar dreht sich weiter und weiter fort von der hellen Beleuchtung, den neugierigen Blicken. Sie kehren lange nicht zurück, sitzen still auf zwei Hockern oder auf dem Boden an der Wand und sprechen über etwas plötzlich entstandenes Eigenes, etwas melancholisch Warmes und Liebes, das nur sie angeht, und auf den Hockern ringsum liegen achtlos hingeworfene Jacketts, Täschchen und zerknautschte Hüte, denn bis zum Morgen ist all das so unwichtig. Ach! Bis zum Morgen …

»Den grauen Herbst versüßt uns edler Wein, Vertreibt die Trübsal, flößt uns Leben ein …«, rezitiert einer und streckt sein Glas vor.

»›Grauer Herbst‹ ist falsch, das ging irgendwie anders«, korrigiert der andere, der ihm einschenkt. Anfangs versuchen die Gäste ihre Gläser zu verstecken, sie genieren und fürchten sich voreinander, später fassen sie Vertrauen und trinken, was kommt; Jacketts werden abgelegt, Hemdsärmel hochgekrempelt, Armmuskeln vorgeführt und von den Geschlechtsgenossen genießerisch betastet. Manche zeigen auch ganz schwache Arme vor, und dabei sehen sie einem, warum auch immer, mitfühlend in die Augen, oder sie berufen sich auf ihre besonders kräftigen Bein- oder Bauchmuskeln. In dem nun folgenden sportlichen Wettkampf – man läuft auf den Händen oder hebt mit den Zähnen eine Streichholzschachtel vom Boden auf, ohne die Knie zu beugen – findet sich immer irgendein Betrunkener, der nachzumachen versucht, was die akrobatisch Begabten vormachen, und dabei wieder und wieder auf die Nase fällt, oder er bemüht sich unter dem Gelächter der anderen, eine junge Frau oder einen Mann in die Luft zu stemmen, und geht unweigerlich mitsamt seinem Opfer zu Boden, und keiner hilft ihm anschließend, diese Blamage wieder vergessen zu machen. Im Ton der Frauen, die mit ihm sprechen, schwingt noch lange etwas Verächtliches mit, sie wollen nicht mit dem rot angelaufenen schmuddeligen Kerl tanzen und ignorieren seine witzigen Bemerkungen, sodass er schließlich heilfroh ist, wenn irgendeine dicke Frau sich herbeilässt, seine Aufforderung anzunehmen. Um zu zeigen, was für ein ausgezeichneter Tänzer er ist, legt er sich furchtbar ins Zeug und tanzt grauenvoll, wackelt mit Schultern und Hintern, und weicht seiner hocherfreuten Retterin lange nicht von der Seite.

Bald tanzen wieder alle, und immer gibt es einen besonders kleinen Mann, der auf der Tanzfläche alle anrempelt und nur mit den lustigsten und schönsten Frauen tanzt: Er bringt sie zum Lachen bis zum Umfallen, er hat urplötzlich einen Fes auf dem Kopf, er schreit dreist herum, während die notorisch guten Tänzer betont gleichmütig ihre Schritte setzen und ihm feindselige Blicke zuwerfen. Über Stunden lärmt der Ball, der allmählich seine chaotische, vielgliedrige Form annimmt, wie eine gut organisierte Fabrik vor sich hin; immer neue Grüppchen kommen an und bleiben irritiert an der Tür stehen, wobei die Männer, um ihre Frauen zu schützen, dem Fest instinktiv den Rücken zuwenden. Fast ängstlich beäugen sie die roten, verschwitzten Tänzer, ihre zerknitterten Krawatten und schmutzigen Schuhe und ihre in flüchtiger bacchischer

Verblödung glückseligen Gesichter, als zögerten sie, sich ins heiße Wasser zu stürzen, und derweil schieben sich in der Gegenrichtung Leute vorbei, die austreten müssen oder neuen Wein holen wollen, für den sie in der Runde Geld gesammelt haben. Geschäftig und fröhlich rasen die barhäuptigen Emissäre durch die leeren Straßen und geben dem Taxifahrer unsinnige Ratschläge; wie ein vertrautes Zuhause, in das sie alsbald sieg- und flaschenreich zurückkehren werden, bleibt der Ball ihnen nahe, sie spüren und hören noch den Klang des Grammophons, das Gelächter, die raschelnden Kleider der Tanzenden, mit denen sie glücklich wieder verschmelzen werden.

Weit nach Mitternacht schließlich tauchen irgendwelche völlig fremden, heruntergekommenen Betrunkenen auf, die Gott weiß wie von dem Fest erfahren haben. Erst sehen sie sich schüchtern um und versuchen etwas zu essen zu ergattern, dann werden sie grob und schwingen laute Reden, und als man sie endgültig hinauswerfen will, setzen sich die Jungen, die fremde Leute den eigenen immer vorziehen, vehement für sie ein: Es geht gegen drei, und die Nachricht von dem Gelage hat längst in allen Cafés von Montparnasse die Runde gemacht. Die zurückkehrenden Weinkäufer finden einige Veränderungen vor: Die Helden des Balls, die zuvor am lautesten geschrien haben, sitzen jetzt still in den Ecken und unterhalten sich, oder sie liegen leise stöhnend, auf einen fremden Mantel gebettet, an der Wand auf dem Boden, im Mund eine Zitronenscheibe.

»Lachen Sie nicht, warum lachen Sie denn dauernd?«

»Sie lachen doch selbst! Aber hören Sie lieber zu, was ich Ihnen erzähle … Neulich kommt so ein *schönomm* und setzt sich in mein *wuatür*. Olala, denke ich mir … na, ich fahre jedenfalls los, und fahre und fahre, nach einer Stunde schaue ich aufs Taxameter: siebenundzwanzig Francs. Ich halte an, der Kerl reagiert nicht. Ich ihn also am Kragen gepackt: ›Zahl deine Rechnung, du Kanaille!‹ Und er zu mir, in reinstem Russisch: ›Brüderleinchen, ich will mich eigentlich erschießen, aber ich schaffe es nicht, deshalb …‹ Er heult, und in der Hand hat er einen Revolver. Ich also erstmal den Revolver konfisziert, und ab ins Bistro mit ihm. Wir trinken, reden über dies und das, kommen auf Bizerte. Er ist einer von uns, stellt sich heraus, hat auf einem U-Boot gedient, auf der *Tjulen*. Und für die Fahrt hat er am Ende trotzdem nichts bezahlt.«

»So kommen wir allesamt auf den Hund, wie Tischka.«

»Welcher Tischka?«

»Bogomilow, so ein großer mit Bart, ein Leibgarde-Kosake. Dem haben sie neulich die Lizenz abgenommen, weil er Mitleid mit einem Ganoven hatte. Er ist vor der Polizei davongefahren mit ihm, und am Ende ist er selbst bei der Sanierung gelandet.«

»Mit einem Ganoven hat jeder Russe Mitleid, klar. Wir sind doch alle Ganoven.«

»Kopf hoch, trinken wir lieber. Den Damen wird schon langweilig.«

»Ich habe genug getrunken! Die ganze Bitternis des Lebens habe ich getrunken!«

»Sie sind mir ja zwei Säufer!«, sagt da mahnend ein volltrunkener Dritter und blinzelt mit seinem roten Auge.

»Genau wie dieser andere Kerl neulich. Kotzt mir auf die Polster, pisst auf die Fußmatte, und ich sage noch zu ihm, *les pantalons*, sage ich, knöpf dir die Hose zu, aber er will nicht, ›Ich zeig ihn der ganzen Welt!‹, sagt er. Na, der *agent* hat's ihm gegeben … ich musste ihn glatt in Schutz nehmen.«

»Nein, wirklich, überlegen Sie mal!«

»Was gibt's da zu überlegen? Putz dir lieber die Nase.«

»Was soll das heißen, du Schönling? Du glaubst wohl, ich bin betrunken?«

»So ist es.«

»Ich? Ich und betrunken?!«, schreit der Gekränkte und geht auf seinen Gegner los, obwohl ihm wie allen anderen klar ist, dass er sehr wohl betrunken ist. Aber noch ist die Stimmung zu friedlich, alle beeilen sich, die Streithähne zu trennen, worüber diese aufrichtig froh sind.

»Singen wir lieber ein Lied.«

»Sweschnikow, singen Sie!«

Und Sweschnikow, ein kleiner Mann mit angenehm heiserer Baritonstimme, reckt den Adamsapfel vor und singt in plötzlichem Ernst:

Hebt das Glas auf den Mut,
Der den Galgen nicht flieht,
Auf den Mann, auf sein Blut,
Und auf sein Dynamit.

Und dann noch eins auf den,
Der »Was tun?« für uns schrieb,
Auf die Helden, die stehn
Für das edle Prinzip.

»Moment mal, das stimmt doch nicht, der Schluss geht ganz anders!«

»Meine Herren, wer anstimmt, hat recht.«

»Singen wir doch lieber ›Rasch wie die Wellen‹!«

»Rasch wie die Wellen fließt alles vorüber«, setzen mehrere Stimmen durcheinander ein. Und unter Garantie findet sich einer, der den ohnehin ungefügen Chor nachäfft:

»Rasch fie tie Fellen flieft alles vorüper …« – es tut fast körperlich weh. »Ausgebrannte Herzen«, denke ich. »Wenn doch wenigstens nur einer singen würde.«

»Kostja, sing du.«

»Na gut, meinetwegen.«

Mit Kostjas Stimme ist es nicht weit her, mit seinem Gehör auch nicht, aber dafür singt er laut und wagt sich in höchste Höhen, die dicke Chauffeursbrust weit vorgereckt, die kräftigen Kavalleristenbeine im breiten Stand. Gefühlvoll singt er, und alle hören ihm zu, sie sind leise geworden und haben mit dem Küssen aufgehört. Ehrlich singt er, breitschultrig und unmusikalisch, mit Bürgersinn und Banditenschneid:

Vor der Kneipentür
Morgens um halb vier –
Schnee fliegt ins Gesicht,
Doch ich spür ihn nicht.

Die Gitarre singt
Leise und verklingt,
Doch ich hör sie nicht
Seit du von mir gingst!

»Noch eines, Kostja!«

Ich hatte einst drei Söhne,
War'n meine ganze Freud.
Sie zogen in die Ferne,
Sie folgten ihrem Eid.

Sing drauflos, mein Freund, genier dich nicht, mein tapferer heimatloser Taxifahrer, Offizier, Proletarier, Christ, Mystiker, Bolschewik, und sind wir nicht wahrhaftig erwacht aus tiefer Trauer, mit glücklichem Schauer, mit neuer Zuversicht?

Zi-Zigeuner la-lagerten a-hauf dem Feld,
Sangen Lieder und spielten: »Was kostet die Welt!«

»Kommt so ein *schönomm* zu mir und setzt sich in mein *wuatür*. Olala, denke ich mir …«

Der *schönomm* ist natürlich der Teufel. Der Taxifahrer hat vierzig Tage nichts gegessen und keinen Dostojewski gelesen. Und trotzdem wird der Antichrist Steine in Brot verwandeln, das Brot des Fünfjahrplans. Denn der Antichrist hat ein weiches Herz. Und der Gesang strömt dahin, und das Leben rast vorbei, ohne Geld, aber reich, ohne Wut, aber grimmig, ohne Herz, aber gut – ach!, bis zum Morgen.

Dreistes, sanftes, gutmütiges, rabiates, verwegenes Russland der Taxifahrer, der Exilanten! *Liberté, fraternité, carte d'identité*. Citroën-Russland, unbesiegbares, anarchistisch-orthodoxes Arbeiter- und Offiziersrussland! Deine Zigeunerlieder klingen wie Begräbnisgesang, und das »Äpfelchen« rollt dahin, und man hört den Pfiff des Panzerzugs.

Paris, Paris, Russland aus Asphalt! Der Emigrant ist Adam, die Emigration die äußere Finsternis. Nein, die Emigration ist die Arche Noah. Ein kleines Licht unterm Bett, auf dem Gruschenka sich mit Smerdjakow vergnügt. Das Bett quietscht, und darunter betet die Emigration.

Jetzt geht er fort. Mir ist so weh,
Sobald ich ihn nicht vor mir seh.
Sein Regiment zieht heut ins Feld,
Das Dorf ist still, und er, mein Held,
Er kehrt nie wieder, nie zurück.

Das ist die schlaflose Citroën-Kavallerie, die im Morgengrauen aufbricht. Heule, Motor, gib Gas, Gawrila, fahr über den Dostojewski-Prospekt zum Tolstoj-Platz. Aber bis dahin sollst du lachen, Gawrila, sing, mein Vögelchen, fließe, lieber Wein, und bitte schlagt euch bloß nicht, oder meinetwegen schlagt euch doch (warum auch nicht, kräftig austeilen oder einstecken ist viel besser als höflich tun und insgeheim böse Gedanken hegen), und danach küsst euch, denn nicht umsonst hat Jesus Wasser in Wein verwandelt … ein Freund der Trinker …

»Ach, lassen Sie doch das Gefuchtel, Sie sollten lieber auch etwas singen.«

Gefährte meines trüben Lebens,
Mond, wie bist du mir verhasst,
Dein Silberlicht schickst du vergebens
Mir nachts ins finstere Gelass!

»Ewig dieser Tschaadajew! Singen Sie lieber!«

Herzliebstes Becherlein,
Von Gold und Silber musst du sein.

Und wieder spielt das Grammophon, und geschmeidig erhebt sich das dornengekrönte und gehörnte Messiasvolk von den Sofas. Du aber, eisernes Taxipferdchen, bleib ruhig im Regen stehen und schnaube nicht, denn die Tanzerei ist nicht einmal zur Hälfte ausgetanzt, die Trinkerei nicht leergetrunken, die Laszivität nicht ausgekostet, die Festivität nicht auf dem Höhepunkt, und noch ist es nicht Zeit für dich, im Zickzack durch die Straßen zu kurven, um die müden Trinker nach Hause zu bringen, und unter den trillernden Pfiffen der Polizei wie der Blitz über die Kreuzung zu schießen. Denn der Ball fängt, wie ein langes Unwetter, eben erst an, sich richtig zu entladen. Noch sind alle nüchtern, wenn auch betrunken, lustig, wenn auch traurig, friedlich, wenn auch rabiat, Sozialisten, wenn auch Monarchisten, Sektierer, wenn auch Atheisten, und es rauscht der Wein und es strömen die Stimmen, und alle paar Minuten kommt die Concierge angerannt, bis man sie endlich betrunken gemacht hat, und sie schreit »Vive la Sainte Russie!« und umarmt Doktor Faustus, der abseits von allen auf einem hohen Hocker steht, einen Fuß auf einen noch höheren gestellt, in der Hand sein halbvolles Glas, und am tiefsten Grund des Pariser Jerusalems die Apokalypse der Teresa liest.

Was tat Apoll Besobrasow während des Balls?

Nichts tat er.

Trank er?

Nein, er trank nicht.

Führte er Gespräche?

Nein, er mochte keine Gespräche.

Aber er war doch auf dem Ball?

Das ließ sich nicht genau sagen, denn während der Ball, kreisend und schaukelnd, uns umfasste, umfasste Apoll Besobrasow den Ball. Der Ball war in seinem Blickfeld. Er tauchte nach Belieben in ihn ein und vergaß ihn wieder. An seinen Höhepunkten schien er ihm manchmal wie

Schnee, der auf ein blaues, leeres Feld fällt. Manchmal beschäftigten ihn Klänge. Er ließ alles um sich kreisen. Er sagte zu allem ja, unterhielt sich mit vielen zugleich, hörte niemandem zu und schlief ruhig auf den Wortwellen.

Manchmal kam es ihm vor, als würden alle nur so tun als ob.

Das war richtig.

Manchmal kam es ihm vor, als wären alle tatsächlich betrunken.

Auch das war richtig.

Manchmal kam es ihm vor, als wären alle tief unglücklich.

Und auch das war richtig.

Manchmal wirkten alle unsinnig glücklich.

Sie schienen konfus, als hätten sie etwas vergessen und irrten nun herum.

Und manchmal schienen sie weise, als hätten sie sämtliche Geheimnisse Gottes und der Natur in Gott erkannt.

Beides war zweifellos richtig.

Alles war gleichzeitig klar und unbegreiflich und bedurfte keiner Erklärung.

Doch die meiste Zeit schien ihm der Raum leer, völlig leer. Nur ein blasser Lichtstrahl lag auf dem Boden, denn die Lampen waren ausgeschaltet, und etwas schlug langsam und eintönig immer wieder gegen die Fenster. Alles war gleichzeitig sichtbar und tat absolut nichts zur Sache. Nur was war die Sache?

Unter Dach und Fach war die Sache. Die Sache bestand in der Zerstörung der Sache, in der Befreiung, im freien Flug von Dächern und Fächern durch die Sphären und Zeiten. Ja, ja, genau so! Der Raum ist leer. Dächer und Fächer flattern ungehindert umher, während in weiter

Ferne der Ball dahinrauscht, in einer anderen Dimension, wie ein Miniaturhaus in einer Flasche.

Und wieder erwachte Apoll Besobrasow unter Gelächter. Doch wie konnte er lachen, ohne traurig zu sein? Ignorabimus.

Wie konnte er leben, ohne nach dem Leben zu gieren bis zum letzten Tropfen? Ein Mysterium. Wie konnte er, der das Denken verachtete, denken? Die Antwort: Das Nichtsein kann nicht zugrunde gehen.

Er war und war nicht – er erschien, wirkte, wurde vermutet. Und dennoch war er – *für*, *in* und *wegen*.

Ganz am Ende all der Säle und Gänge, hinter zahllosen Türen, dort im Dunkeln, wo man still dem fernen Dröhnen lauscht und leise von Armut und Niedergang spricht, berührt jemand vorsichtig einen alten, verstimmten Flügel und entlockt ihm eine Romanze, die längst keiner mehr ernst nimmt:

Vergebens suchst du mich zu rühren
In neu erwachter Zärtlichkeit …

Der da spielt, heißt Iwan Konstantinowitsch. Wahrscheinlich weiß er nicht, dass noch andere Leute im Raum sind; seine starken Hände legen sich ungeschickt, aber ruhig auf die Tasten. Er ist erst fünfundvierzig, aber er hat einen Rundrücken und eine Glatze und lebt ganz in seiner eigenen, verklungenen und verblassten Welt.

O ihr alternden Emigranten! Wenn mein Herz lieben könnte, wenn es sich vor Liebe weiten und schmerzen könnte, diese Liebe gälte bis zum letzten Tropfen nur euch. Wie schnell ihr zur Erde herabsinkt!

Iwan Konstantinowitsch ist Chemiker, einige seiner Notizen, wie er sie bescheiden nennt, wurden von der Akademie der Wissenschaften veröffentlicht. Aber neuerdings lassen seine Nerven nach, in seinen Berechnungen häufen sich die Fehler, die einfachsten Reaktionen misslingen. Es ist, als würden seine Hände ihm nicht mehr gehorchen. In solchen Momenten spielt Iwan Konstantinowitsch Schach, oder er setzt seinen alten Strohhut auf und geht spazieren, oder er kocht sich »Buchweizenkascha zum Dumpingpreis«. Vor allem aber ist er Freund und Förderer. Er ist immer gern bereit, Geld zu »verborgen«, nur hat er leider wenig Geld. Iwan Konstantinowitsch brütet über der Idee einer Wunderseife, die nicht aufweicht, er sinniert über Kunstperlen, er schlummert im Sessel, vertieft in Erinnerungen an vergangene, versunkene Tage, von denen unsereiner nie etwas verstehen wird. Ovid unter den Walachen, wo liegt dein prächtiges, schmutziges, unwiderruflich vergangenes Rom? Zürnst du der orthodoxen, hungrigen, verlausten Heimat? Woher denn. Ganz und gar nicht, sie haben doch nur aus den Briefen deiner Mutter Zigaretten gedreht. Ganz und gar nicht, sie haben doch nur deine Notizen zur Quantentheorie vernichtet. Ganz und gar nicht, sie haben dich doch nur ausgeschlossen und diffamiert, dir alle Rechte und deinen Lebensunterhalt entzogen. Nicht so schlimm … es ist dunkel … leise spielt Iwan Konstantinowitsch:

Den schwer Enttäuschten kann verführen
Kein Zauber längst vergangner Zeit

Ihr aber, ihr muskulösen Kinder – euch steht ein neues Leben offen, eine europäische Heimat, ein Russland à la parisienne, euch gehören der Sport und die Mystik und der Stoizismus, während ihnen nur der schwache, unwirkliche, resignierte Klang einer verstimmten Glinka-Romanze im Dunkeln bleibt.

Iwan Konstantinowitsch spielt, und alle raffaelitischen Himmelskonzerte verstummen, nachdenklich und aufmerksam lauschen die durchscheinenden Musiker den schwachen Klängen, die aus dem Pariser Untergrund bis ins Paradies, bis ins Herz der Welt fliegen, und vielleicht wird allein darum alles vergeben, alles gerechtfertigt, alles vergessen, alles kehrt zurück zum einstigen Frieden, und über dem Birkenhain geht wieder Jesu Sonne auf. Welche Sonne? Eine Kolchosensonne, mag sein, aber Jesu Sonne allemal.

Ich glaube keinem Schwur hienieden,
Ich geb mich keinen Träumen hin …

Die Schatten erheben sich. Es rauschen die Bäume der abgeholzten Parks. Im leichten, warmen Herbstregen glänzen die Dächer der abgebrannten Häuser, in denen Mütter sangen und Väter mit dem Buch in der Hand den Sonnenaufgang erwarteten. Geister des Glücks, engelhafte, friedfertige Gesichter von progressiven Literaten, Bauern, Mönchen.

Bewegung weckst du mir im Herzen
Doch neue Liebe nimmermehr.

Ach Liebe, wieder glaubst du nicht an die Liebe. Ach Vergebung, du erwartest keine Vergebung.

Selig, die da viel vergeben haben, denn ihrer ist das Himmelreich auf Erden.

Zu dieser Stunde, als die Alkoholdämpfe noch die klarsten Köpfe benebelt, die Schweigsamsten erheitert und die eingefleischten Possenreißer und Witzeerzähler urplötzlich in trunkene Traurigkeit gehüllt hatten, zu dieser Stunde, da keiner mehr die Gläser und die Schallplatten auseinanderhalten konnte, aber allen daran lag, dass weiter getrunken und Musik gemacht wurde, dass der Balltraum nicht abriss, auch wenn dieser Traum immer schwerer und dunkler wurde; zu dieser Stunde also, in der nur noch ein zufälliger Betrunkener etwaige Neuankömmlinge empfing, war unter einigen neuen Gästen, die unschlüssig und etwas verloren im Gedränge an der Tür stehenblieben, eine Person, die sich sogleich, verlegen und doch ganz natürlich, mit einer Art finsterer Ungezwungenheit in ein Sofa fallen ließ. Die Stirn dieser Person war unverhältnismäßig hoch, als würde sie am Haaransatz kahl, und auf dem Scheitel wuchs das helle, strohblonde Haar so schmerzlich weich, wie es nur bei Skandinaviern vorkommt. Ihr Gesicht war blass, der Mund groß und die Mundwinkel scharf und bitter nach unten gezogen; die lange, gerade Nase zuckte gelegentlich nervös. Besonders seltsam war aber die Bewegung der Brauen; zart und kaum sichtbar schoben sie sich auf der bleichen, vor Erschöpfung feuchten Stirn nach oben und schwebten hoch über den weit auseinanderstehenden, verhangenen Augen, deren schwerer Blick verächtlich über Menschen und Dinge glitt. Der Kopf saß auf einem zarten Hals über breiten, hochgezogenen Schultern, und durch die übertrieben finstere, verächtliche Pose wirkte er nur umso kindlicher. Die neu Eingetroffene war glücklich über ihren Platz auf dem Sofa, fürchtete aber, jeden Moment ausgefragt und bedrängt zu werden. Da beides ausblieb, trat schließlich etwas wie Entzücken über einen gelungenen Streich in ihre müden Augen, sie schlug die Beine übereinander, nahm eine Zigarette, die irgendwer auf dem Tisch liegengelassen hatte, zündete sie an und sog ungeschickt den Rauch ein; davon musste sie husten und wurde rot, aber als sie sich unauffällig umsah, stellte sie wieder fest, dass ihr keine Gefahr drohte.

So wäre es noch lange weitergegangen, wäre nicht ich, getrieben von meinen sinnlosen, flüchtigen Aufregungen, meinen Anfällen von »das ist alles nicht das Richtige« und »ich sollte besser gehen« – aber ich ging nicht, sondern wanderte von einem Grüppchen zum nächsten, und überall begegnete man mir gleichgültig, nirgends fand ich Anschluss, kam ins Gespräch oder wurde heimisch, und so trieb es mich wie einen losen, lecken Kahn durch den Sturm des Balls –, wäre also nicht ich auf geheimnisvolle Weise, aber keinesfalls mit Absicht, plötzlich an ihrer Seite aufgetaucht. Der Teufel, der das Geschehen offenbar verfolgte, hatte mir einen Platz neben ihr freigehalten, und nachdem ich mich schwungvoll auf das Sofa geworfen und mir dabei schmerzhaft eine Gesäßbacke gestoßen hatte, blieb ich in derselben unbequemen Haltung sitzen und spürte dabei jene besondere, betrunkene Begeisterung, die uns in den Leiden, die wir uns selbst zufügen, eine Art Befriedigung finden lässt: Geschieht dir recht, und noch schlimmer soll es werden, es kümmert ohnehin keinen! Doch da bemerkte ich sie, die mich mit ruhiger Neugier betrachtete; offenbar hatte sie sofort erkannt, dass ihr von mir trotz meines sonderbaren Auftritts am allerwenigsten Gefahr drohte.

Als ich ihren Blick bemerkte, setzte ich mich unwillkürlich aufrechter hin und starrte sie, vom Alkohol frech geworden, auch meinerseits an, und obwohl unsere Gesichter nur etwa dreißig Zentimeter voneinander entfernt waren, fühlte es sich an, als würden wir uns von weitem mustern, mindestens von verschiedenen Straßenseiten aus, sodass ich einmal sogar für einen Moment die Augen schloss, wohl aus Erschöpfung.

Die Fremde schien mein unglückliches Äußeres überaus ernst zu nehmen – zu Recht, denn unter all der gespielten Ironie, noch tiefer als alle Traurigkeit und Heiterkeit, ist die zweite Natur jedes Slawen seine immergleiche, seit der Schulzeit unveränderte, fürchterliche, niederdrückende Sehnsucht – aber wonach, ach, wenn man nur wüsste, wonach: nach dem Leben? Nein, nicht nach dem Leben. Nach dem Glück? Nein, das Glück ließ sich entbehren; nach den Frauen? Es gibt keine echten Frauen, dachte ich; nach Mitleid? Ja, nach Mitleid, das nichts anderes ist als Leben, als Glück, als jene Frau, an deren Seite zugrundezugehen besser ist, als allein zu triumphieren.

Die trüben Augen der Unbekannten drückten nichts Bestimmtes aus, in ihnen lag nur jener einfache, unberührte Ernst, den es bei Kindern oft gibt und der unter dem übelriechenden Gluthauch der Ironie meist abstirbt; im Erwachsenenalter zeugt er von einer zutiefst reinen, fast heiligen Seele.

»Worüber lachen Sie?« Meine Frage war eine Parodie.

Sie antwortete nicht, doch meine Verlogenheit irritierte sie, schreckte sie allerdings nicht ab; sie war es offenbar gewohnt, über Verlogenheit und ihre Gründe nachzudenken, und betrachtete mich einfach weiterhin ruhig und ernst, allzu ernst – so sieht die Mutter eines Gymnasiasten argwöhnisch ihren Sohn an.

»Warum antworten Sie nicht? Verachten Sie mich?«

»Nein, ich verachte Sie nicht … ich kenne Sie ja nicht«,

sagte sie langsam, und gleich, durchzuckte es mein Herz, würde sie hinzufügen: Und ich will Sie auch nicht kennenlernen. Doch sie sagte das Gegenteil: »Aber ich würde Sie gern kennen.«

Ich glaubte, ich hätte mich verhört. »Mich?«, fragte ich erstaunt und zeigte sogar mit dem Finger auf meine Brust; dann, plötzlich wieder zu mir gekommen, stellte ich mich vor: »Gestatten, Hähnchen Dutow. Kein Mystiker, nur ein unglücklicher Mensch ... ja, ja«, lachte ich, immer noch mit demselben bitteren Genuss an dem Unrat, der aus meinem Mund kam, wie vorhin an meiner unbequemen Haltung auf dem Sofa: »ein Opfer der Revolution und Feind von Kampf und Glauben.«

»Und warum?«

»Einfach so ... aus Traurigkeit. Heute zum Beispiel konnte ich gar nichts essen, so falsch kam mir alles vor«, sagte ich mit gesenktem Kopf.

»Was machen Sie eigentlich?«

(Erst jetzt fiel mir auf, dass sie mühsam artikulierte, offensichtlich war sie an eine andere Sprache gewöhnt.)

»Was ich mache, Püppchen? Gedichte schreiben«, sagte ich mit komischem Ernst, und plötzlich zog ich eine Grimasse, packte mein unrasiertes Kinn und schüttelte es, als wollte ich es abreißen; gleich darauf stand ich auf, trat an den Tisch und leerte ein fremdes, frisch eingeschenktes Glas, ohne auf den halbherzigen Protest des Besitzers zu achten. Das süße hochprozentige Getränk brachte meine Innereien sofort in Wallung. Ich schwankte und wäre tatsächlich hingefallen, hätte nicht eine kühle Hand mich festgehalten und zum Sofa zurückgeführt. Ich weiß nicht mehr, wie es kam, dass ich Thérèse umarmte, aber ich hatte nicht vor, sie zu küssen, sondern presste das Gesicht gegen ihren Fellmantel – seltsamerweise trug sie einen gar nicht zur Jahreszeit passenden schwarzen, gefütterten Fohlenpelz –, und schon weinte ich bitterlich und genüsslich wie ein Kind, während die kühle Hand langsam über mein kurzgeschnittenes Haar strich, und in diesem Moment schien es mir, als läge in dieser Berührung alle Zärtlichkeit der Welt.

Weine, mein Junge, weine, Tränen bedeuten Mitleid mit dir selbst, und wenn du kein Mitleid mit dir hast, wer dann – süße Tränen, Tränen der Schuld und des Ekels, Tränen der ersten Begegnung mit der Gleichgültigkeit der Welt, die der ersten Angst des Kadetten vorm Artilleriefeuer gleicht. Weine … Jeder hat das durchgemacht, jeder ist darin steckengeblieben und denkt an nichts anderes, erinnert sich daran wie die Erde an den Frühlingsregen … es sind nicht die Tränen des Alters, die du weinst, jene kargen, bitteren Tränen, salzig wie die Wüste Arabiens, jene schrecklichen Tränen.

Er weint, mein Jüngling mit den schmutzigen Füßen und dem reinen Herzen, er schämt sich, die Nase zu putzen, er weint, lasst ihn in Ruhe, lasst ihn weinen, denn endlich hat er das heilige Gewand gefunden (wie selten, o wie selten!), bedeckt von den Sternen des Abends und den noch nicht erloschenen Sternen des Morgens, lasst seine Tränen verströmen, oder wenn nicht, lasst sie aufbranden in ihm und als Grausamkeit in seinen Augen erstrahlen. Ihr macht es nichts aus, sie lauscht diesen Tränen, wie man auf der Datscha einem sanften Sommerregen lauscht, und gleich darauf strahlt die Sonne wieder, das Grammophon spielt etwas unsagbar Freudiges, schlägt aufs Becken und singt mit Menschenstimme, und die strenge Unbekannte schüttelt fröhlich meinen nassen

Kopf und küsst ihn, sie hebt mich hoch, küsst mich und nimmt mich mit zum Tanzen, und auch ich tanze. Mein Gott, wie leicht das ist, wenn dicht vorm Gesicht so zarte Haare von einer hohen Kinderstirn herabfallen, wie weiches Stroh, wie zur Seite gekämmte Sonnenstrahlen. Schon knallt theatralisch ein Korken, Kostja singt das »Becherlein«, und alle rufen »Ex, ex!«

Aber mir wird übel; fürsorgliche kühle Hände führen mich zur Toilette und halten meinen Kopf, während ich unter heiserem Stöhnen krampfhaft würge; danach knöpfen die mütterlichen Hände mir den Kragen auf und tauchen mich umstandslos unter den Wasserhahn, und schließlich werde ich, sauber und blass wie ein Epileptiker nach dem Anfall, zur Gesellschaft zurückgebracht, und wieder fliegt der Ball dahin mit unvergesslichen klingenden Worten, klirrenden Gläsern, krachend stürzenden Gästen und dem »Vive la Sainte Russie«-Geschrei der endgültig entfesselten Concierge.

Vera-Thérèse – den Namen Vera hatte ihre russische Mutter ihr insgeheim gegeben, gegen den Willen des Vaters – trank und tanzte jetzt mit allen, sie schwelgte in jenem haltlosen, grundlosen, hoffnungslosen, herzensguten Rausch, der für die reine Seele typisch ist; sie prostete und plärrte, schwang das Zepter und tauschte Küsse mit allen; bald sprang sie umher und stieß Hocker um, bald sang sie etwas in einer unbekannten Sprache, bald tröstete sie, bald teilte sie Schläge aus, aber alle drängten sich zu ihr wie die Gnome der Unterwelt, die die Sonnenbahn nicht kennen, sich zu der aus den Bergen herabgestiegenen Solvejg drängen, und selbst die Frauen waren ihr nicht böse: »Wie ein kleines Mädchen, wirklich wahr. Wie alt sind Sie, Ingrid?« – »Zwölf«, sagte Thérèse lachend und warf ihr Haar über die Schulter, die verschleierten Augen himmlisch verengt. Und alles trank, sang, schlug sich und weinte, der randvolle Becher des Balls schäumte und floss über von Erbrochenem, und genauso das Herz der Tänzer, das vor Müdigkeit fast zerriss, aber da geschah etwas mit Thérèse, und plötzlich wurde der ganze Saal nüchtern und verstummte.

Ingrid, worüber lachst du? Mit allen hast du getanzt und jeden geküsst. O Ingrid, was mag das bedeuten? Vielleicht stehn wir bald schon wie früher im Schnee, ohne Hoffnung, im lieblosen Dunkel?

Den flüchtigen Freund drücktest du an die schmale, die schwache Brust, den Freund, den der Schneesturm dir nimmt und der selbst wie ein Schneesturm vorbeizieht. O Ingrid! O Solvejg! O Vera, Thérèse, o Frühling!

Stimme aus der Musik: »Ingrid, worüber lachst du? Geht die Sonne auf, wie in einer neuen Kirche, die noch nach Farbe riecht? Aber dort hinter der Wand, Ingrid, was ist dort hinter der Wand?«

Vera: »Zwielicht entgleitet dem Blick. Kerzenschein kehrt nicht zurück. Zärtlich ist alles und zwingend. Der Wüste vernichtendes Glück. Es kreist der Sandsturm, es wirbelt der Schnee, o kurzes Leben im Schatten, verweh. Wer spricht dort auf dem Balkon? … Blumen verglühen im Licht … Wir brauchen kein Glück, keinen Glauben.«

Stimme aus der Musik, schwächer werdend: »Ingrid, o Ingrid, wo ist deine Welt, wo dein Leuchten?«

Vera: »Wir brauchen kein Glück, keinen Glauben. Wir verbrennen im Höllenschlund. Vor dem Fenster steht schon die graue, die kälteste letzte Stund.« *Sie schreit*: »Macht das Fenster zu! Vergesst die Kindheit.«

Apoll Besobrasow: »Genug, Vera, es ist niemand auf dem

Balkon, die Fenster sind zu. Sehen Sie, auch die Musik ist schon zu Ende.«

Vera: »Sie ist nicht zu Ende, sie hält nur still und wartet, bis er fort ist.«

Apoll Besobrasow: »Genug jetzt, Vera, es gibt keinen Balkon und auch keine Musik, es gibt weder mich noch Sie. Nur die Schicksalssonne im eisigen Wasser und die Lichtmuster an der Oberfläche. Sie wissen doch, diese farbigen Muster, die man vor Augen sieht, wenn man müde ist vom Lesen … hören Sie?«

Die Sünder in der musikalischen Hölle: »Nein, wir hören nichts.«

Apoll Besobrasow: »Aber ich … Ich höre sie leise lachen, während sie an die Oberfläche tauchen und vergehen, die Sonnenmuster der Tage.« *Immer leiser*: »Die Jahrhunderte fliegen davon, die Atome der Körper zerfallen. Aber wozu sollten Sie das wissen, wissen heißt sterben.«

Leise fliegen Sterne durch den Saal, getragen von Musik, die sich entfernt und wieder nähert und Fliederblüten ausstreut über einer Höhle; dort liest ein Skelett in einem Buch. Weit weg hört man deutlich Ingrid singen, sie zieht durch Sphären und Zeiten, bald fern, bald nah.

Komm zurück, Ingrid. Hinter hohen, weißen Mauern träumt still eine Glocke im heiligen Blau, und leise segeln goldene Blätter, der Höhe überdrüssig, zur kalten, harten Erde herab. Ingrid! Zur Hochzeit steht vor dem Altar der Engel und Heiligen Schar. Die Schmerzensengel erwarten dich schon im heiligen Garten.

Vera: »Der Welt entspringen Klänge, die Sonne zieht sie in die Tiefe, in dunkle, staubige Enge, wo des Todes Lied sie rief. Wer weckt sie auf, unterbricht ihren Lauf? Ich will mit ihnen gehen und sterben.«

Stimme vom Balkon: »Ingrid, o Ingrid, die Kirchentür schließt sich.«

Vera: »Mit ihnen sterben.«

Und wieder ging der Ball weiter, denn auf der Welt geht immer alles weiter, und egal von wo man zu erzählen beginnt, es ist immer die Mitte, nie der Anfang, man hat fertige Charaktere und verworrene, komplizierte Beziehungen, doch auf einem Fest löst der Alkohol die Zungen und dramatisiert die Ereignisse. Im Grunde hatte niemand sich auch nur die Frage gestellt, wo dieses russische Mädchen mit dem französischen Namen herkam und wer sie eingeladen hatte. Im Trubel der Nacht gehörte Thérèse sofort dazu, als würden wir uns schon lange kennen, denn ihre Jugend und unsere Jugend trafen sich an einer Weggabelung, wo wir uns zum ersten Mal allein fühlten mit dem Leben, und unser erster Impuls war, uns gemeinsam zu verstecken vor Abscheu.

Erschöpft und geistesabwesend nahm sie erst alles, was geschah, wie einen Regen in ihr leeres Herz auf, doch als Toporkows Freunde sie entdeckten und sogleich belagerten, antwortete sie allen bereitwillig auf ihre Fragen, lachte und trank mit ihnen. Etwas verzweifelt Unverdorbenes, naiv Entschlossenes lag in diesem plötzlichen Stimmungsumschwung.

Thérèse trinkt, dann geht sie tanzen. Im Rausch trinkt sie kreuz und quer Bruderschaft, aber irgendwie hält sie so kindlich von sich aus die Wange hin, dass die meisten sich scheuen, sie zu küssen. Sie lacht und redet mit jedem, und allen ist, als müsste der Ball unter ihrer Führung jeden Moment den Saal sprengen und davonbrausen wie ein Schneesturm, der nie mehr zum Stillstand kommt, für immer klingend und leuchtend, sprühend und sich verschwendend, wachsend und wachsend wie ein irrwitziger Komet mit einem gewaltigen Schweif aus Rosen und Gespenstern für immer durch die hohen Zeiten jagen.

Aber nein. Besobrasow, der die letzten Minuten in ihrer Nähe geblieben ist, hat es nicht anders erwartet: Ihr letzter Satz, ein Ausruf, der kurz davor war, sich in etwas unendlich Herrliches, vollends Unerträgliches aufzulösen, kippt plötzlich um, und aus der Freude des Anfangs wird so unsägliches Elend, dass alle verlegen innehalten.

Einige Sekunden bleibt Thérèse in der klassischen Pose der Antigone stehen, den hocherhobenen Kopf in den Nacken gelegt, die Augen halb geschlossen und die Lippen mit den auch im Lächeln seltsam abwärtszeigenden Mundwinkeln fest zusammengepresst, und plötzlich bricht sie zusammen. Sie fällt, aber nicht in Ohnmacht – ehrliche Menschen fallen nicht in Ohnmacht –, sondern auf die Knie, kraftlos und zu Tode betrunken, am äußersten Punkt der Verwüstung, des Schreis, der schneidenden, schmerzhaften Ausgelassenheit. Thérèse stürzt auf die Knie, doch Apoll Besobrasow, überraschend nüchtern und reaktionsschnell, hebt sie hoch und trägt sie aufrecht, aber geschmeidig durch ein Tohuwabohu aus guten Ratschlägen, Schluckauf und Geschrei in eine der kleinen Kammern für die Aktmodelle (zwei junge Männer, die nicht wissen wohin mit ihren Händen, springen mit irrem Blick daraus hervor). Im Dunkeln über Flaschen stolpernd, aber ohne das Gleichgewicht zu verlieren, legt er sie auf ein Sofa und reicht ihr eine wer weiß wo hergezauberte Zitronenscheibe. Thérèse beißt hinein und dreht, auf dem Rücken liegend, den Kopf zur Wand, so ruckartig, dass alle Anwesenden mit schuldbewusst gesenktem Kopf den

Raum verlassen. Derweil bahnt sich am anderen Ende des Saals schon das nächste Spektakel an: Von dort hört man das charakteristisch saubere, trockene Geräusch des Aufpralls einer geballten Faust auf einem Wangenknochen, dann reißenden Stoff, polternde Stühle und eine wild kreischende, betrunkene Frauenstimme:

»Geh doch einer dazwischen, warum tut denn keiner was!«

Entmutigt durch Thérèses Verzweiflung und angezogen von den neuen Ereignissen, ließen die Schwätzer, Nachtschwärmer und Tänzer sie in der dunklen Umkleide zurück; nur einer wollte sich unter dem Vorwand, sie zu trösten, zu ihr legen und sich nekrophilen Freuden hingeben, aber er wurde plötzlich am Kragen gepackt und hinausgeworfen – von wem und warum, konnte er nachher gar nicht sagen. Lange lag Thérèse im Dunkeln und lauschte erstaunt dem seltsam leise gewordenen Grammophon. Nur manchmal drangen eine lautere Stimme und ein in der Ferne ausbrechendes Gelächter durch, denn der Ball spielte sich trotz seiner vielen Gäste nur in einem kleinen Teil des Gebäudes ab, und zwischen der Kammer und dem Schauplatz der Orgien lag ein langer, leerer Korridor.

Der Gottseibeiuns hatte es sich auf dem Fensterbrett bequem gemacht und beaufsichtigte ruhig Thérèses Erwachen. Endlich richtete sie sich auf, fuhr sich mit der Hand über Gesicht und Lippen, als wollte sie etwas wegwischen, und versuchte aufzustehen, doch da der Gottseibeiuns keinen Anlass sah, einzugreifen, sank sie, zerzaust und entkräftet, auf das durchgesessene Sofa zurück.

Eine Zeit lang saß sie mit tief gesenktem Kopf da, dann erhob sie sich mit einem Ruck, blieb schwankend stehen und ging, eine Hand nach vorn gestreckt, zur Tür. Der Eingang zur Akademie stand weit offen; sie zögerte kurz an der Schwelle, ob sie sich wieder in die Lichter, in den Trubel stürzen sollte, aber das flüchtige diffuse Glück war vorüber, so spurlos, dass sie kaum mehr wusste, was geschehen war. Und erst als ihre ungleichmäßigen Schritte auf dem Trottoir sich entfernten, als das Klappern kaum mehr zu hören war, löste sich der Gottseibeiuns vom Fenster und folgte ihr, wie ein Schatten dem Licht. Auf der Place Saint-Sulpice umrundete Thérèse aus irgendeinem Grund den Brunnen, blieb dann stehen und betrachtete eingehend die Uhr am Rathaus.

Zur Seine hin färbte sich schon der Sommerhimmel, sein Blau ergoss sich in breitem, stillem Strom über den blankpolierten Asphalt, und in der Stille hörte man deutlich das Turteln der Nachtigallen im Garten des Jesuitenseminars. Ab und zu rauschte in der Ferne ein Auto vorbei und stieß wütend in sein billiges Horn, doch gleich darauf verklang das Hupen wieder, und über den Türmen der Kirche erloschen die letzten Sterne. Thérèse überquerte die Straße, folgte der Rue Bonaparte und bog auf den breiten, leeren Boulevard Saint-Germain-des-Prés ein, wo plötzlich in zauberischem Einverständnis alle Laternen gleichzeitig ausgingen, schlug ohne ersichtlichen Grund einen Bogen um das »Café des Deux Magots«, blieb an der Impasse des Deux-Anges kurz stehen und ging dann, an einem geschlossenen Restaurant vorbei, zwischen hohen Häusern, die sich noch schwarz vor dem hellblauen Himmel abzeichneten, die Rue Jacob hinunter Richtung Rue des Saints-Pères. Offenbar gefielen ihr diese hohen, schmalen Straßen auf ihrer ziellosen Wanderung ganz besonders; doch daran, wie sie oft mitten auf der Fahrbahn im Zickzack ging oder sich an Fenstervorsprüngen abstützte, sah man, wie betrunken sie war. Wenn Thérèse stehenblieb, blieb auch Apoll Besobrasow stehen und betrachtete sie von weitem, die Wange in die Hand gestützt; plötzlich aber, an der Ecke der Rue des Saints-Pères, fiel sie mitten auf der Straße um wie ein gefällter Baum, und noch ehe Apoll Besobrasow losrennen konnte, kam vom Seineufer her ein hohes, schwarzes Etwas angeschossen, drehte sich um sich selbst, schleuderte auf blockierenden Rädern herum, krachte rückwärts ins Fenster eines Cafés, blieb kurz stehen und kippte dann auf die Seite. Sofort erhob sich Geschrei, und in der schmalen Straße wurden mehrere Fenster aufgerissen, doch als die Fahrer endlich aus dem umgekippten Lastwagen kletterten, war die Fahrbahn leer: Im allgemeinen Getümmel, während von allen Seiten Neugierige heranströmten, hatte Apoll Besobrasow Thérèse unbemerkt auf die Arme genommen und war in eine schattenschmale Straße verschwunden, wo die Pfiffe der Polizisten bald in der Ferne verklangen.

Thérèse war immer noch bewusstlos, und es bedurfte der eisernen Kondition Apoll Besobrasows, um sie so lange zu tragen. Es war heller Tag, als sie in der Nähe der Place Maubert in seinen Armen aufwachte, und auch ihr Erwachen glich eher einem Delirium; wie im Traum ging sie die Rue de la Montagne Sainte-Geneviève entlang, betrat das schmale Haus am Platz vor der École Polytechnique, und auf der Treppe schlief sie plötzlich wieder ein. Apoll Besobrasows Herz pochte schmerzhaft von der Anstrengung, er hatte rote Kreise vor den Augen, fand aber seinen Weg durch das vertraute Dunkel und trug sie über einen langen Flur bis in das Zimmer mit dem Dachfenster, wo er erschöpft aufs Bett fiel und das Gesicht im Kissen vergrub. Wieder zu Atem gekommen, legte er Thérèse auf dem Bett zurecht, zog ihr Mantel und Schuhe aus, deckte sie mit ihrem Pelz zu und zündete den Spirituskocher an. Als das Wasser heiß war, wusch und rasierte er sich, dann legte er sich neben Thérèse und fiel, ohne sie im mindesten zu beachten, in einen traumlosen Athletenschlaf.

Der Morgen brach an. Die helle Lampe war erloschen, an ihre Stelle trat jetzt das breite, noch kaum sichtbare, dunkelblaue erwachende Glasdach. Viele Gäste schliefen schon, viele andere waren längst gegangen, viele hatten sich gestritten und wieder versöhnt, und irgendwer glaubte womöglich, er hätte die Existenz des Allmächtigen Baumeisters bewiesen; manche hatten die Liebe gefunden in dieser Nacht, und jetzt tanzten sie unter der blassblauen Kuppel, langsam eingeholt von Ernüchterung und Abschied, engumschlungen ihren letzten Boston.

Nicht die Schallplatte wechseln, bitte nicht! Lasst sie weiter kreisen, sie hat das Glück auf die Erde geholt und uns verzaubert mit ihrem Schmerz, unter ihren Klängen kam die kurze, betrunkene, schneidend zärtliche Liebe auf dem Ball zur Welt.

Eine neue Dämmerung – die Ecken des Raums sind noch dunkel, dort schlafen die Alkoholleichen, und es flüstern die allzeit wachen Perversen, hier aber, in der Mitte des Saals, tanzen ein letztes Mal die langsam aus dem Dunkel tauchenden, langsam aus dem Blau hervortretenden Verliebten, die sich gleich trennen werden. Sie tanzen und küssen sich, denn noch ist es nicht Tag, noch sind Träume erlaubt und Küsse verzeihlich. Wieder dreht sich die schwarze Scheibe mit den heiseren Klangasymptoten, die einen Moment lang das Feuer vom Himmel geholt hat. Wie kannst du nur aufgehen, Sonne! Weißt du nicht, was du zerstörst, weißt du nicht, wie hässlich sie alle im Tageslicht sind, mit ihren verknitterten Kragen und schmutzigen Händen, ihren vor Müdigkeit eingefallenen, stoppeligen Wangen? Warte noch, Morgen, lass die Abschiedsmusik noch ein wenig spielen, lass sie singen, immer weiter und weiter auf diesem unsagbar traurigen Ton, der jeden Moment abreißen wird. Gott, wie früh es im Sommer Tag wird, es ist schon ganz hell, man sieht die müden Gesichter der Männer, die erschöpften Gesichter der zur Besinnung gekommenen Frauen. Wer will da noch tanzen, wer geniert sich nicht am hellen Tag für diese geheimnisvollen Bewegungen, die so eindeutig und doch so unwirklich sind. Ein letztes Mal spielt das Grammophon in der Leere, dann gibt es ein seltsam erschöpftes Heulen von sich und bleibt stehen. Aber die Taxifahrer haben ihr Pulver noch nicht verschossen.

»Kostja, lass uns eine Runde drehen! Fahren wir in den Wald, Kostja!«

»Na gut, hol's der Teufel, fahren wir!«

Und schon werden alle wieder lebendig, manche erwachen sogar aus dem Schlaf. Wieder liegt der Glanz eines abenteuerlichen, verrückten Lebens auf den erschöpften Gesichtern.

»Wie viele seid ihr? Steigt ein!«

Man quetscht sich ins Auto, die letzte Flasche Gift in der Hand, und schon geht es los – dreh das Steuer, Gawrila, flieg dahin, Kibitka, Hals über Kopf, mein unvergessliches russisches Paris!

Fliege, tapfere Kibitka! Der Fahrer auf dem Kutschbock singt, wo funkelnd in des Morgens Frische der Boulevard zum Ufer sinkt. Fliege, Taxiheer, flieg durch den Sonnenaufgang, wenn die Straßen so hell und sauber sind und das Herz so jung und froh und doch nah an Erschöpfung und Schwermut.

Fliege, Emigrantenkibitka, flieg dahin und bieg ab im gestreckten Galopp, dass die Hinterräder ausscheren, spring mit Höllengetöse bergauf und rase mit quietschenden Bremsen bergab. Und wenn die Bremsen versagen, was dann? Dann wirst du heulen, Versicherung, und du, Fahrgast, wirst dir die rote Fresse am bruchsicheren Glas aufschlagen, und du, robustes Seelchen, wirst hoch und weit durch die Lüfte segeln, zurück in die Heimat, über deutsche und baltische Länder, ohne ein einziges Visum. Aber bis dahin quietscht, ihr Reifenlager, klappert auf dem Kopfsteinpflaster, ihr Scheiben, und du, blechernes Hündchen Hupe, bell nach Herzenslust jeden an, der dir in die Quere kommt.

Sicher lenkt die tätowierte Hand des Fahrers; knapp vor dem Mütterchen, das den Asphalt küsst, ja sogar vor der Katze auf Abwegen wird sie blitzschnell die rollenden Räder herumreißen und in einen grünen Baum steuern – das gibt ein Scheppern und Klirren! –, und weiter ins Krankenhausbett und auf den Heidenfriedhof an der Ringstraße, wo die kleinen Lokomotiven Tag und Nacht im eisernen Kreis herum schnaufen und ihn niemals verlassen, so wie dein kleines Seelchen Tausende und Abertausende Kilometer durch das stinkende Paris karrt.

Aber noch tritt der abgetretene Schuh auf das pilzförmige Gaspedal, wie die Schenkel des Kosaken gegen sein Pferd drücken, und das fröhlich tanzende Stöckchen der Gangschaltung entlockt den Tiefen des eisernen Rosses ein wildes metallisches Wiehern.

Solange die Reifen nicht platt sind und der Sand nicht die selbstgebauten Zylinder ruiniert, solange stürme dahin, meine Taxitroika, jage durch die Asphaltsteppe des russischen Paris, wo der Strafzettel-Petschenege dir aus bösen Äuglein nachspäht, wo das besoffene dicke Täubchen im Fond sich am liebsten per pedes aus dem Staub machen würde auf seinen lumpigen Halbschuhflügeln, und der lizenzlose Rowdy (komm mir bloß nicht auf die rechte Seite!), der seinen Rausch noch nicht ausgeschlafen hat, sich an knechtischen Polowzern vorbeidrängt.

Flieg dahin, mein eisernes Pferdchen, auf Gummihufen, mit Qualm vor den Nüstern, gelabt am Benzin und gesalbt mit Motoröl, durch Wind und Wetter und Sonnenglut:

Wohin rollst du, Äpfelchen,
Hüte dich vorm sens unique,
Sonst kommst du nicht mehr zurück –

schnell, wie das betrunkene Glück durch die Ödnis des Lebens und die morgendlichen Straßen braust, schnell wie Zigeunermusik, wie die Kugel im Krieg, wie ein böses Geschick.

Schon liegen die Uferstraßen hinter euch, ihr prescht über die Boulevards, weicht in plötzlichem Zickzack einem Laster voller Karotten aus, überholt unter höllischem Gepfeife, halb auf dem Trottoir, einen verdatterten Radfahrer, und statt anzuhalten, lasst ihr die Pfeifer entsetzt auseinanderstieben, sie sollen gar nicht erst versuchen, euch hinterherzuradeln, bei dieser Geschwindigkeit sind die Nummernschilder ohnehin nicht zu erkennen, und außerdem, was kümmern einen besoffenen Raser seine Nummernschilder, zum Teufel damit. Über die Elysischen Felder, wo die obersten Stockwerke in der schrägen Morgensonne aus kostbaren rosa Muscheln zu bestehen scheinen – man kann gar nicht anders, als das Gaspedal bis zum Anschlag durchtreten. Am Triumphbogen pfeift wieder so ein Vogel, aber von wegen, Bürschchen, du traust dich ja doch nicht.

Bezaubernd ist der Bois de Boulogne am Morgen, wenn noch Dämmerlicht herrscht unter den Bäumen, wo die speckigen, von unverbesserlichen Satyrn zurückgelassenen Zeitungen weißlich schimmern, und ein glänzender lila Asphaltfluss an staubigen Seen mit Allerweltsschwänen und verwitterten Kiosken vorbeiführt, vor denen ein Hamlet im Stehkragen vergeblich auf Ophelia-Albertine wartet.

Dann der weiße Zaun des Racing-Club-Stadions, und noch ein Pfiff, und dann – rase, eiserne Troika, jag dem Morgenwind nach oder dem gestrigen Abend; schreit, ihr Betrunkenen, rausch in den Ohren, Wind, und fahr uns in die Haare, solange sie noch wachsen, denn langsam werden wir müde, und ein bitterer Katzenjammer steigt wie schwarzer Rauch am rosigschönen Himmel auf. Und du, der mit dem Schicksal tanzt, schau nicht in den schmalen Autospiegel und auch nicht deinem Bruder ins schmutzige, stoppelbärtige Gesicht. Denn wir wissen selbst, wie verdreckt und verkommen und schwach wir sind in unserem armseligen Rausch, und doch sind gerade wir Russland – Russland-die-Jugend, Russland-das-Äpfelchen, Russland-das-Jungfräuliche, Russland-das-Frühlingshafte. Gerade wir werden bleiben, werden zurückkehren, gerade wir – die bettelarmen, jungen, gutmütigen, arglosen Brüder der Hunde und Autos, Freunde der Bücher, der Boulevardbäume, der flammendroten Sonnenaufgänge in der Stadt, die nur die Unbehausten kennen.

Inzwischen war das Fest dem Ende nahe, im grellen Tageslicht bot es einen traurigen Anblick. Die verbliebenen Gäste – alle, die den Sprung in den erwachenden Morgen, in die ungesunde letzte Munterkeit nicht geschafft hatten – alberten matt herum, flüchtig gewaschen, aber entstellt von der Müdigkeit. Man machte lahme Witze, trank den aus einer Bar geholten Kaffee und sank, das Glas in der Hand, immer tiefer in das Sofa.

Der Boxer mit den breiten Wangenknochen räumte bekümmert das Atelier auf und streute Sägespäne auf das Erbrochene. Irgendwer hatte, wozu auch immer, noch einmal das Grammophon angekurbelt, dessen Metallkehle im blendend hellen Licht ein grobes Plärren von sich gab; es wurde bald angehalten. Es war Sonntag, und viele zogen jetzt endlich die abgetretenen Schuhe aus, lockerten die allzu engen Gürtel und legten sich schlafen. Wenig später glich das riesige Atelier einem phantastischen Schlachtfeld, wo Tote, Verletzte und Sieger durcheinander zwischen umgekippten Flaschen lagen, die der Hausherr nun ordentlich in einer Reihe aufstellte und zählte: dreißig leere und sechs volle – so viel Geld!, und wie viel von dem teuren Gift war verschüttet worden oder zur Natur zurückgekehrt!

So verging der Ball, das lange Leben, die kurze Nacht, das trunkene Glück, der nüchterne Kummer der vom Alkohol Erniedrigten und Beleidigten.

Wie ein hellerleuchteter Zug war er mit stampfendem Musikmotor durch den Schnee der Minuten gerast und hatte ein lange noch nachglühendes Schlaglicht auf die sonnige Leere jenes rasch verfliegenden Jahrs geworfen. In ihm eingeschlossen, wie die kleinsten Einzelheiten einer Trennung, blieb neben der hohen, schneeweißen

Gestalt Thérèses der Aufprall einer geballten Faust auf dem Wangenknochen eines stumpf blickenden Gegners, der Schweiß an den Händen der Tanzenden und der unsichtbare Engel auf dem Balkon, auf den mit absurdem Starrsinn die fast noch kindliche Hand zeigte; all das, für immer entschwunden, ging ein in das leuchtende, rasch verblassende musikalische Gewebe der unvergesslichen »Éléonore«, des trägen Slowfox jener Nacht, jenes Jahres, jenes vergangenen Lebens.

Heller Widerschein einer himmlischen Begeisterung, eines poetischen Höhenflugs, Abglanz von sportlicher Anstrengung und erotischer Aufregung und dem Duft einer geräuschvollen, blendend hellen, kurzen Vergangenheit, einen Augenblick lang unvergesslich und von wundervoller Demut, ich lästere dein amoralisches Fieber nicht.

O orgiastische Feier der Schwachen und Gütigen! Alles ist vergeben, denn wundervoll traurig warst du.

KAPITEL 6

Oisive jeunesse
À tout asservie,
Par délicatesse
J'ai perdu ma vie.
Arthur Rimbaud

Hoch über dem See steigt eine weiße Straße bergauf. Zur einen Seite haben sich Nussbäume und Blumen auf dem mit Dynamit gesprengten Felsen festgesetzt; die andere Seite ist über dem Steilhang mit einer Art Festungsmauer verstärkt. Höher und höher geht es hinauf, in gleichmäßigen Kurven, vorbei an kleinen Bergkirchen mit niedrigen Türmen, kaum höher als die schiefen, steinbeschwerten Dächer der Bauernhäuser; höher und höher in gleichmäßigen Serpentinen, dorthin, wo ein schneller, zwischen Buschwerk verborgener Bach bergab rauscht, der sich nur hier und da an einer offenen Stelle zum schlanken Band eines Wasserfalls verengt. Im Fallen treibt das kalte Wasser, durch eine säuberlich gestrichene Rinne geleitet, eine einfache Turbine an, von der Kupferdrähte bis in die ärmsten Dörfer gespannt sind. Weiter oben wird der Straßenbelag schlechter, und immer öfter ist der Weg von wilden Bächen unterspült. Zu beiden Seiten dehnen sich glatte Narzissenfelder: Man sieht, dass der Schnee nicht mehr weit ist.

Eben hier, an der Grenze zum Azur und zum Reich der Engel, stand das Kloster, in dem Vera-Thérèse von Blitzenstyff die Schule besuchte, unter der gutmütigen, brummigen Aufsicht einiger Nonnen, die wahre Meisterwerke an Reinlichkeit und Wäschestärkearchitektur darstellten.

Den Kindern stockte nicht das Herz, wenn sie von der Felsenterrasse, eine Hand über die Augen haltend, nach den Booten aus Genf Ausschau hielten; sie waren an die Höhe gewöhnt, und das, was dort unten lag, schien ihnen nicht weit entfernt, sondern einfach nur klein, als passte es wie Spielzeug in eine Hand – der Briefbeschwerer der Kathedrale, blank wie ein kleiner weißer Bleistift (kein Wunder, sie stand ja in Lausanne), die Zuckerdose Schloss Chillon, die vielen kleinen Häuserschachteln und selbst die Bäume und Pavillons am Quai; all das war nicht bläulich verschwommen, sondern hob sich, wie durch ein Fernglas gesehen, zuckerwürfelweiß vor dem türkisgrünen, kalten, tiefen Wasser ab, durch dessen Mitte ein gelblicher, rasch verblassender Streifen schnitt. Am anderen Ufer sah man, ebenso klein und scharf in der vollkommen klaren Luft, eine Reihe hoher, schneeloser gelber Berge; besonders eine Spitze erglühte immer schon lange vor der Frühmesse. Rechterhand in der Ferne wurden die Berge niedriger, dort war Frankreich, linkerhand und nach hinten zu aber brannten, sehr hell und so nah, als lägen sie mitten im Zimmer, die verschneiten, unerreichbaren Kolosse der italienischen Alpen – man konnte ein ganzes Jahr lang auf sie zugehen und ihnen doch nie näherkommen.

Manchmal war das Kloster auch in Wolken gehüllt; dann wurden nicht nur die Städtchen mit ihren aufgereihten weißen Booten unsichtbar sondern der ganze See bis zum letzten blauen Tropfen, und selbst die Gipfel der nahegelegenen Berge Ouchy und Glion, zu denen an einem dünnen Faden langsam das Kästchen der Standseilbahn hochkletterte. Alles war grau, jeder Laut klang gedämpft, weit weg muhten Kühe, und ein Mensch, der sich entfernte, wurde schnell blasser und löste sich in Luft auf. Doch das kam selten vor, meist war der Himmel tiefblau, fast schwarz; der von der Sonne aufgeheizte Garten duftete schwer nach Magnolien, deren breite weiße Blüten sich erst mitten im Sommer öffneten, zugleich mit den länglichen Blättern, deren Glanz durch nichts getrübt wurde: nicht das kleinste bisschen Staub lag in dem Sonnenstrahl, der den roten Ziegelboden in der Klosterzelle überflutete und die weißen, sauber gestrichenen, an der Decke von einem dicken Kiefernbalken begrenzten Wände mit seinem rosa Widerschein färbte. Vor dem Fenster spazierten zahme Tauben zwischen den Blumen, und oft kam sogar ein freches Huhn herein, trat erst gackernd auf dem Fensterbrett auf der Stelle, den Hals forschend vorgereckt, und patschte dann entschlossen auf den Tisch hinüber. Wenn man es einfing, flatterte es wild und kreischte, obwohl Thérèse es nur streicheln wollte und es anschließend in die Luft warf, damit es fliegen lernte – ohne jeden Erfolg. Nur neun Schülerinnen waren in dem Bergkloster untergebracht; sechs davon hielten sich allein ihrer schwachen Konstitution wegen in den Bergen auf und fuhren den Sommer über weg, und nur Thérèse und zwei arme Mädchen, die in der Küche aushalfen, blieben das ganze Jahr in Saint-Morancy.

Vera-Thérèse von Blitzenstyff war – einem umkämpften Schatz oder einem gepfändeten Landgut gleich – ohne ihr Wissen zum Gegenstand eines langen Rechtsstreits zwischen ihren Eltern geworden. Ihre Mutter, eine dicke, bescheidene Frau mit platter Frisur und kränklichen hellblauen Augen, stammte aus deutschrussisch-baltischem Adel. Ihr Vater, ein französischer Aristokrat aus Lothringen und seit einigen Jahren Insasse einer Nervenklinik, war ein hochgewachsener dunkelhaariger Mann mit dem Gesicht eines Henkers, Autor eines mehrbändigen Werks zur Dämonologie, der sich wegen seines leidenschaftlichen Eintretens für die Wiedereinführung des Kirchengerichts und seiner Apologie der Inquisition in ihren grausamsten Formen in der katholischen Presse einer gewissen Bekanntheit erfreute.

Geboren war Thérèse in Bar-le-Roi an der Mosel, in einem großen Steinhaus am Stadtrand, das früher einmal bis in die Seitenflügel und Anbauten von überschäumendem Leben erfüllt gewesen war; Anfang des Jahrhunderts aber war nur noch ein Stockwerk bewohnt, eigentlich nur vier Zimmer. Einen weiteren noch nicht zugenagelten Raum gab es immerhin: Das war die Kapelle, denn das Geschlecht derer von Blitzenstyff, das den Heiligen Stéphane von Angoulême hervorgebracht hatte, war fanatisch religiös – so sehr, dass es sogar die Missbilligung der örtlichen Geistlichkeit auf sich zog.

Der alte Graf war in der Tat nicht nur ein Puritaner, sondern ein echter Calvinist. Für ihn kreiste das gesamte Christentum um die Idee der Vergeltung gegen eine Menschheit, die ihren Schöpfer kollektiv und über alle Zeiten hinweg beleidigt hatte.

»Jesus leidet Todesqualen bis ans Ende der Welt« – und dafür habe der Mensch gleich zwei ineinander übergehende Höllen geerbt: die seelische Hölle, die jeder von Kind an im Herzen trage, und das eigentliche Höllenfeuer, in das die erste Hölle nach kurzer Frist einfließe wie Öl in eine Pfanne.

Weltliche Gerichte besaßen in seinen Augen keinerlei Legitimität, denn »wir alle sind als Verbrecher geboren, im Herzen sind wir Mörder«, erklärte er. »Ein jeder von uns ist über die Zeiten hinweg schuldig an sämtlichen Verbrechen der Welt und begeht sie in einem fort weiter.«

Bei solchen Sätzen schloss er gewöhnlich die Augen und machte das für sein Geblüt typische herrisch-unbeugsame Gesicht, während der skeptische dicke Geistliche, mit dem er sprach, sich betrübt auf die Lippen biss wie ein nachsichtiger Doktor, dessen wahnsinniger Patient gerade einen Rückfall erleidet.

Er selbst fürchtete das künftige Feuer jedoch nicht, sondern sehnte sich aus vollem Herzen danach: »Ich dürste nach Vergeltung«, sagte er oft. Er genoss die physische Qual seiner langen Gebete und weckte seine Kinder erbarmungslos mitten in der Nacht zur Mette, denn es steht geschrieben, dass zwischen der zweiten und dritten Stunde die schrecklichste Zeit auf Erden ist: Der Betende begleitet Jesus in die Unterwelt und hilft Ihm, am Morgen aufzuerstehen.

Überzeugt, dass schon Kinder die Blume des Bösen in sich tragen, die jederzeit aufblühen kann, behandelte er die seinen außerordentlich streng und unterzog sie ausgiebigen körperlichen Züchtigungen, während deren er weinte. Es war seiner Laune zu verdanken, dass fast alle Zimmer des Hauses verschlossen und zugenagelt waren; in den verbliebenen vier standen nur die nötigsten Möbel, und an den weiß gekalkten Wänden duldete er weder Fotografien, die nach seiner Meinung reiner Götzendienst waren, noch die groben Verlockungen der Malerei.

Am meisten aber hasste er die Musik, wahrscheinlich, weil sie ihm wie allen heroischen Naturen den größten Genuss bereitete.

Harmonie, erklärte er, sei die vergiftete Frucht jener weltlichen Renaissance, die dank der protestantischen Naivität im Inneren der Kirche herangereift sei; er selbst befürwortete den einstimmigen gregorianischen Gesang der Armenier und Griechen, denn er glich dem grausigen Geheul, das die Menschen des Mittelalters bei einer Sonnenfinsternis anstimmten, oder am Vorabend der Jahrtausendwende, in Erwartung des unausweichlichen Weltuntergangs – zwischen stinkenden offenen Särgen voller Pestbazillen, in dunklen vorgotischen Kirchen.

Punkt neun Uhr, nach dem Gebet und einer kurzen, angsteinflößenden Lesung, wurde im ganzen Haus das Licht gelöscht, Fenster und Türen wurden verriegelt, jedes Gespräch, und sei es noch so notwendig, war verboten.

Die nervöse, schwächliche Thérèse fürchtete sich so sehr vor ihrem Vater, dass sie oft ohne jeden Grund, etwa beim Mittagessen, nervöse Zuckungen bekam; sie litt unter nächtlichen Krämpfen. Bald konnte sie gar nicht mehr schlafen, sie magerte ab, begann zu schielen und zu husten.

Und eines Tages fuhr ihre sanfte, schweigsame Mutter, die all die makabren Schrullen bis dahin klaglos ertragen hatte, plötzlich aus der Haut, stieß ein Kruzifix um und schlug ihrem Mann ins Gesicht.

Von diesem Tag an zerfiel das Leben im Haus in zwei Hälften, es geriet durcheinander und wurde vollends unerträglich.

Der alte Graf begann auf offener Straße zu beten, umringt von Passanten. Die örtlichen Behörden wagten ihn nicht anzurühren. Er hielt irre Reden, brach in Freudenhäuser ein, schlief unter freiem Himmel. Wenig später überfuhr ihn eine Droschke; der Graf hielt den Kutscher für einen apokalyptischen Reiter. Beglückt über seine Wunden, riss er alle Pflaster und Verbände ab, sodass man ihn wohl oder übel in eine Nervenheilanstalt einweisen musste. Als er von dort zurückkam, war er physisch nicht mehr wiederzuerkennen, doch in seinen Augen glühte eine so furchterregende Entschlossenheit, dass Thérèses Mutter trotz seines vorbildlichen Betragens das alte Haus der Martern verließ und ihre Scheidung und die Aufhebung der väterlichen Vormundschaft in die Wege leitete.

KAPITEL 7

Puis un beau matin sans qu'il s'y attendît tout s'éclaira.
Joris-Karl Huysmans

Nach dem Mittagessen, zu dem eine Novizin aus der Vita der Heiligen Katharina von Siena vorlas, begann der anspruchslose, aber eifrige Unterricht: Auf dem Lehrplan standen vor allem Schönschrift und Arithmetik, Geschichte der Schweizer Konföderation und Handarbeit. Katechismus und Kosmografie immerhin unterrichtete Abbé Hildenbrandt Racroc, der so gelehrt war wie die Schwestern einfältig.

In Schwester Véroniques Kurs wurden die Klassiker gelesen – mit gewaltigen Auslassungen: Rabelais und Montaigne kamen überhaupt nicht vor, dafür erfreute sich Chateaubriand hoher Wertschätzung, er kam gleich nach Bossuet und Massillon. Schwierig war es mit Rousseau: Bei allen aufrührerischen Ideen war er doch ein Schweizer Bürger. Mit Xavier de Maistre und Montalembert endete der Kurs, andere Bücher gab es nicht in der Klosterbibliothek. Zum Ausgleich unterrichtete Schwester Clarissa einen ausführlichen Geschichtskurs.

Rein und wild flossen die Tage der Kinder dahin; der Unterricht bei den Schwestern war streng, kurz und rar, denn sie waren wenige und hatten oft in der Wirtschaft zu tun oder arbeiteten, der Not gehorchend, auswärts als Pflegerinnen. Im Sommer machten sie Marmelade und Käse, sammelten Nüsse und Minze, gruben mit hochgeschlagenen Röcken den Gemüsegarten um oder behandelten, die kupferne Pflanzenspritze auf dem Rücken, stoisch jedes einzelne Weinblatt gegen die Reblaus. Sie molken die Ziegen und misteten aus, mähten die Wiese und strichen sogar die Klostergebäude – wie die Bauern verstanden sie von jedem Handwerk etwas. Das Kloster bekam keinerlei Subventionen.

Im Frühjahr zogen die Kinder frühmorgens direkt aus der Kirche über die Steilhänge zu den hochgelegenen Wiesen, wo das Gemeindevieh weidete; manchmal blieben sie auch über Nacht dort bei den Schäfern, und mehr als einmal stieg Thérèse bis zum Gletscher auf. An seinem schmelzenden, schwärzlichen Rand bildeten sich Höhlen und Mulden, und daraus flossen kalte Bäche, in die die Hand zu tauchen schmerzte; leise murmelten sie in der Alpenstille. Manchmal ertönte dumpf, fast hölzern die Glocke am Hals einer verirrten Färse, denn die Kühe gerieten auf geheimnisvollen Wegen oft auf so steile Abhänge, dass man sie mit Seilen retten musste; die Luft war erfüllt von einem unermüdlich zirpenden Grillenchor, sie lag warm und reglos da und schien in der Sonne zu sieden; ringsum war es köstlich still.

In zärtlichem Erstaunen, wie in konzentriertes Nachdenken versunken, lauschte das Kind den leisen, beharrlichen Insektenstimmen, durch deren Klang von Zeit zu Zeit wie ein blauer Streifen am Himmel langsam und deutlich ein Muhen schwebte; der See tief unten hüllte sich in helles Blau, dorthin führten über zahlreiche Plateaus Wälder und Täler.

Das Kloster war von hier aus nicht zu sehen, merkwürdig nah dagegen leuchteten in der Sonne die blendend weißen Gipfel, man erkannte die kleinsten Einzelheiten des Schneereliefs: Hier ragten schiefe Wände wie stilisierte erstarrte Wellen auf, dort flossen Schneeschnörkel und ganze Eiswasserfälle, deren Konturen sich im Sommer etwas rundeten.

Auf dem Schnee lagen dunkelblaue und violette Schatten, und es gab keine Worte, um das Schauspiel zu beschreiben, wenn der goldene Traum des ewigen Eises frühmorgens in rosigem Triumph erstrahlte, während die Täler noch in dunkler Nacht lagen.

Still und seltsam waren die Sonnenuntergänge. Die grauen Täler schimmerten in grauem, von Lichtreflexen durchsetztem Dämmer, und jeder Bach, jede Pfütze, jeder Morast spiegelte die helle, gelbrote Schneewelt hoch oben, während der nahe Wald zu dieser feierlichen Stunde schon ganz schwarz und voller unsichtbarer, unheimlicher Wesenheiten war.

Lange, lange sah Thérèse oft der weit verstreuten Herde zu. In der Ferne tauschten Hirtenhörner Frage und Antwort, kaum hörbar pfiff eine Eisenbahn, und wenn zwischen den bewaldeten Bergrücken ein trockener Schuss fiel, der lange nachhallte, krampfte sich ihr Herz zusammen, so innig spürte sie das verborgene, unsagbar edle und zarte Leben der Wildtiere, wie sie leise mit dem Fell zuckten, mit dem Schweif wedelten oder langsam ihren weichen Mist auf den Boden klatschen ließen.

Der bloße Gedanke, dass diesen gütigen, schweigsamen Göttern Gewalt angetan wurde, entsetzte sie; weinend streichelte sie den noch warmen Kopf eines barbarisch auf einen Stock gespießten Zickleins, aus dem dickes, dunkles

Blut auf die Straße tropfte, ohne dass das Tier seinen verwunderten, anmutigen Ausdruck verloren hätte, und sie hörte nicht auf, bis die Schwestern sie zurechtwiesen.

Einmal büßte sie beinahe ihr Gehör ein und verursachte großen Aufruhr, als sie zwei sorgsam in der Diele abgestellte Gewehre entlud. Zur Strafe wurde sie gezüchtigt und in den Hühnerstall gesperrt, wo sie irgendwelche Gedichte auswendig lernen sollte. Weinend umarmte sie die Hühner, sagte wohlklingenden, aber unverständlichen Unfug auf und schwor sich, eines Tages alle Gewehre in den Bach zu werfen.

Die Schwestern dagegen hegten eine heimliche Leidenschaft für die Jagd, sie liebten die Geschichten, das Palaver übers erlegte Wild, und hätten sie das Gerede nicht gescheut, wären sie am liebsten selbst den Gemsen nachgestiegen, denn auf dem Land waren Jäger Helden, auch wenn es meist gerade die faulsten und frechsten Kerle waren, die zur Jagd gingen.

Über welche Steilhänge und spiegelglatten Granitwände, in denen dem Anschein nach nicht einmal eine Fliege Halt finden konnte, waren diese schwatzhaften Wesen nicht schon gewandert! Sie hatten Gletscherhöhlen erforscht, hatten reißende Schmelzwasserbäche durchquert, in denen die Füße ganz taub wurden, und sie hatten unzählige Hirtengeschichten gehört, während sie warteten, dass die Kartoffeln im Feuer gar wurden: von verzauberten Tieren, die mit menschlicher Stimme stöhnten, von unsichtbaren Bergwesen, die das Gras auf der hellen Wiese in gleichmäßigen dunklen Kreisen wachsen ließen. Am liebsten mochten sie die Geschichte vom »Bergführer«, einem schönen jungen Werwolf, der verirrten Wanderern erschien und ihnen freundlich den Weg in eine Schlucht oder in ein Gletschertal wies, wo der Verirrte dann beim kristallklaren Plätschern des Wassers, im grünen Licht der durchs Eis scheinenden Sonne in tiefen Schlaf fiel und sich in ein Irrlicht verwandelte, eines jener Feuer, die in der Nacht auf Johanni rund um den See aufleuchteten: In dieser Nacht, in der die Kinder Kerzen in ausgehöhlte Kürbisse und Wassermelonen stellten, um angetrunkenen Hirten auf dem Heimweg einen Schreck einzujagen, wusste keiner, welche Feuer von Menschen entzündet worden waren und welche von unbekannter Hand, auf Felsvorsprüngen, wo seit Generationen keine menschliche Behausung gestanden hatte.

Thérèse unterhielt sich besonders gern mit Abbé Racroc. Er wohnte in einem niedrigen Haus direkt am Abhang, mit einer kleinen Galerie, die Wanderer mit schwachen Nerven besser nicht betraten. Die Zimmer waren mit Ton- und Glasgefäßen vollgestellt, an der Decke hingen büschelweise Kräuter zum Trocknen, und in mehreren hohen Retorten war ständig ein geradezu diabolisches Köcheln im Gang. Zweimal hatte der Dorfarzt ihn schon wegen Kurpfuscherei verklagt, und zweimal war das Verfahren mangels Zeugen eingestellt worden, denn die Einheimischen, die ihn für eine Art Zauberer hielten, dachten gar nicht daran, auf ihren Heiler zu verzichten.

Der Abbé saß in einem Sessel mit hoher geschnitzter Lehne und las ein in Leder gebundenes Buch, während Thérèse, die ihre kindlichen Kräfte unter Beweis stellen wollte, eifrig an der Schnur eines an der Decke befestigten Blasebalgs zog; der Abbé legte einen Finger zwischen die Seiten des Buchs und sah sie unverwandt an, ohne sie wahrzunehmen.

In solchen Momenten begann das Mädchen selbst das

Gespräch, denn der Abbé war der einzige, mit dem sie über die Stimmen sprach, die sie manchmal im Geräusch eines Wasserfalls hörte – rein und klangvoll, aber völlig unverständlich –, oder auch einfach inmitten der andächtigen Alpenstille.

»Das passiert so«, sagte sie und gestikulierte erklärend mit der freien Hand: »Plötzlich tönt hoch in der Luft ein Gesang aus mehreren Stimmen – sie klingen fragend, und ich höre deutlich jedes Wort, aber der Sinn kommt jedes Mal durcheinander. Danach ist es eine Weile still, und dann ruft es aus einer ganz anderen Richtung zurück, hoch und gläsern und freudig, wie ein Mensch, der außer Atem ist, und wieder höre ich alles und verstehe nichts. Nur ganz selten ein paar einzelne Worte: ›là-haut, là-haut‹ oder ›dans la plaine‹, und auf einmal singen alle im Chor, froh und laut und ganz nahe: ›tu reviendras, tu reviendras‹. Dann werden sie leiser, als würden sie sich verabschieden und in die blassblaue Höhe zurückziehen, und dort erfrieren sie im Kristall, aber sie versprechen wiederzukommen. Dann muss ich immer weinen.«

»Und warum?«, fragte der Alte mit gespielter Strenge.

»Weil ich nicht weiß, wann sie wiederkommen«, sagte Thérèse, die die Augen, um sich besser verständlich zu machen, weit aufgerissen hatte und die überraschendsten Haltungen einnahm, während sie unermüdlich weiter mit dem Balg hantierte.

Plötzlich begriff der Alte, dass das Kind sehr müde war, und übernahm das Anfachen selbst. Thérèse kletterte auf seinen Platz auf dem hohen, steifen Sessel und stellte ihm Fragen.

»Sagen Sie, Pater, sind die Engel unglücklich?«

»Nein, sie sind glücklich.«

»Und die Tiere, werden sie zu Engeln?«
»Ich weiß nicht.«
»Ich mag Kühe lieber als Engel.«
»Warum?«
»Weil die Mücken sie plagen.«
Der Abbé schüttelte traurig den Kopf und betrachtete Thérèse wie ein Arzt, der bedenkliche Symptome feststellt, dann vertiefte er sich wieder in seine Arbeit und füllte getrocknete Kräuter in verschiedene Gläser.
»Pater Hildenbrandt, wofür ist dieses Kraut?«
»Gegen Blindheit.«
»Ich wäre gerne blind.«
»Und warum, Dummerchen?«
»Weil die Steine auch blind sind.«
»Sei still, Täubchen.«
»Ich bin kein Täubchen.«
»Was bist du denn?«
»Ich bin Thérèse, der Stern der Unterwelt.«
Der Abbé packte sie zornig am Arm.
»Das hat mir der schwarze Stein am Rundtal gesagt.«
»Und weiter?«
»Weiter nichts, nur das: ›Thérèse, Stern der Unterwelt, öffne mir die Augen.‹ – ›Ich kann nicht.‹ – ›Dann erblinde.‹«
»Dich lasse ich nicht mehr in die Berge.«
»Doch, bitte, Pater Hildenbrandt.«
»Nein.«
»Und wer soll dann die kleinen Steine taufen?«

Nach der Frühmesse in der sauberen, nach Farbe riechenden Kirche wurden die Klosterkinder entlassen bis zum Frühstück, anschließend begann der Unterricht. Thérèse sollte sich ihr Leben lang an den frischen Duft von Farbe und Weihrauch erinnern. Die Kirche in Saint-Morancy, eine jahrelang verfallene und als Ziegenstall genutzte alte Kapelle, war damals neu renoviert und duftete wie ein junger Zweig an einem alten Baumstamm nach frischem Ölfirnis und Lack.

Sie war ein Ort, an dem das unsterbliche, sich ewig erneuernde Leben des Katholizismus unbewusst jubilierte: keine ehrwürdige, riesige mittelalterliche Kathedrale, in der der rituelle Glanz von einst weiterlebte, sondern eine kleine, blitzblank geputzte Kirche mit neuen, noch nicht nachgedunkelten gelben Holzstühlen, neuem Kirchengerät, neuen hellrosa Altarlämpchen, und selbst die Messingleuchter waren noch nicht angelaufen.

Die säuberlich kolorierten Skulpturen vor der frischen Wandmalerei badeten in großzügigen Sonnenstrahlen, die durch die matten Fensterscheiben hereinfielen. Wahrhaftig, wie viel ungesunde Schöngeisterei liegt in der Begeisterung für alte Kirchen! Nur ein verdorbener, ungläubiger Geist braucht in der Religion die Unterstützung der Geschichte; den Nonnen mit den breiten Gesichtern und den schweren Nagelschuhen dagegen war es ein wahrer Genuss, jeden Samstagmorgen den Fliesenboden und die gelbweißen Wände zu scheuern, das Metall zu polieren, die Blumen zu wechseln, die Fenster zu putzen. Ihre kräftigen, gutmütigen Bäuerinnenhände schienen keine Müdigkeit zu kennen. Untereinander sprachen sie schnell und fröhlich im unverständlichen Dialekt der Gegend.

Der durch seine kleine Brille blinzelnde heilkundige alte Priester brachte sie in einem fort zum Lachen, und sie winkten wie Bauernweiber mit beiden Händen ab und erwiderten seine Scherze.

Beim Gottesdienst standen sie in gerader Reihe Rücken neben Rücken, wie rotwangige Soldaten in hellblauer Uniform, riesige weiße Vögel auf dem Kopf.

Das Dorf verlor mit den Jahren stetig an Bewohnern. Viele kamen nur noch für die Sommermonate her, den Winter verbrachten sie nach Möglichkeit in zivilisierteren Gegenden. Um die Mitte des Winters kam nicht einmal die Post mehr nach Saint-Morancy, und Thérèses Lieblingsbeschäftigung war es, auf einem Schlitten mit verwegenem Schwung knapp am Sturzbach entlang über die verschneite Straße zu sausen, um die Briefe aus dem Nachbardorf zu holen. Auf dem Rückweg ließen die Kinder sich Zeit, sie trödelten absichtlich, stritten miteinander und tauschten Murmeln, die für Mädchen wie Jungen der kostbarste Besitz waren.

Zu Hause (denn im Grunde war das Kloster für alle acht Zöglinge und zehn Erzieherinnen ihr Zuhause) setzte es erst Schläge, dann rieben die Nonnen ihnen die eingefrorenen Hände warm und schickten sie an den gemeinsamen Tisch zum Studium der Berner Konföderation, in deren Geschichte es nur so wimmelte von unsympathischen österreichischen Herzögen und bärtigen Unabhängigkeitskämpfern – Thérèse hatte aufgrund der kolorierten Bilder, die den hiesigen Schokoladentafeln beilagen, eine lebhafte Vorstellung von ihnen. Schokolade bekamen die Kinder allerdings nur selten. Die ruhmreiche Berner Geschichte wurde schnell langweilig; bald legte eine ihrer Erforscherinnen friedlich das Gesicht auf eine speckige Buchseite und wollte trotz aller Klapse und Ermahnungen die plötzlich steinschweren Lider nicht wieder öffnen; Schwester Hildegard nahm sie mühelos auf die Arme und trug sie ins weiß emaillierte Gitterbett.

In den Nächten träumt Thérèse. Ihr ist, als ginge der

Vollmond im Zimmer umher und schaute mit seinem stillen weißen Gesicht in die Betten. Thérèse möchte direkt aus dem Bett auf den Mond klettern, dessen Silberberge sich scharf vom schwarzen Sternenhimmel abheben, und über diese Berge wandert Pater Hildenbrandt und unterhält sich mit jemandem, die Antworten tönen deutlich aus der Tiefe. Dann knirscht der Schnee, und jemand steht lange dicht vor dem Fenster des Schlafsaals und blickt durch die Scheibe. Das muss wohl ihr Vater sein, er wird immer größer, gleich kommt er herein.

Sie wacht auf; der Mond ist jetzt von zarten, silbrigen Wölkchen verhüllt, die aussehen wie durchsichtige Fische. Thérèse setzt sich im Nachthemd aufs Fensterbrett und schaut lange hinaus auf die im Mondlicht hell funkelnden Schneekristalle; am Morgen findet man sie auf dem Sims. Die ganze Woche bekommt sie keine Marmelade und nicht einmal Apfelmus.

Im Herbst verschwand das Kloster hinter Wolken; nur manchmal schien die Sonne auf das goldschimmernde nasse Haselnussgestrüpp, und ganz in der Nähe, knapp unter der letzten Station der Bergbahn, breitete sich ein welliger weißer Schleier aus, als wäre der See plötzlich in Wallung geraten und schäumend über die Ufer getreten.

Doch dann hüllte sich alles wieder in Wolken, weiß und ungreifbar wie Gespenster, und wenig später fiel aus diesen Wolken in großen weißen Flocken der erste Schnee – in einer Woche so viel, dass man den Eingang der Kirche jeden Morgen mit Holzschaufeln freiräumen musste. Anschließend wurde der Weg gekehrt und mit gelbem Sand bestreut, dann tauchte auf knirschenden Sohlen, frostige Atemwolken ausstoßend, der dick eingepackte kräuterkundige Abbé auf, wärmte die kalten Hände am Herd, wo in Kupfertöpfen Ziegenmilch aufgekocht wurde, zog das spitzenbesetzte Messgewand über seine Strickjacken und die Steppweste und ging in die sonnendurchflutete, aber gletscherkalte Kirche.

Paarweise, in feierlicher Prozession, machten die Kinder sich auf den Weg; sie waren in dicke Schals gewickelt und traten von einem Bein aufs andere, doch davon wurde die Messe um kein Ave kürzer.

Nach dem Mittagessen setzte der Alte sich ins Lehrerzimmer, dessen endlos tiefe Fensterbretter mit Hyazinthen vollgestellt waren, und las mit hoch erhobenem Kopf laut und deutlich aus der katholischen »La Croix« vor; die Schwestern sprachen über Politik, ohne ihr behändes, rhythmisches Stricken zu unterbrechen.

Der Abbé war ein Radikaler, und die Schwestern, die von einer Pilgerfahrt nach Rom träumten, teilten seine demokratischen Ideen nicht; in ihren Augen hatten seine Reden oft eine häretische, protestantische Färbung, denn die theologisch ahnungslosen Schwestern lebten abgeschieden von der Welt, Pater Hildenbrandt dagegen war über seiner Kräuterkunde und Lektüre mittelalterlicher Arzneibücher zum regelrechten Alchimisten und Dämonologen geworden. Allerdings ging seine Ketzerei nicht über eine freundliche Nachsicht den Teufeln gegenüber hinaus – im Dorf glaubte, elektrisches Licht hin oder her, ohnehin jeder an Berggeister, die aus reiner Lachlust Lawinen auslösen konnten, manchmal aber auch Kinder aus Steilhängen retteten und verirrten Jägern, zu denen sie Zuneigung gefasst hatten, den richtigen Weg wiesen.

Während der Messe standen alle an bestimmten Stellen gemeinsam auf oder knieten nieder, und die kleine Orgel stieß unter den ungelenk Händen des Dorflehrers ein heroisches Brüllen aus, während der kräftige Bauernbursche in der Kammer nebenan mit religiösem Eifer in die Pedale der Balganlage trat. »Attention, pas si fort«, sagte der Lehrer leise zu ihm, und von Neuem drang die bewegte Luft harmonisch brüllend aus den Zinkröhren, staute sich in der kleinen Kirche, wo sie die Anwesenden beflügelte, und flog dann mit so schlichter, überzeugender – freilich mehr quantitativer als qualitativer – Kraft auf die kiefernbestandenen Hänge hinaus, dass selbst die Ziegen im Garten die Köpfe hoben und lauschten.

Kristallklar klingelte das Glöckchen vor der Wandlung, die weißen Reihen flatterten mit ihren gestärkten Flügeln und sanken zu einer plötzlich leisen, reinen Melodie zur Erde nieder; durch einen breiten, von keinem Staubkorn getrübten Sonnenstrahl stiegen gekräuselte bläuliche Weihrauchwölkchen auf. Und oft kamen sogar den altgedienten Nonnen die Tränen – obwohl der mit einem Mal imposant wirkende alte Priester sie bei der Beichte streng dafür tadelte.

Sie waren alle junge Bauersfrauen, die meisten Witwen oder entehrte und verlassene Mägde, deren reines, gesundes Klosterleben von dieser groben, erhabenen Musik auf einmal durchlässig wurde und eine Welle schmerzlichen Bedauerns aufsteigen ließ: Sie trauerten um ihr zerstörtes, längst vergessenes Glück, und der Priester, der hinter seiner Maske des naiven Dorfquacksalbers ein kluger Psychologe war, wusste das. Von der Beichte kamen die Nonnen noch gutmütiger, dicker und ruhiger zurück; gebieterisch und wortkarg drillten sie ihre Zöglinge, die großenteils ebenfalls aus der Gegend stammende uneheliche Kinder waren, und auch den Mädchen aus der Stadt ließen sie denselben fürsorglichen Despotismus angedeihen, sie bestraften sie oft und schlugen sie sogar, hätschelten und päppelten sie aber auch über die Maßen.

So flogen die Jahre vorüber, Jahre voll Sonne, Nebel und schneeiger Stille – auch diese war sonnig, aber auf andere Weise, blendend und feierlich. Nie war es windig hier oben, die verschneiten Wälder standen reglos, wie verzaubert, und staunten über ihre zarten Ornamente; der Schnee lag in wundersamem Gleichgewicht auf den zartesten Zweigen, er glitzerte in der Sonne, und nur ab und zu ließ ein Vogel oder ein Eichhörnchen ein trockenes Wölkchen aufstieben, danach kehrte wieder Stillstand ein zwischen den raffiniert geschmückten, von ihrer Last zu Boden gedrückten Bäumen.

Thérèse läuft auf Skiern durch den Zauberwald. Die flache rosa Sonne ist eben erst aufgestanden, ihre dünnen Strahlen dringen durchs Dickicht und schmücken die nadligen Tatzen und Pfötchen mit Diamanten.

Thérèse fährt mit elegantem, geübtem Schwung, sie ist auf dem Weg zu Pater Hildenbrandt, dem sie Nachricht von den besorgten Schwestern bringen soll; an einer Biegung legt sie plötzlich die Hufe zusammen, geht in die Knie und hebt ab, segelt bergab mit eisiger Nase, und die scharfe Kurve schreckt sie nicht. Sie drückt sich mit Anlauf mit den Stöcken ab, wirbelt, von einem Schneesturm umgeben, in der Luft herum, und schon ist sie ums Eck, an der Konditorei vorbei und vor der Tür des Hauses am Abhang. Sie klopft sich den Schnee ab, tritt in die Diele, und wenig später trinkt sie heiße Milch, plappernd und sich die Zunge verbrennend. Pater Hildenbrandt ist krank, er liegt angezogen auf seiner hohen Bettstatt und fädelt getrocknete Pilze auf eine Schnur. Ein riesiger Kater schaut ihn aus einem gelben Auge an und blinzelt in die

Sonne, und auf einem Bänkchen neben dem Bett sitzen ein paar Bauernkinder in einer Reihe und sprechen Pater Hildenbrandt nach: »Unser Heiliger Vater, der Papst, wird von einem Konklave aus zwölf Kardinälen gewählt.«

Thérèses Ankunft beendet den Unterricht, die Kinder laufen mit klappernden Holzschuhen zur Tür und wickeln sich in ihre endlosen Schals.

»Bonjour, Thérèse, ne fait-il pas trop froid?«

»Non, père.«

»Tu n'as pas le nez gelé?«

»Oui père, le tout petit bout.«

Beide lachen.

»Pater Hildenbrandt, warum weint Maman immer, wenn sie mich besucht?«

»Weil du schlechte Noten hast.«

»Nein, Pater, Sie glauben, ich bin noch klein und verstehe nichts. Sie würde gern hier leben.«

»Was hindert sie denn«, sagt der Alte scheinheilig.

»Vous savez bien que papa ne le veut pas.«

»Ton papa ne voit que devoir dans la religion.«

Auf dem Rückweg läuft Thérèse langsam und in Gedanken versunken, ihr geraten sogar die Skier übereinander; der Schnee wird schon blau und die Hunde bellen in der Höhe, als sie mit kleinen Schritten das Kloster erreicht. Dort wird sie längst mit Sorge erwartet. Als man sie ausfragt, schweigt sie erst, und schließlich sagt sie:

»Père Hildenbrandt a dit qu'il est mal de voir dans la religion que la rigueur seulement.«

Pater Hildenbrandt und seine lose Zunge! Irgendwann spricht sich das noch bis nach Lausanne herum.

Schnell zieht man ihr die Jacke aus und schickt sie in die Klasse.

*

Seit Wochen brannte unablässig eine quälende Sonne herab, die Büsche waren schwarz, die Weiden oben in den Bergen verdorrt, die Kühe hatten keine Milch mehr. Pater Hildenbrandt stand auf einem hohen Felsvorsprung und betete um Regen, er besprengte den glühendheißen Stein und murmelte undeutliche Beschwörungen der Luftgeister. Ernst sangen die Dorfbuben, ihre piepsigen Stimmen wirkten leise unter dem freien Himmel. Die Alten, Minderbemittelten und Schwachsinnigen hielten die Köpfe gesenkt und wischten sich ab und zu mit ihren roten Halstüchern das Gesicht ab.

Der fortschrittlichere Teil des Dorfs machte sich lustig über diese »abergläubische Farce«, wie das Lausanner sozialdemokratische Blättchen es nannte. Doch Abbé Hildenbrandt meinte es ernst – die Gebirgler glaubten alle an irgendwelche Geister, an Bergwichtel, den »Einsamen Wanderer« und dergleichen.

Zwei Tage noch hielt sich die Schwüle, aber gegen Abend des zweiten Tages zog rings um den See eine rabenschwarze Nacht auf. Es wetterleuchtete von allen Seiten, und auf dem See spiegelten sich riesige dunkle Umrisse.

Noch donnerte es nicht, aber ein fernes, wie unterirdisches Grollen wurde stetig lauter. Alles erstarrte im Dorf, Hunde und Menschen hatten sich verkrochen, schweißüberströmt und sorgenvoll blickten sie nach draußen. Abbé Hildenbrandt betete, ihm war seit dem Morgen schwindlig und er hatte schon nach Thérèse geschickt, aber Thérèse war in Lausanne, sie saß mit ihrer Mutter an der Uferpromenade, aß Eis und blickte mit unerklärlicher Angst in die Dämmerung.

Leichte, kaum merkliche Wellen zogen über den See, auf

dem Trottoir kreiselte Papier, irgendwo rauschte unruhig und hastig eine Metalljalousie herunter. Und plötzlich wuchs direkt über dem Gipfel des Pic du Midi ein hoher, violett leuchtender Strauch in den Himmel – »wie weiße Haare, die zu Berge stehen«, dachte Thérèse –, der unnatürlich lange stehenblieb, und eine Serie trockener Donnerschläge entlud sich mit scharfem Knall über dem See; danach wurde wieder alles still, bis plötzlich von einer ganz anderen Seite, oder genauer von überall zugleich, ein langes, knirschendes Krachen ertönte, als würde eine gewaltige Leinwand von zwei Riesenhänden entzweigerissen. Gleich darauf ließ ein furchtbarer, tiefer Schlag die Fensterscheiben erzittern, und direkt gegenüber, nahe der Île Rousseau, sauste – o Wunder! – eine blendende, magnesiumweiße Kugel im Zickzack aufs Wasser herab. Sie berührte den Mast eines kleinen Fischkutters, tanzte kurz auf und ab, und plötzlich explodierte sie mit ohrenbetäubendem Krach und floss in blauen elektrischen Strömen über das sonnengebeizte Holzdeck, das augenblicklich an allen Enden gleichzeitig Feuer fing.

Für einen Moment hielt das Gewitter inne, und jetzt hörte man deutlich das schwache, dumpfe Echo der Holzkanonen in den Bergen, mit denen die Winzer den Sturm zu vertreiben suchten.

Dann prasselten von Neuem auf allen Seiten Blitze herab, in den Schluchten rauschte und dröhnte es wie riesige, vom Wind geschüttelte Bleche, gleich darauf klang es wieder wie reißende Leinwand oder als würde etwas platzen, und die Berge warfen das Getöse im Sekundenrhythmus zurück; Blitze spiegelten sich im See und tauchten die Cafés und die Kellner, die hastig die Straßentische abräumten, in weißes Licht. Und plötzlich hört Thérèse die Stimme des Abbés:

»Thérèse, viens, je m'en vais.«

»Maman«, ruft sie, »wir müssen sofort nach oben!«

»Bist du verrückt, Kind, wir würden ertrinken, außerdem fährt die Bahn gar nicht.«

»Wir nehmen eine Droschke!«

»Was denn für eine Droschke!«

Thérèse greift nach ihrem Mantel und stürmt zur Tür, ihre Mutter holt sie ein, es gibt ein Gerangel, andere Gäste mischen sich ein, alles schreit und diskutiert durcheinander. Thérèse, die auf einem durchgesessenen Kaffeehaussofa zusammengesunken ist, weint erschöpft.

»Il m'appelle, il me voit, il mourra sans confession!«

Noch immer ist kein Tropfen Regen gefallen, aber in Saint-Morancy hat der Blitz schon in die Achse des Windmotors im Garten des Rathauses eingeschlagen, und der Sturm hat mehrere Dächer abgerissen.

Während das Gewitter tobt, wälzt der Abbé sich auf seinem Lager; manchmal schreit er auf und beißt in sein Laken:

»Thérèse, Thérèse, tu me pardonneras ...«

Die ihm beistehen, wundern sich über seine seltsamen Reden und halten ihn fest an den Armen.

»Marie, faut-il lui dire?«

»Non, père Hildenbrandt, Dieu lui dira lui-même.«

KAPITEL 8

Im Kloster, wo ein Blitz den Taubenschlag zerstört hatte, lag Thérèse auf einer geflochtenen Chaiselongue für Schwindsüchtige und lauschte den Katechismuslektionen zur Firmung, die ein blasser junger Priester mit schmalem Gesicht und lockigem Haar hastig vor ihr herunterbetete. Sie sah ihn an und verstand ihn nicht – in letzter Zeit verfiel sie immer öfter in unerklärliche Absenzen, ihre Stimme wurde fast unhörbar, ihre Ohren taub; sie blieb in der Welt, war aber außerstande, auch nur die Hand zu bewegen. Wie weit weg und wie glücklich war sie in diesen Momenten, obwohl sie spürte, dass das Leben rasch aus ihr entwich, wie Gas durch ein Lüftungsfenster, und an seiner Stelle strömte etwas Kaltes, unsagbar Schönes und Leichtes ein, etwas wie Äther. Manchmal verlor sie für einen Augenblick ganz das Bewusstsein und wechselte mit offenen Augen in ein so unerträgliches Glück hinüber, dass sie sich beim Erwachen ungläubig umsah, denn nach ihrem Gefühl war sehr viel Zeit vergangen.

Der Satz, den der neue Abbé vor ihrer Verzückung begonnen hatte, war eben erst zu Ende, und das Wasser, das sich aus einem Tonkrug auf Schwester Claudias Blumentöpfe ergoss, hatte die fette schwarze Erde noch kaum berührt, doch ihr kam es vor, als sei etwas Gewaltiges von unendlich langer Dauer geschehen.

Es begann oft mit einer Erinnerung, mit einer ganz

kleinen, einfachen musikalischen Phrase der Orgel, und wie manchmal der Fall einer einzigen Spielkarte, deren Bewegung sich rasch überträgt, das raffinierteste Kartenhaus zum Einsturz bringt, war ihr, als ginge in der Tiefe des Raums eine Reihe von Türen und Wänden auf und eine unerträgliche Welle des Glücks bräche mit einem Strom von Tränen und Licht in ihr Herz. Sie stieß einen Schrei aus oder griff sich an die Kehle, und schon war alles wieder vorbei.

Nur der junge Priester unterbrach seine Lesung für einen Moment und warf ihr einen durchdringenden Blick voll sprachloser Verwunderung und Neugier zu.

*

Robert Lecornu war von Jugend an ein eifriger Verfechter der katholischen Lehre gewesen. Für den willensstarken, schlanken und schmalschultrigen Jüngling kam darin nicht nur der Hass auf seinen protestantischen Vater zum Ausdruck – ein Despot und Lebemann, Exporthändler aus La Rochelle –, sondern auch seine Verachtung für die zugeknöpfte Provinz, wo nur die Freudenhäuser länger als bis zehn Uhr abends geöffnet waren, und die Abneigung gegen seine Stiefmutter, eine Hausschneiderin.

Robert schrieb heimlich Gedichte, begeisterte sich für Claudel und lernte auf diesem Weg auch Lautréamont kennen, wofür er beinahe vom Seminar ausgeschlossen worden wäre. Er las die Kirchenväter, vertiefte sich in die Gnostik, »entdeckte« beim Studium der Kirchengeschichte Loisy und Hegel und landete infolge einer Reihe von Unannehmlichkeiten schließlich in der Schweiz, in einem kleinen Dorf, allein mit Thérèse.

Thérèse empfand für Geistliche unumschränkten Respekt, sie sah sie als eine Art Statuen oder Gemälde. Bei der Beichte erzählte sie Robert alles.

Er hörte ihr zu, mit der Offenheit des Medizinstudenten, der erstmals mit einer Epidemie zu tun hat; er kannte all das aus seinen Büchern, und so ging er rückhaltlos und geradezu stürmisch, mit dem ganzen Feuer seiner schmerzlich verschlossenen, sich selbst verborgenen Jugend an die Behandlung dieser Ketzerei.

Er war voller Ideen von einer neuen, kämpferischen, rationalen und modernen Kirche, er schwärmte für Kirchenbauten aus Beton im radikal kubistischen Stil. Rundfunk und Presse betrachtete er als die beste Propaganda für die Lehre. Er wurde der erste Sportler im Dorf, und im Leben der schüchternen, wilden einheimischen Knaben begann mit ihm eine neue Epoche. Bei seinen Katechismuslektionen war es so voll, dass man kaum Luft bekam, denn die örtlichen Tom Sawyers wussten, dass es anschließend Pfadfinderstunden und Zeltlager und Geschichten von Amerika gab.

Die Alten aber waren unzufrieden, und das Publikum in der Kirche hatte sich merklich verändert.

Es wurde sogar eine Denunziation an die Kirchenoberen verfasst, doch Robert legte einen exakten Vergleich der Besucherzahlen seiner öffentlichen Vorträge und der Wirtshäuser vor, und den Konservativen in der Gemeinde blieb nichts übrig, als weiter den guten mittelalterlichen Zeiten unter Pater Hildenbrandt nachzutrauern.

Robert war unermüdlich unterwegs; er fuhr frühmorgens auf Skiern oder mit dem Fahrrad in die entferntesten Bergweiler, richtete in mehreren vernachlässigten Kapellen wieder einen Gottesdienst ein und ließ keinen Sterbenden ohne Letzte Ölung, nicht einmal bei Schneesturm.

Die Armen und selbst der republikanische Bürgermeister waren zufrieden mit ihm, weil er unentwegt Wettrennen, Feuerwerke und Ballonfahrten organisierte; er erweckte die örtliche Blaskapelle zu neuem Leben und kümmerte sich sogar um die Feuerwehr.

Anfechtung, Schaden und Eklat dräuten jedoch aus einer ganz unerwarteten Richtung, aus der doch eigentlich nur Gutes kommen konnte: Langsam, aber sicher konzentrierte Robert seine Bemühungen mehr und mehr darauf, Thérèse auf den rechten Weg zu führen.

Aber so sehr sie sich auch bemühte, sein striktes, orthodoxes Lehrgebäude zu erfassen, so sehr sie sich in die neuesten polemischen Bücher vertiefte, von deren Inhalt sie so gut wie nichts verstand, verblüffte sie ihn immer wieder mit so seltsamen Reden, dass er sich fragte, aus welchen gnostischen Folianten sie diese Ketzerei nur haben konnte.

»Pater Robert, ist das, was Mann und Frau miteinander tun, wirklich so ein großes Glück?«

Robert, perplex, schweigt.

»Sie sagen doch, die Menschen sollen glücklich sein – muss man dann nicht allen Männern erlauben, das zu tun?«

Robert wirft empört sein Buch auf den Tisch und geht. Thérèse läuft ihm nach, aber er stößt sie grob zurück und sie fällt hin; auf dem Boden sitzend, sieht sie ihm verblüfft nach.

Robert geht eine Bergstraße entlang, er ist allein, er trägt keinen Hut. Eine himmlische Luft schimmert über den Bergen, alles ist mit gelbem, warmem, schrägem Licht übergossen, von den Gräsern steigt ein heißer Hauch auf, und dazwischen klagt ruhig und zärtlich eine Goldamsel.

Gestern erst hat sie die Spenden für das neue Dach der Sakristei einem der Armen gegeben, man musste die Gendarmerie bemühen, um das Geld zurückzuholen, und was für ein widerwärtiger Auftritt war das. Robert zieht eine schmerzliche Grimasse und schlägt mit einem unterwegs aufgelesenen Stock gegen einen Busch, aus dem ein erschrockenes Rotkehlchen aufflattert.

»Und jetzt solche Anstößigkeiten; sie verdirbt noch das ganze Kloster. Schamloses Geschöpf!«, sagt er laut, und still für sich: »Qualvolle Unschuld!«

In der Nacht kann der Abbé nicht einschlafen. Vom trocknenden Heu weht ein himmlischer Duft in sein Zimmer, wie von einer warmen, frisch gebadeten Frau, und er stellt sich sämtliche Nonnen im Evakostüm vor und malt sich Exzesse auf dem Altar aus, nur Thérèse sieht er aus irgendeinem Grund angezogen, was mag das bedeuten? Endlich nickt er ein, ohne etwas verstanden, oder genauer gesagt: gestanden und vor sich selbst kapituliert zu haben.

Eine neue Zeit ist angebrochen für Robert. Robert weiß, dass es um Robert geschehen ist. Voller Angst bricht er den Unterricht ab, aber gleich darauf findet er allerhand Gründe, ihn wieder aufzunehmen: Thérèses Bekehrung, die Idee der heroischen Tugend, der heimlichen keuschen Verehrung. Diese heimlichkeusche Verehrung hat, nach kurzem Ringen, inzwischen einen festen Platz in seinem Herzen. Und plötzlich denkt er, was sollen ihm bei seinem geistlichen Reichtum die Beschlüsse irgendeines ungebildeten Synods; und augenblicklich schießen ihm die absurdesten Hoffnungen durch den Sinn, aber dann wird die Tür sorgfältig wieder zugedrückt; die unschönen Hände greisenhaft auf die Knie gelegt, blickt er durch seine kleinen runden

Brillengläser gerade vor sich hin und rattert seine Lektion herunter – doch diese Lektion wird jeden Tag länger.

Nachts wirft der junge Priester sich auf seinem harten Lager herum, er zündet er eine Petroleumlampe an und liest die Briefe der Heiligen Teresa an Johannes vom Kreuz; warum gerade sie? Wegen der Namensgleichheit vermutlich … Da entdeckt er, in gestochen scharfer Apothekerschrift, die Randnotizen seines Vorgängers: »Heute hat sie die Wilde Jagd gehört, das Klirren und Lärmen der Mondgeister auf dem Weg zum gemeinsamen Frevel, aber sie hat nicht verstanden, was sie sagen. Dieses Kind ist zu begabt, um lang zu leben.«

Und weiter: »Lawinen bleiben stehen; Fremde, die keiner in der Gegend je gesehen hat, zeigen Wanderern den Weg, aber nicht wie üblich in die Schlucht, sondern den richtigen Weg zum Kloster; Füchse, die es in den Bergen schon seit zwei Generationen nicht mehr gibt, springen aus giftigen Sträuchern und scheuchen die Menschen von den Beeren weg; Glocken setzten sich von selbst in Bewegung, und Rechenaufgaben lösen sich über Nacht. Unerklärliche Absenzen, grundlose Tränen, gewiss auch geheime Meditationen, dazu plötzlich auftretende und wieder verschwindende Stigmata – und gleichzeitig die Stimmen der Wilden Jagd, furchtbare blasphemische Fragen, Gleichgültigkeit gegen die kirchliche Lehre. Was kann das alles bedeuten, wenn nicht ein unerhörtes Spiel von Licht und Schatten, ein frevelhaftes Hand in Hand der großen Widersacher, die einem unverständigen Kind gefallen wollen? Während anderswo alle Mühen, alle Beschwörungen und Befehle zu nichts geführt haben und einer, der nie auch nur die Schwanzspitze eines einzigen Geistes gesehen hat, in Verachtung für den Schöpfer verfallen ist.«

Robert liest, und hinter den Holzjalousien tönt schon das rastlose Geschrei der Hähne, das Postauto klingelt, und durch den geschlossenen Fensterladen zeigt sich in hellblauen Streifen der Tag.

Aber was tun? Robert wirft sich auf die Knie, er wünscht sich, Thérèse zu verführen und die Gelübde zu brechen, er träumt von einem glücklichen Leben unter den Magnolien Italiens. Mein Gott, wie naiv er ist!

Herr, mein Gott … – Stille. Robert hat sein Gebet vergessen; immer noch auf Knien überlegt er, wie ihr Leben sein wird; wer sagt denn, dass das alles nicht bloß Hysterie und Autosuggestion ist, eine Nervenkrankheit, ja, er wird sie beschützen, sie retten – er zittert vor Aufregung – sogar vor Gott.

Laut kräht der Hahn im Vorgarten, der helle Tag dringt von allen Seiten ins Zimmer, aber Robert weiß nicht, wie ihm geschieht: Ach ja, der Morgengottesdienst, die stille Messe, ist es nicht schon zu spät, zu spät wofür? Um Thérèse vor Gott zu beschützen? »Uuuuh!« – er sitzt jaulend auf dem Boden und zerkratzt sich das Gesicht.

Ein schüchternes Klopfen an der dicken Tür.

»Herr Abbé, es ist schon fünf Uhr«, sagt die leise Stimme der blinden alten Haushälterin.

Schließlich geht die Tür auf, der Abbé schreckt hoch und springt auf.

»Bestimmt hat er die ganze Nacht gebetet«, denkt Madame Brigitte, die sich zum Schein im Zimmer zu schaffen macht.

Und wieder einmal tritt der Abbé vor die schweigenden Gläubigen und murmelt im Rauschen des warmen Regens, der gegen die neuen Fensterscheiben prasselt, mechanisch die Gebete, verneigt sich, beugt das Knie, dreht sich um, bringt das Messopfer dar und merkt nicht, dass sich auf seinem unrasierten, plötzlich gelb gewordenen Gesicht fast etwas wie Abscheu malt. Schwester Véronique erhebt sich von den Knien und sagt leise zu Schwester Prudence:

»Eh bien, il ne se fait pas beau pour nous.«

»Attends, il se rasera avant sa leçon.«

Und beide schürzen die Lippen und wechseln einen vielsagenden Blick.

Es gibt diese Tage im Herbst: Der gelbe Wald steht wie verzaubert, er wagt sich nicht zu rühren, um sein leuchtendes Gewand nicht abzuschütteln, alles ist durchsichtig und rein, der hohe Himmel zwischen den Zweigen, hell und blau, scheint mit uns zu sprechen; man möchte sich hinlegen, den Kopf weit zurückgebogen, und lange lauschen, die Augen schließen, sterben. Auf dem warmen Stein wächst rosa Schafgarbe, blauschillernde Käfer wandern würdevoll zwischen vertrocknetem Laub und Tannennadeln umher, im Unterholz versteckte schnelle Bergbäche kühlen die Luft, und wie wundervoll ist es an so einem Tag, dem Glockenklang zu lauschen, der langsam und deutlich aus einem Bergdorf herübertönt. Baam – der Sommer ist vorbei; baam – die Bäume sind müde; baam, baam – leg dich nieder, schlaf ein, schau in den hohen Himmel, denk an das Leben, das kommt.

Weit oben auf einer Bergwiese, verborgen in der warmen, gelben Pracht der Lärchen, zwischen sonnenwarmen Steinen und Nadeln halten Thérèse und Robert Rast: Gott weiß, wie sie sich in diese Höhen verirrt haben; sie sind auf dem Weg zur Schneekapelle, zu der die Schwestern sie ausgeschickt haben – aus gutmütiger Schelmerei, oder einfach, weil sie die beiden Jüngsten sind –, um nach dem Rechten zu sehen und die Kapelle vor dem Winter aufzuräumen und abzuschließen.

Schweigend sitzen sie nebeneinander, nicht zu nah, aber auch nicht zu weit voneinander entfernt, verzaubert vom großen Abschiedsleuchten, vom feierlichen Verklingen der Natur. Thérèse beobachtet die Eichhörnchen, sie hat den Kopf weit in den Nacken gelegt und ruft überschwänglich »Voyez, voyez, Robert!« Um ihm zu zeigen, wohin er schauen soll, nimmt sie seine Hand und weist unbeholfen ins Wäldchen, und Robert kommt es vor, als rührte er an eine heilige, himmlische Wärme; er erträgt die Berührung nicht, zieht die Hand zurück und wendet sich ab.

»Voyez, voyez encore!«, ruft Thérèse, doch da er nicht reagiert, verstummt sie und sieht ihn traurig-fragend an. Schweigen. Endlich sagt sie, so ernst, wie nur Kinder es können:

»Sie sind so traurig in letzter Zeit, Robert, was ist mit Ihnen? Sie kümmern sich gar nicht mehr um Ihre Pfadfinder, und den Unterricht für den Winter bereiten Sie auch nicht vor, was haben Sie, sind Sie böse, Robert?«

Robert schweigt; je mehr er sprechen möchte, desto klarer wird ihm, wie unmöglich das ist; er weicht ihrem Blick aus, legt sich auf den Rücken und starrt lange in das blaue, hohe Leuchten, bis es plötzlich verschwimmt und warme Tränenbäche über seine Wangen laufen. Er will sich nicht verraten, reibt sich ungeschickt die Augen und wird noch verlegener, verschmiert die Tränen, putzt sich die Nase, und da umarmt ihn Thérèse wie einen verletzten Soldaten, sie stützt seinen Kopf und beugt sich zu ihm herunter und fragt ganz leise:

»Voyons, Robert, qu'avez-vous, suis-je fautive de votre peine?«

»Nein.« Er schüttelt den Kopf. Dann, kaum hörbar: »Ich bin ein Paria, ein Priester.«

»Sie sind geweiht, Sie sind ein Diener Christi«, widerspricht sie erstaunt.

»Mein Glaube sind Sie«, sagt er leise und drückt die geschlossenen Augen vor Angst noch fester zu.

Sie schweigt perplex, doch gleich darauf hat sie schon vergessen, wie absurd diese Erklärung ist, sie beugt sich tief über ihn, und ihre strohblonden Haare liebkosen sein Gesicht.

»Aber warum weinen Sie, wenn Sie mich lieben? Lieben ist doch ein Glück.«

»Ach, Thérèse, lieben ist eine Qual, eine einzige Qual, es ist nichts als Qual, in einem Herbst wie diesem zu lieben und Abschied zu nehmen. Ich reise ab.«

»Aber warum denn, Robert? Ich trete ins Kloster ein! Bleiben Sie hier, und wir werden uns immer sehen, in der Kirche und in der Schule.«

»Nein, Thérèse, alle spotten schon über uns, und Sie lieben mich ja auch gar nicht.«

»Wie kommen Sie darauf?«

In irrsinniger Unruhe fährt er hoch, packt sie an den Schultern, hält sie von sich weg und sieht ihr lange in die Augen, dann lässt er sie abrupt los und vergräbt sein Gesicht im Nadelboden, schluchzend:

»Verflucht sollen sie sein, Gott und alle Heiligen! Betrüger, Betrüger!«

»Besinnen Sie sich!«, ruft Thérèse in höchster Aufregung, »denken Sie daran, was Christus gesagt hat: ›Liebet einander.‹ Wenn Sie das wollen, was Schwester Brigitte mit dem Gärtner macht, nur zu, ich wäre glücklich, Ihnen etwas Gutes zu tun.«

Robert lächelt bitter unter Tränen:

»Ich wollte, Sie würden mich lieben.«

Thérèse schweigt bestürzt. Ein Eichhörnchen, das sich ungewöhnlich weit heruntergewagt hat, setzt sich ihr gegenüber und beobachtet sie aus dem Schatten eines rosa Granitblocks. Schräge Sonnenstrahlen gleiten über das Farnkraut und beleuchten die Wiese, man hört das Rauschen einer unsichtbaren Quelle, eine Krähe fliegt plötzlich von einem Ast auf und verschwindet laut krächzend in der Ferne. Nichts, rein gar nichts versteht Thérèse vom Leben, und wieder fließen, jetzt vollends unstillbar, Tränen über Roberts Hände.

Robert hat den Unterricht mit Thérèse abgebrochen, er hat ihr Foto zerrissen, er lässt sie nicht ins Haus. In den Nächten weint Robert um sie, er lästert und schmäht Gott und die Engel, er träumt davon, sie zu verführen, und weiß genau, dass sie ihn nicht liebt.

Es ist spät in der Nacht. Robert liegt in seinem Zimmer und liest bei Kerzenlicht im *Trinum magicum*, in einer Duodezausgabe von 1629, die er unter den Bodendielen zwischen Hildenbrandts Grimoires und Beschwörungsformeln gefunden hat. Die monströse Mischung von Sprüchen, Ausrufen und Substanzen, die man zum Zaubern braucht, erfüllt sein Herz mit einem seltsamen, bitteren Trost.

»Nomina barbara nunquam mutaveris, sunt enim nomina apud singulos a Deo dana, potentiam in sacris ineffabilem habentia.«

Robert schläft. Im Traum sieht er den Gott Baphomet mit erigiertem Phallus, der in der Kirche die Orgel spielt; nackte Nonnen traktieren den Balg. »So ein Unfug«, denkt er im Traum, »es gibt doch gar keinen Gott.«

»Aber mich gibt es«, piepst eine Mäusestimme, oder ist es die Bodendiele, die piepst?

Robert erwacht. Eine dünne Hirtenpfeife gellt durch die Luft. Heute ist ein Feiertag, am Abend, o Qual, muss er predigen. Seine blasphemischen Qualen aber sind vorüber. Mit bitterer Ironie schlägt er das Gebetbuch auf.

In der kleinen Kirche herrscht Gedränge. Gewisse Gerüchte und eine seltsame Neugier haben ungewöhnlich viele Besucher angelockt. Robert steht auf dem Ambo, der sich in diesem hell gestrichenen, engen Raum komisch ausnimmt, und predigt:

»Suchet nicht, meine Brüder! Es nützt nichts, Bücher anzuhäufen. Das dauernde Nachdenken schwächt den Körper, und es ist alles eitel, denn wir wissen ja, dass der Mensch nicht ergründen kann, warum was geschieht unter der Sonne, und je mehr er sich müht, die Ursache zu entdecken, desto weniger wird er sie finden. Denn sehet, der gerechte Prediger Salomos geht zugrunde an seiner Gerechtigkeit, während der Taugenichts ein langes Leben hat dank seiner Betrügereien ...«

Und so weiter im selben Geist; er sprach über die Nichtigkeit der Erkenntnis und meinte die Religion damit, aber seine Zuhörer glaubten, er meine die Bildung. Überhaupt verstanden die Bauern nicht viel, einigen gefiel es sogar, aber Schwester Véronique sagte:

»Heute war er langweilig.«

»Wahrscheinlich isst er nicht genug, er ist schon ganz mager.«

»Unsinn, das kommt alles von den Büchern.«

Und die beiden Schwestern machten sich auf den Weg zur Vorratskammer.

»Wer bist Du, sag es mir, und hast Du diesen Ozean an Schmerz erschaffen, oder gibt es in Dir – dem Licht – einen dunklen Grund, der Deine Natur ist, und Du bist nicht allmächtig? Du bist dem Schicksal unterworfen, Du bist schwach. Du bist zärtlich – Du existierst nicht.

Oder das, was immer zu Dir strebte, hat uns, da es Dich nicht erschaffen konnte, mit letzter Kraft die Idee von Dir eingegeben, wie ein erschöpfter Sterbender, der von seinem Sieg nur träumt. Dann bist Du herrlich, Du bist schwach, Du bist zärtlich – Du existierst nicht.

Oder es hat sich selbst übertroffen und uns mit einem so vornehmen Herzen ausgestattet, mit so hohen Ideen, dass uns der Anblick von Mutter Natur unerträglich wurde. Aber ist es nicht gleichgültig, ob wir Dein Traum sind, nur einen Moment lang mit Leben erfüllt, oder Du nur für einen Moment in uns lebst und stets im Begriff bist, zu zerfallen – Du bist schwach, Du bist zärtlich – Du existierst nicht.«

Robert: Du bist der Teufel. Du willst Thérèse besitzen, die Reue ersticken, die Gelübde brechen.

Stimme: Du bist der Teufel. Du willst die Liebenden trennen, Zweifel wecken, den lebendigen Atem der Erde in Bande schlagen.

Robert: Du bist der Teufel.

Stimme: Du bist der Teufel.

»Mein Gott!« Der Gepeinigte wirft sich herum. »Für die Liebe oder gegen sie. Liebet einander! Nein!«

Am Morgen nach dem Aufstehen frevelt Robert: »Gott existiert nicht, oder er ist Grausamkeit.« Er frevelt Gott, ohne ihn zu schänden, denn er glaubt.

Und doch schändet er ihn, indem er in Gedanken die Liturgie verfälscht; er macht häufig Fehler.

»Wie munter er aussieht«, sagt Schwester Véronique.

Doch am Tag darauf staunt sie, die die Messe gut kennt, wie anders die lateinischen Worte klingen, und manchmal meint sie, irgendein Kauderwelsch zu hören. Robert hebt den Kelch: »Deus est satanis excrementatis amor destructione.«

»Amen«, antworten die Nonnen, die nichts verstanden haben.

In der Sakristei versündigt sich Robert gegen die Natur. Immer öfter versündigt sich Robert, der Thérèse aus dem Weg geht, gegen die Natur; danach tritt Schwäche ein, ein stumpfer Herzschmerz, Verwirrung, Schlaf. Die Sünde wider die Natur zieht Abmagerung, Nervosität und Unfähigkeit zu geistiger Konzentration nach sich.

Robert verkümmerte zusehends, er hustete unentwegt, las, aß Äpfel und gab sich seinem einsamen Laster hin, vor Schwäche hielt er sich kaum mehr auf den Beinen.

Und eines Nachts ging seine Tür auf, jemand kam ins Zimmer, bedeckte ihn mit konfusen Küssen und legte sich zu ihm ins Bett.

Eine furchtbare stumme Szene. Thérèse umarmt Robert, der sie zurückstößt, zuletzt aber nachgibt und ihr erlaubt, ihn zu küssen; sie wärmt ihn, schmiegt sich an, will ihn wecken.

»Wahrhaftig«, denkt Robert plötzlich, und seine Hände werden kalt und schweißnass, sein Herz pocht unerträglich, »warum nicht einfach wegfahren, endlich leben, komm schon, beruhige dich«, doch sein gepeinigter Körper beruhigt sich nicht.

»Armer Robert!« Thérèse küsst ihn.

Sein Körper verweigert den Gehorsam; manchmal kommt

etwas Leben in ihn, dann umarmt er sie, aber damit kann sein Körper rein gar nichts anfangen.

Thérèse ist ratlos. Robert dreht sich zur Wand und beißt sich auf die Hände; Thérèse umarmt ihn abwechselnd mütterlich und kindlich, sie versucht ihn zu beruhigen, aber der arme Robert ist außer sich, hastig flüsternd schickt er sie fort.

Thérèse verschwindet. Robert quält sich und wirft sich herum; er macht Licht, zieht sich an, zerreißt die ersten Bücher, die ihm in die Hände kommen, holt seine Koffer hervor.

Es wird Tag. Heftig schwankend, in äußerster Erregung betritt Robert die Kirche. Die Schwestern, die nichts Gutes ahnen, erwägen, den Gottesdienst abzusagen. Doch die Messe beginnt, und bis zur Mitte scheint alles gut zu gehen, er sagt sogar die richtigen Worte, nur seine Schultern hüpfen und zucken manchmal seltsam. Allen ist klar, dass es so nicht weitergehen kann. Der Priester hebt die Opfergabe in die Höhe, dann knickt er plötzlich seltsam ein und lässt sie fallen, ja, er wirft sie auf den Altar, dreht sich um und schreit:

»Das ist nicht euer Gott! Euer Gott ist dies hier!«

Und Robert zeigt ihnen, was er für ihren Gott hält.

Tumult, Geschrei, die Nonnen schlagen die Hände vors Gesicht, einige Bauern stürmen nach vorn. Robert versetzt dem ersten einen Schlag, aber gleich darauf überkommt ihn Schwäche, er bricht zusammen und windet sich auf dem Boden, verdreht die Augen, Arme und Beine verkrampfen sich, Schaum tritt vor den Mund. Der baumstarke Bauer, der eben ausholt, um mit seinem Holzschuh nach ihm zu treten, bemerkt plötzlich, dass jemand sich an Robert gehängt hat und schreit und versucht, ihn mit dem eigenen Körper abzuschirmen.

Es ist Thérèse. Jetzt reagieren die Schwestern, zerren sie mit ihren starken Männerhänden von ihm weg und schleppen sie, die kreischend um sich schlägt, gewaltsam aus der Kirche.

Doch einige ihrer Worte wurden gehört, und der Skandal ist nicht mehr aus der Welt zu schaffen.

Robert, der unzählige Fußtritte abbekommen hat und immer wieder das Bewusstsein verliert, wird auf einer Decke ins Krankenhaus getragen, und von dort, um der Selbstjustiz zuvorzukommen, ins örtliche Gefängnis. Am nächsten Tag wird er in einem riesigen Tourenwagen für immer weggebracht; ins Autofenster fliegt ein Stein.

Auch Thérèse kann nicht mehr in Saint-Morancy bleiben, denn der Skandal und das Gerücht von dem Frevel breiten sich schnell aus und dringen bis in die Zeitungsredaktionen vor. Das Gerede schwillt an wie ein Bergbach. Schon ist von massenhafter Unzucht zwischen Schwestern und Priestern die Rede, und niemand zweifelt mehr daran, dass das Kloster in den nächsten Tagen geschlossen werden wird.

Genau eine Woche später bringt Thérèses Mutter, die telegraphisch benachrichtigt wurde, ihre Tochter nachts nach Paris.

KAPITEL 9

Quand une comète pendant la nuit
apparaît subitement dans une région
du ciel … sans doute, elle n'est pas
consciente de son long voyage.
Lautréamont

Nach dem Tod des Vaters fand sich die Familie plötzlich verarmt. Von dem großen Haus war nichts geblieben, denn wie sich herausstellte, hatte der Graf sein Vermögen an obskure Organisationen wie die »Bruderschaft der siebten Posaune« oder die »Antikabbalistische Liga« verschleudert.

In der neuen Armut war der milde, sanftmütige Glaube ihrer Mutter wie ein warmer Windhauch für Thérèse. Vor der Armut selbst vermochte die unbeholfene und schwerfällige, verängstigte Frau, die früher kein Wort herausgebracht hatte, sie allerdings nicht zu bewahren. Thérèse besuchte zunächst – unregelmäßig und mit geringem Erfolg – eine städtische Schule; sie trug Holzschuhe und ging im Morgengrauen, in mehrere Schals gewickelt, selbst Milch holen. Ihre Mutter konnte das Geld nicht beisammenhalten, sie war vergesslich und ungeschickt, zerbrach das Geschirr und wurde zusehends schwächer, und bald blieb ihnen nichts übrig, als sich um ein katholisches Stipendium zu bemühen und Thérèse in einer Klosterschule anzumelden, doch bei der medizinischen Untersuchung stellte sich heraus, dass das Mädchen kein Lyzeum brauchte, sondern ein Präventorium. Es verging noch ein Monat, dann fuhr sie in die Schweiz. Ihr kleiner Bruder war in der Zwischenzeit von einem reichen Schwager der Mutter adoptiert worden, der zur Bedingung machte, dass das Kind seine Angehörigen nie wieder sah. Der Ältere war im Krieg an die Front gegangen, um dann in den hinteren Linien ruhmlos an Dysenterie zu sterben.

Die stumme Mutter, verstört von so viel Unglück, verkaufte, was ihr noch blieb, und ließ sich in Spanien in der Nähe von Gibraltar auf dem Gut einer der Nebenlinien ihrer Familie nieder; die Tochter gab sie in die Obhut ihres Bruders, eines launenhaften alten Sammlers und Spiritisten, und bei ihm kam Thérèse notgedrungen unter, nachdem sie das Kloster wieder verlassen hatte.

Im Kloster hatte ihre mystische Veranlagung giftige Blüten getrieben. Die Nonnen verboten ihr Gebete und Nachtwachen, sie fürchteten um ihr Leben, denn die Passion Christi raubte ihr fast das Bewusstsein. Mehr als einmal schlief sie in ihrer Zelle unter dem Bett ein; der staubige Zwischenraum zwischen dem Steinboden und dem eisernen Bettgestell erinnerte sie an einen Sarg. Wenn sie dann, ganz zerschlagen vor Kälte, im bläulichen Zwielicht der Morgendämmerung aufwachte, dachte sie: »Mein Gott, warum muss ich jeden Morgen auferstehen? Kannst Du mich nicht im Schlaf zu Dir rufen?«

Und statt der Versuchung nachzugeben, sich in ihre raue Wolldecke zu hüllen, was ihr in diesem Moment als Gipfel der Glückseligkeit erschien, kniete sie mit schmerzenden Gelenken nieder.

Doch in die Tränen des Leids mischten sich Tränen des Glücks: Lange war auch ihr heftigstes Flehen nicht erhört worden, doch nun war ohne jeden Anlass plötzlich alles von mystischem Licht überflutet.

In diesen Momenten lag sie bäuchlings auf dem Steinboden oder rücklings auf ihrem Gefängnisbett, und ihr zartes Gesicht war totenstarr.

Die ganze Schöpfung, an deren dunklem Grund sie unendlich langsam verlosch, schien ihr plötzlich von goldenem Licht erfüllt, alles lag offen vor ihr, und sie war überall zugleich. Diese Schöpfung leuchtete und atmete wie ein heller Stern zwischen oberer und unterer Finsternis, wie ein unsterblicher Engel, dessen Herz Jesus war. Der Engel bestand aus Millionen anderer Engel – lebendiger Lichter, von denen die kleinsten an goldene Schmetterlinge erinnerten, während die großen mühelos die ganze Erde in der Hand halten konnten. Zwei Kräfte kämpften unablässig in seinem heiligen Traum: die Kraft des Zerfalls, die Herbheit, die jede einzelne Zelle zu isolieren suchte, und die Süße, die sanfte Kraft der Gemeinschaft und der Auferstehung, die gleich einem Kreislauf aus Licht alles umspülte. Doch das war nur die mystische Leiblichkeit der Vision, dahinter schimmerte ihre mystische Geistigkeit – die wonnevolle, schreckliche Ahnung eines radikalen Umbruchs, ein ewig tönender, stummer Klang, den zu erfassen sterben hieß. So zu sterben war süßer als alles Leben. Verschwinden, schmelzen wie eine Schneeflocke, die in der Sonne niedersinkt, erwachen, sich verwandeln und alles vergessen. Leise tönte durch alle Sphären, durch Ströme und Seen von Licht eine Stimme:

»Du siehst, ich leide Todesqualen, ich ringe mit dem Tod bis ans Ende der Welt. Aber du, meine geliebte Thérèse, sollst mich nicht verlassen.«

»Sterben, Herr! Nur sterben, Herr!«, flüsterte sie hastig, überströmt von Schweiß und Tränen.

»Nein, du sollst leben«, erwiderte die Stimme, »alle wollt ihr mich verlassen in der Stunde meines Todes. Bleibe dort, wo es am kältesten ist.«

Und sie blieb. Sie schloss das Fenster, aus dem sie schon hatte springen wollen, und Er lebte sein unergründliches, geheimes Leben in ihr; sie spürte Seine Gegenwart, ohne an Ihn zu denken, wie man die Gegenwart einer tödlichen Krankheit spürt.

»Habe ich nicht meinen Vater für dich verlassen, bleibe ich nicht bis ans Ende der Welt von ihm getrennt, das Herz vom Herzen?«, sagte Er wortlos zu ihr, und Er bat sie, mit Ihm auf Erden zu bleiben, und sie küsste den Steinboden ihrer schmalen Zelle und flüsterte:

»Lieber Gott, ich bleibe! Siehst Du, ich bleibe, und mir ist schon wohl, ich sehne mich nicht mehr nach Befreiung.«

Und wieder wurde sie von Schluchzen geschüttelt wie eine Blume in der Hand eines Irren.

*

Als Thérèse erwachsen wurde, nahm ihr Onkel sie aus dem Kloster zu sich.

Der Onkel war Abgeordneter und Doktor der Psychologie, er wollte sie mit Wechselduschen und politischen Salons von ihrer mystischen Behexung heilen. Sie fügte sich seinen Launen, und wieder war sie wie tot; der unbeherrschte Alte schrie ihr grobe, beleidigende Worte ins Gesicht. Dann sperrte er sie ein, und schließlich vergaß er sie scheinbar, bis er ihr eines Tages brieflich mitteilte, sie solle ihren Lebensunterhalt gefälligst selbst verdienen und schnellstmöglich sein Haus verlassen, über das sie nur Schande bringe mit ihrer Hysterie.

Thérèse nahm eine Stelle in einer Bank an, und anfangs ging alles viel besser als zuvor. Den ganzen Tag rechnete sie irgendetwas aus, sie träumte sogar von Zahlen. Doch dann geschah ein neues Unglück – ihre bis dahin ungewöhnlich guten Augen wurden rapide schlechter, keine Brille half, und oft schoss ihr ein scharfer Schmerz von der Stirn bis in den Nacken.

Sie gab ihre Stelle auf, und von da an verging kein Tag, an dem ihr Onkel nicht sie und ihren Vater verhöhnte.

»Degenerierte Syphilitiker seid ihr allesamt«, sagte er und kaute seinen geliebten Rote-Bete-Salat.

Und endlich kam der Tag, auf den sie insgeheim so lange schon so ungeduldig und vorfreudig wartete.

An diesem Tag klärte sich alles ganz von selbst. Thérèse wurde früh wach und spürte eine ungewöhnliche Stille in sich, sie spürte, dass eine lange Entwicklung an ihr Ende kam. Mit beiden Händen schob sie die Vorhänge auseinander und trat auf den Balkon. Sie sah in den bodenlosen, strahlenden Sommerhimmel, und mit einem Mal wusste sie, dass »die Erlaubnis da war«. Ihr wurde unerträglich leicht und einfach zumute. Tränen liefen ihr übers Gesicht, und sie wischte sie nicht weg. Staunend, als sähe sie sie zum ersten Mal, blickte sie auf die Bäume im Jardin du Luxembourg. Auf der Straße waren sich ein himbeerrotes Taxi und ein H-Autobus in die Quere gekommen, und das Taxi wich so geschickt auf das Trottoir aus, dass Thérèse lachen musste.

Sie sah hinunter und prägte sich gleichsam alles ein, und alles war flach und winzig im Vergleich zu dem bodenlosen Blau des Himmels auf ihrer Höhe, direkt vor dem Balkon.

Wenn sie später daran zurückdachte, fragte sie sich, warum sie damals gerade dieses winzige, flache Leben unten auf der Straße so sehr interessiert hatte und weniger das friedliche, strahlende Blau: Vermutlich gerade weil sie sich all diese Kleinigkeiten gut hatte einprägen müssen, dachte sie, denn – die Erlaubnis war da, die Waagschale war unter ihrer schweren Last gesunken, und das Zünglein zeigte auf Freiheit, auf Tod.

Sie nahm Abschied von ihren Dingen, denn unter den Menschen hatte sie keine Freunde: Sie küsste ihre Bücher und Stifte, sagte dem Sessel und dem Badezimmer Lebwohl, ließ das Waschbecken vollllaufen, hielt die Hand unter den Hahn und verabschiedete sich vom Wasser.

Dann nahm sie ein paar neue Geldscheine aus der Kommode, die ihr Onkel ihr für einen Pelzmantel gegeben hatte, und schloss, ohne sich noch einmal umzusehen, wie bei einem Schiffbruch, wie im Traum, die Tür ihres Zimmers. Das Leben darin schien ihr plötzlich weit weg, wie eine Kindheitserinnerung.

Es war noch sehr früh, und der ehrwürdige Diener, der über die Bohnermaschinen wachte – er ähnelte dem österreichischen Kaiser Franz Joseph –, begrüßte sie, freudig erstaunt, in singendem Ton: »Mademoiselle!«

Mademoiselle blieb stehen, sie wollte dem einzigen Menschen im Haus, der ihr wohlgesinnt war, etwas sagen, aber da ihr nichts einfiel, sah sie ihn nur lächelnd an, und unter ihrem Blick wurde sein Gesicht plötzlich ratlos und dann sehr ernst; er machte sogar einen verlegenen Schritt auf sie zu und streckte unwillkürlich die Hand aus, wie um sie an etwas zu erinnern, aber sie war schon verschwunden; ihre schmalen Füße in den mausgrauen Lederschuhen trippelten schnell über die Treppe, sie trat auf das fliederfarben glänzende Pflaster hinaus und überquerte die Straße.

Wohin wollte sie? In eine Waffenhandlung und in die Kirche, doch über der Stadt blühte ein strahlender, leerer Julisonntag, die Waffenhandlungen waren geschlossen und die Kirchen überfüllt.

Nachdem sie die halbe Stadt durchquert hatte, ging sie in ein Restaurant, um zu Mittag zu essen. Ihr gegenüber saß ein cremefarbener Japaner, der sie aus lidlosen Augen begeistert anstarrte; entgegen ihrer Gewohnheit tauschte sie überaus offenherzige Blicke mit ihm und lächelte ihm schließlich direkt ins Gesicht, doch von diesem Lächeln wurde dem Japaner unbehaglich, und plötzlich rollten aus ihren offenen Augen große Tränen und liefen ihr über die Wangen; sie lächelte ihm noch einmal zu und verließ, schon halbblind, das Restaurant. Der Kellner stürzte ihr nach, aber der Japaner rief ihn mit kehliger Stimme zurück und bezahlte, wobei ihm das Kleingeld aus den erbärmlich zitternden Händen fiel.

Sie stieg in einen Autobus, an dem ihr irgendetwas gefiel, stieg am Boulevard Pasteur wieder aus und betrat einen Jahrmarkt, und hier schien sie für kurze Zeit alle Freuden des Erdenlebens kosten zu wollen. Sie fuhr mit Modistinnen Karussell, schoss aus einer Pistole und aß knusprige Waffeln mit Cremefüllung, dann erregte die pausenlos schrillende Glocke über den bunten Reklametafeln eines Kinos ihre Aufmerksamkeit; sie kaufte eine billige Eintrittskarte und setzte sich ins Parterre.

Obwohl Sonntag war, war das »Mille Colonnes« so gut wie leer, und eine ganze Stunde lang versank sie, vollkommen ruhig geworden, in den lächerlichen Peripetien einer amerikanischen Kinotragödie. In der Pause, in der die jungen Burschen fast alle den Saal verließen, um zu rauchen und auf der anderen Seite der Rue de la Gaité fettige Crêpes zu essen, kam aus dem Orchesteraquarium plötzlich ein heiserer, zärtlicher Klang, der langsam lauter wurde und Thérèse aus ihrer Starre weckte.

Jemand, ein buckliger Alter wahrscheinlich (aus irgendeinem Grund schien ihr, dass es gerade ein buckliger Alter sein musste), spielte auf einer unglaublich schlecht, ja geradezu blechern klingenden Geige laut und tiefgebeugt Beethovens *Pathétique*, und seltsamerweise, vielleicht eben weil sie so schlecht und verstimmt war, oder einfach im Kontrast zu dem graublauen Rauch, der im Saal hing, sang diese Geige so unvergesslich, so unerklärlich süß, und ihre Klänge erstarben so langsam in der Luft, dass man nicht anders konnte als in Tränen ausbrechen.

Doch Thérèse beherrschte sich.

Genauso erstarb, genauso verklang auch ihr Leben auf dem höchsten Ton einer einfachen Geige, unverstanden und von niemandem gewürdigt, unwiederbringlich und schon verronnen. Ihre Augen schlossen sich, ihr Gesicht versteinerte in der herrlichen Hoffnungslosigkeit dieses Sterbens – und der dicke Herr, der sie dreimal vergeblich gebeten hatte, ihn wieder auf seinen Platz zu lassen, entschloss sich am Ende, einfach über sie hinwegzuklettern.

Die Sonne stand noch hoch, als sie das Kino verließ, der blendend helle, staubige Himmel schmerzte in den Augen, das herausgeputzte, müde Volk drängelte von allen Seiten.

Lange streifte sie am linken Seineufer umher, saß auf Bänken, verirrte sich an unbekannten Kreuzungen;

schließlich fand sie ein Café, in dem sie die Stirn auf den Tisch legte und einschlief, und am Ende, nachdem man sie wieder geweckt und hinausgeworfen hatte, landete sie, halbtot vor Müdigkeit, auf unbekannten Wegen auf dem Ball, wo sie sich dem Schicksal in die Arme warf.

KAPITEL 10

In der Nacht des Todes zündet der Mensch sich selbst ein Licht an, und er ist nicht tot, wenn er die Augen niederschlägt, sondern lebendig, obwohl er Totes berührt.
Heraklit

Apoll Besobrasow hatte schon lange nicht mehr für sein Zimmer bezahlt und bereitete sich längst auf ein neues Leben vor. Nach und nach schleppten wir unter dem Mantel das wenige aus dem Haus, was man wegtragen konnte – Bücher lasen wir damals nicht, und Sachen besaßen wir so gut wie keine. Das schmutzige Geschirr zerschlug Apoll Besobrasow, wenn er seinen Anblick satt hatte; wir aßen aus der Pfanne und tranken aus einem Becher, der nie gespült wurde und nach Zahnpasta roch – ein Beigeschmack, den er sogar mochte, er fand eine ganz eigene Frische darin. Wir benutzten dasselbe Geschirr und verwechselten unsere Jacketts, und auch darin fand ich einen eigenen, brüderlich-christlichen Trost, ähnlich der Erniedrigung und Befreiung, die eine Frau empfindet, wenn sie zum ersten Mal ihren Mann betrügt, oder ein deklassierter Mensch, der zum ersten Mal im Leben gezwungen ist, einen fremden, abgetragenen Hut aufzusetzen.

Diesmal war es ernst. Schon seit zwei Tagen schliefen wir auf der Straße, das heißt, wir schliefen fast gar nicht, sondern saßen in Cafés und versuchten uns zu unterhalten und zu spielen. Aber da keiner von uns mehr Geld hatte, würden wir diese zweite Nacht auf Parkbänken verbringen müssen – wir, das hieß Besobrasow, ich und Thérèse; was Thérèse betraf, war allein der Gedanke schon schrecklich. In dem fensterlosen Zimmer, dessen Schlüssel wir bei unserer nächtlichen Rückkehr zuletzt nicht mehr an seinem üblichen Platz gefunden hatten, war kaum etwas von uns zurückgeblieben: ein paar zerfetzte Hemden, irgendein Tagebuch von mir, und die ersten Tage unserer Bekanntschaft mit ihrem strahlenden Juliwetter. Vermutlich war irgendwer aufgewacht an jenem Morgen, als Apoll Besobrasow Thérèse stolpernd die Treppe hochtrug, irgendwer musste sich beschwert haben – und die Miete war auch wirklich sehr lange schon nicht bezahlt worden.

Wie zum Trotz folgten auf die heißen Tage nun plötzlich Regen und Wolken. Die Sonne trocknete die reingewaschenen Straßen, aber noch ehe sie den Stein richtig wärmen konnte, wechselte über einem Teil der Stadtlandschaft wieder die Beleuchtung, ein neuer schneller Augustregen rauschte nieder und überschwemmte die Cafégäste an ihren Tischen, und alles flüchtete. Doch Besobrasow und ich hatten zu zweit nur einen Mantel. Durchnässt, wie wir waren, zogen wir verwunderte Blicke auf uns, umso mehr mit der hutlosen Thérèse in ihrem regenschweren Fohlenmantel an unserer Seite. Nachts hatten wir mehr Ruhe. Ich erinnere mich an den Moment, als wir nach einem Essen bei der Familie eines mitfühlenden Taxifahrers wieder auf dem Boulevard neben der Hochbahnbrücke standen. Schweigend und irgendwie befremdet sah Thérèse zu dem dunklen Himmel auf, an dem tiefhängende, von den Straßenlaternen hell beleuchtete gelbrosa Wolken vorüberzogen. Der Wind rauschte im feuchten Laub. Der gelbe, grobe Sand auf dem Boulevard weckte Erinnerungen an einen Moskauer Datschenvorort, und dieser friedliche Anblick mischte sich auf seltsame Weise mit dem bedrückenden Gefühl von Obdachlosigkeit und Regenwetter und diesem speziellen Geruch nach feuchtem Hund, den unsere durchnässten Kleider verströmten.

Lange starrten wir, in unsere hochgeklappten Mantelkrägen verkrochen, staunend vor uns hin, als könnten wir nicht glauben, was geschehen war. Doch es gab keinen Zweifel: Dies war genau die Situation, an der wir so oft mit einem Schauer krankhafter Neugier vorübergegangen waren – eine Regennacht auf der Straße.

Ich erinnere mich, dass uns ungefähr noch drei Francs für einen nächtlichen Besuch im »Rotonde« blieben, doch an der Place Denfert-Rochereau angekommen, wo sich in der feuchten Leere, im Schein der alten violetten Bogenlampen mit stöhnenden Orgeln die schweren, wildbemalten Karussells drehten, machten wir halt. Was Thérèses Aufmerksamkeit erregt hatte, waren jedoch nicht diese vorsintflutlichen, über und über mit Spiegeln, Bildern, Ornamenten, Holzfiguren und -wappen beklebten kreisenden Häuser, sondern eine andere, noch ältere Attraktion. Ganz am Rand des Jahrmarkts, dessen kleine Buden schon geschlossen waren, gleich neben der Metrostation, wo der Zug unter der Erde hervorkommt, lag hinter dem grünen Holzzaun eine Vergnügungsbahn, deren hübsche, glänzend polierte Lokomotive langsam im Kreis fuhr, in regelmäßigen Abständen in einem Tunnel verschwand und vor dem kleinen Pappmaché-Bahnhof jedes Mal ein durchdringendes trauriges Pfeifen ausstieß. Ein majestätischer grauhaariger Mechaniker lenkte den

Zug im Stehen. Hinter einer großen, wahrscheinlich völlig leeren Kasse saß eine steinalte Frau und strickte. All das zusammen – die Gasolinlampen, der Geruch nach Kohlenrauch, die winzigen, leeren Wagen – strahlte ein so akutes Sommerhausregentagsgefühl aus, dass wir lange am Zaun stehenblieben. Schließlich sprach die Alte uns an und fragte, ob das Fräulein nicht zum Sonderpreis mitfahren wolle, und obwohl dieser Sonderpreis unsere gesamte Barschaft ausmachte, konnten wir nicht nein sagen; fast eine Stunde saßen wir in die Ecken der geschlossenen Coupés gedrückt und fuhren im eisernen Kreis, während draußen in einer Dampfwolke immer wieder die dunklen Werkhallen irgendeiner Fabrik und die niedrige Metrostation am Ende des feuchtglänzenden Platzes vorbeizogen. Apoll Besobrasow bekam sogar einen Funken ins Auge. Am Ende hielten zwei Gendarmen auf Fahrrädern den Bahnverkehr an, die Dampforgel, aus der bei jedem Ton ein schon erkaltetes Wölkchen drang, verstummte, und wir, aus unserer lastenden Starre gerissen, standen wieder im Regen. Unser letztes Geld hatten wir ausgegeben, und Besobrasow schlug vor, zu einem Taxifahrerbistro hinter der Gare de Montparnasse zu gehen, in der Hoffnung, dort jemanden zu treffen, der uns etwas Kleingeld borgen würde. Vorsichtig den Pfützen ausweichend, machten wir uns auf den Weg.

Was als nächstes geschah, wurde mir erst im Rückblick klar: Die beiden Privatdetektive saßen wohl auf der Terrasse des »Café du Dôme«; sie erkannten uns im Vorbeigehen, folgten uns unbemerkt bis zu besagtem »Rendez-vous des chauffeurs«, und dort kam es zu jenem Zusammenstoß, in dessen Folge wir überraschend ein Dach über dem Kopf fanden und Bekanntschaft mit Zeus schlossen.

Im ersten Moment waren wir so verblüfft, dass wir, schwach vor Hunger und Übermüdung, gar nicht daran dachten, uns zu wehren, aber Thérèse, die von zwei breitschultrigen, grob aussehenden Männern mit Melone weggeführt wurde, stieß einen so furchtbaren, markerschütternden Schrei aus, dass die gesamte Bistrogesellschaft sofort auf die Straße rannte. Thérèse schlug um sich, die verdutzten Detektive redeten auf sie ein. Apoll Besobrasow sah sich ratlos um und streifte mich mit einem verächtlichen, bösen Blick. Aber noch ehe Thérèse ein zweites Mal schreien konnte, hob einer der Männer, die sie festhielten, plötzlich buchstäblich ab: Krampfhaft mit den Armen rudernd, schwebte er einen Moment lang wie ein riesiger Krebs über den Köpfen, dann verschwand er mit einem lauten »Och!« hinter der niedrigen Wand eines Pissoirs. Im nächsten Augenblick – Besobrasow hatte blitzschnell reagiert – flog auch der zweite, vom Anblick seines Kollegen noch völlig entgeisterte Detektiv durch die Luft, und alsbald verschwanden die beiden, nass und mit roten Köpfen, um eine Ecke, hinter der eine scharfe, schluchzende Trillerpfeife ertönte. Thérèse wurde gepackt und hochgehoben, wir stürzten hinterher, und gleich darauf saßen wir auch schon in ein Taxi gequetscht, das uns im neuerlich einsetzenden strömenden Regen in unbekannte Richtung davontrug.

Der Mann, der hinter unserer Entführung und dem Flugmanöver des Inspektors steckte, saß auf dem Beifahrersitz und sah sich, nachdem er von Thérèse erfahren hatte, dass sie minderjährig und obdachlos war und von ihrem Vormund gesucht wurde, alle Augenblicke nach hinten um. Sein Gesicht, das über die dunkle Rückbank hinwegspähte, war rot und wurde von einem breiten, feurigen Bart eingerahmt, der einen sofort an etwas Vertrautes, Altbekanntes denken ließ. Aber wohin fuhren wir überhaupt? Und wer war dieser Tichon Bogomilow, der den Detektiv vom Platz gefegt und uns verschleppt hatte? Ein sibirischer Bauer, oder eigentlich: weder Bauer noch Gutsherr, sondern Sohn eines reichen Mannes und altgläubigen Lektors, der wiederum auch nicht einfach altgläubig war – die Familie gehörte irgendeiner speziellen Sekte an, welcher, führte er nie genauer aus. Auf die Frage, wo er herkam, antwortete er gutmütig lächelnd: »Aus dem Wald«, und es hakte auch niemand weiter nach.

Sein Bart war erstaunlich – kein Bärtchen, kein Schaufelbart, sondern ein echt russischer, riesiger Besen. Das dahinter versteckte Lächeln lag wie ein Strahlenkranz um sein breites, unförmiges Gesicht und erhellte es von allen Seiten.

Im Übrigen war er kein Witzbold, sondern eher schweigsam, und ich sah ihn später oft in einer kirchenslawischen Handschrift lesen, die er, in eine speckige Zeitung eingebunden, zusammen mit seinem Geld auf der Brust trug. Er ließ niemanden je auch nur einen Blick in dieses Büchlein werfen, aber Apoll Besobrasow, der es einmal heimlich durchgeblättert hatte, sagte, es sei eine sehr alte Schrift über die zwei Schätze, in der viel vom Vater des Lichts die Rede sei, dem ersten Menschen, der die Sonne befragt und dem Mond antwortet, und von den fünf Schlangen des Vaters, die den Baum gezüchtet haben.

Das Buch zitiere Bardesanes und Marcion, erklärte Besobrasow und lächelte vielsagend, in der Annahme, diese Namen würden mich beeindrucken, aber ich kannte sie gar nicht.

Am Morgen, wenn Tichon Bogomilow sich wusch

und nach alter Ringergewohnheit prustend abrubbelte (dies war der einzige Moment des Tages, in dem er seinen mächtigen Brustkorb unter dem rötlichen Fell, das dem Bart an Dichte nicht nachstand, zu vollem Umfang aufpumpte), gab er ein ganz bestimmtes Grunzen von sich, und davon wurde einem eigenartig fröhlich zumute, denn in dieser Brust, in diesen starken Muskeln lag mehr nationale Kraft und Frische als in zehn Romanen über Russland zusammen.

Apoll Besobrasow hatte grenzenlosen Respekt vor Tichon, neben ihm wirkte er tatsächlich wie ein Kind – und auch Tichon seinerseits versuchte nie, eines der akrobatischen Kunststücke nachzumachen, auf die Besobrasow so stolz war: In seinem Körper wohnte eine spezielle Art von Ehrgefühl, und dieses Gefühl sagte ihm, dass auf dem Kopf stehen oder die Backen aufblasen und einarmige Klimmzüge machen für ihn so unpassend war wie für einen Elefanten.

Die einzelnen Muskeln an Tichons Armen zeichneten sich entweder gar nicht ab oder nur, wenn er sie anspannte, aber diese Arme waren so mächtig, dass er nur aus seinem Fahrersitz zu klettern brauchte, und sein unzufriedener, erregter Kunde wurde sofort leiser und irgendwie sogar kleiner.

Ein einziges Mal in seiner Fahrerlaufbahn hatte Tichon Bogomilow sich erlaubt, handgreiflich zu werden, und daraufhin hatten die Behörden ihm sofort die Konzession entzogen.

Jetzt arbeitete er als Wächter in einer großen, leerstehenden Villa außerhalb der Befestigungsanlagen, unweit der Porte Champerret, und eben dort kamen wir in jener dunklen, feuchten Nacht schließlich an.

Der Taxifahrer wechselte einen freundlichen Satz mit seinem Kollegen und fuhr gleich weiter, und wir gingen durch den nassen Garten, der dicke Tropfen auf uns herabrieseln ließ, über knirschenden, grasüberwachsenen Kies schweigend auf das zugenagelte dunkle Haus zu, dessen mit bunten Glasscherben bedeckte Veranda von prächtigem Unkraut überwuchert war, und nur in der Ferne über dem Garten kündete der gelbe, künstliche Widerschein des elektrischen Lichts auf den niedrigen, regenschwangeren Wolken von der Nähe der riesigen Stadt.

In jenem unvergesslichen Sommer und Herbst lebten wir in hoheitlichen Zimmern: umgeben von glänzenden alten Holzpaneelen, unter Decken, die mit verblasstem, abblätterndem Lasurblau ausgemalt waren, wo zwischen gelblichen Federwolken reglos blaue, unnatürliche Vögel schwebten. Ganz am Rand des gemalten Himmels wuchs hier und da scheinbar aus dem Nichts ein schlanker Zweig hervor; ein großer, rosiger Putto beugte sich herab und verharrte, wie in Gedanken versunken, tage- und jahrelang in dieser Haltung.

Das Haus, in dem es keinerlei Möbel gab, war gepfändet und gerichtlich versiegelt, und nachdem der vorherige Wächter, ein alter Mann und mehrfacher Kriegsveteran, bei einem Treppensturz tödlich verunglückt war, hatte Tichon Bogomilow seine Stelle übernommen.

Der Lärm der Stadt war in diesem entlegenen Außenbezirk so gut wie nicht zu hören, und bei schönem Wetter erzeugten die von breiten Sonnenstrahlen durchfluteten Zimmer einen Eindruck von überirdischer Ruhe und Ausgeglichenheit, als lägen sie mitsamt dem Garten hoch über der Erde und den Wolken, von einer unbekannten Macht in der Schwebe gehalten.

Die Zimmer waren im buchstäblichen Sinn »Gemächer«: manche groß, mit Marmorkaminen und verschalten Fenstern, andere winzige Kammern und Kämmerchen mit tiefen Wandschränken, hinter denen kleine Fenster auf einen verborgenen Hof hinausgingen.

Im Keller gab es einen tiefen Brunnen, neben dem irgendwelche rostigen technischen Modelle lagerten, und von hier wie auch vom Dachboden aus konnte man durch die Rohre einer fertig verlegten, aber nie in Betrieb genommenen Dampfheizung mit jedem Zimmer sprechen.

»Hoo«, rief Tichon mit seiner tiefen Stimme auf dem Dachboden, »es sieht nach Schnee aus!«

»Waas? Schnee, sagst du? Meinetwegen!«, antwortete Apoll Besobrasow im Keller.

An schönen Tagen schlief das Sonnenlicht auf dem warmen polierten Holz. Es schien sich darin anzureichern wie in Bernstein, die Wandschränke aus Kiefernholz – in einem davon hatte Apoll Besobrasow das einzige Buch im Haus gefunden: *Das Krokodil, oder Ein heroisch-komisches Poem vom Kampf zwischen Gut und Böse. Von einem Unbekannten Philosophen*, erschienen im »2. Jahr der Republik« im Pariser Verlag »Dreieck der Tugenden« – waren bis obenhin voll davon.

Manchmal ergriff uns angesichts dieser Sonnenfülle eine solche grundlose Freude, dass wir laut schrien und sangen, durchs Haus liefen, mit den Türen knallten und vor den staubigen Spiegeln wilde Tänze aufführten, und manchmal bekamen wir Lust, uns exakt an der Stelle, wo diese Stimmung aufkam, an die Wand gelehnt auf den Boden zu setzen und endlos zu schweigen, während wir die langsame Bewegung der Sonnenstreifen verfolgten.

Apoll Besobrasow schlief in einer Art Schrank. Sein

Lieblingszimmer war die ehemalige Bibliothek, deren Wände ganz von tiefen Regalen bedeckt waren; hier und da lagen darauf noch vergilbte Etiketten mit unverständlichen lateinischen Titeln. Besobrasow schlief auf diesen Regalbrettern, und wenn ich am Morgen nach ihm sah, kam seine Stimme oft von einer ganz unerwarteten Stelle, manchmal hörte ich sie dicht unter der Decke: Langsam schob er dort oben die Schranktüren auf und sah hervor, wie eine zum Leben erwachte Mumie aus der Wand einer alten Grabstätte.

Thérèse hatte sich in einem Dienstbotenzimmer direkt unterm Dach einquartiert. Sie schlief auf einer dünnen Matratze auf dem nackten Fußboden, und in den Nebenzimmern mit den kaputten Fensterscheiben überwinterten Schwalben.

Abends versammelten wir uns alle um einen kleinen Eisenofen, den der frühere Hauswächter in einem halbrunden Zimmer aufgestellt hatte; um ihn herum standen breite, zerschlissene Ledersofas. Hier schlief Bogomilow: die Arme weit ausgebreitet, einen der riesigen, antikischen Füße – eben ihretwegen hatte Besobrasow ihm den Spitznamen Zeus gegeben – im Schlaf über die Sofakante gehängt. Von unserer Anwesenheit in dem Haus wusste sehr lange niemand: Der langgestreckte, verwilderte Garten, in dem wir die Äste für unseren Ofen abbrachen, mündete direkt in eine Schleife der Ringbahn, über die in regelmäßigen Abständen mit Getöse ein Zug brauste.

Auf dem Eisenofen kochte Zeus unser altrömisches Mittagessen, meist eine Suppe aus weißen Bohnen, die er zuvor lange in einer kaputten Marmorbadewanne einweichte. Spät am Abend, in der ungewöhnlichen Stille dieser Herbstnächte, las er beim Schein der einzigen

Nachttischlampe im ganzen Haus – ihr kugelförmiger blauer Porzellanschirm mit den milchigen Wellen warf lange Lichtstreifen rund um einen hellen Kreis an die Wand –, während ich unbewegt an die Decke starrte und mich stundenlang an etwas zu erinnern versuchte.

Irgendwann schlief ich ein und träumte. Wir schliefen überhaupt sehr viel, oft wachte das Haus erst zum Sonnenuntergang auf. Besonders spät kam, in ihren Pelz gehüllt, Thérèse nach unten. Ihr schönes, gelbliches Gesicht war verschlafen und finster, und Zeus brachte sie nur mit Mühe dazu, etwas zu essen. Fast immer schwieg sie, und ihre hellgrauen Augen blickten uns, die wir sprachen, traurig und aufmerksam an. Sobald es dunkel wurde, flackerten himbeerrote Streifen auf dem versengten Boden rund um den Ofen. Dann begannen die Gespräche. Sie sind längst vergessen, aber das Gefühl, das sie begleitete, bleibt engelgleich unverweslich, es umweht jene legendäre Zeit wie ein Duft.

Unbewegtheit – die Unbewegteit von Richtern, von Augurenbildern und Statuen – war damals eine Art mystischer Mode unter uns; Apoll Besobrasow hatte sie ins Leben gerufen, und wir alle machten sie uns zu eigen, wie eine Entdeckung oder eine Weltanschauung.

Besobrasow konnte wunderbar darüber sprechen, er liebte diese Eigenschaft und hielt sie für das wichtigste Kennzeichen einer noblen Seele. Was er meinte, war nicht völlige Starre und Tod, sondern eine andere Art von Unbewegtheit – er verglich sie mit dem Leben der Flaggen auf ihren Türmen, dem langsamen Heranreifen und dem immer neuen Ablauf ein und derselben tiefen, goldenen Bewegung. Besonders gern sprach er von der Wiederholung, von der Schönheit unendlich langer Aufmerksamkeit und Konzentration, von der Vortrefflichkeit der Asketen des Ostens. Der Laut E, so erklärte er, sei der Anfang, das O die Rundung und Summe von allem, das U der Wille und der Klang der Posaunen des Endes, das A die Fülle der Behauptung und die Ewigkeit, das I die Kraft, die die Kreislinie durchbricht, der Keim jeder Persönlichkeit und Traurigkeit. Er erzählte lange von der Bedeutung der alten Namen – Oeax, Indra, Johannes, Anna. Dann sprach er von Quantität und Qualität, von Einheit und Vielheit, von Freiheit und Notwendigkeit, und seine Stimme fiel in das allgemeine Schweigen wie Regen. Am Ende schlief er fast ein und wurde selbst zu einer jener unbewegt lächelnden Giebelfiguren, die er so liebte. Immer wieder kam er auf dasselbe zurück, wiederholte sich, führte mit aberwitziger Sturheit, wie eine Tonleiter oder Etüde, einen bestimmten Gedanken aus, goss endlos ein Begriffspaar hin und her wie den Inhalt zweier Becher; dann wurde er nachdenklich, setzte sich bequemer zurecht, und schließlich schlief er tatsächlich ein, ohne seine Haltung zu ändern.

Wir alle blieben am liebsten im Haus, nur Besobrasow verschwand manchmal wochenlang, weil es ihn mitten im Winter plötzlich ans Meer oder zur Kathedrale von Chartres zog: Ohne noch einmal nach Hause zu gehen, brach er zu Fuß in die Normandie auf, wo er eine Woche lang in einer Höhle am Strand wohnte und sich ausschließlich von nicht abgeernteten Äpfeln ernährte. Oft übernachtete er auf der Straße, nicht zuletzt, weil er gern unter freiem Himmel schlief. Wenn er nicht da war, führten wir unzählige fruchtlose Gespräche über ihn, das heißt, eigentlich sprach ich, Thérèse blickte zur Seite und antwortete nur ab und zu, und wenn ich müde wurde und verstummte, füllte das Zimmer sich langsam mit dem endlosen unterirdischen, scharlachroten Lied der Steinkohle im Ofen; ich lauschte und betrachtete aus halbgeschlossenen Augen die roten Lichtstrahlen zwischen meinen Wimpern und überlegte, wovon das Feuer wohl sang, das sich leiser und leiser unablässig verströmte. Jetzt war mir, als spielte Musik im Ofen, und Stimmen unterhielten sich in der Sonne. Langsame Fragen, leise Antworten. Stille. Dann ein leises, fernes Lachen, kaum zu hören beim Rauschen der Gärten im Frühling, dem unentwegten Zirpen der Grillen, dem Geflüster der Sonnenzwerge, Luftgeister, Elfen.

So schwiegen wir in einer Art plötzlicher Entrückung und rauchten Zigaretten; rote Glut glomm auf und verlosch wieder in der undurchdringlichen Dunkelheit und beleuchtete manchmal eine Hand und einen Ausschnitt eines Gesichts. Aus einer hohlen Hand mit brennender Zigarette wurde eine orange Höhle, in der eine chinesische Laterne leuchtete, aber dann gingen die Zigaretten zu Ende, und ein neues wunderbares Schauspiel zog unsere Aufmerksamkeit auf sich: Hoch oben tauchte vor einem dunkelblauen Hintergrund allmählich das schmale schwarze Kreuz eines Fensterrahmens auf. Auf der Erde begann es zu dämmern. Dann wurde das Kreuz zu einem schlanken Mast mit Querbaum und blassgoldenen Segeln, die langsam näherkamen. Und bald schon war es Morgen über uns.

So bildete sich in diesem phantastischen Haus allmählich eine seltsame Beziehung zwischen Besobrasow und Thérèse heraus; ohne sich abzusprechen, schienen sie miteinander verschworen, oder eigentlich war es überhaupt, als wäre Apoll Besobrasow wenn nicht mit allen, so doch mit jedem einzelnen verschworen, denn er besaß jene mimische Fähigkeit, die die besten Untersuchungsrichter auszeichnet: er sah seinem Gegenüber direkt ins

Gesicht, unverwandt und ohne eine Regung, aber mit einem verborgenen Lächeln, das kurz davor schien, an die Oberfläche seines Gesichts zu kommen und doch nie kam, so als wüsste er längst alles und fragte nur der Form halber, aus Höflichkeit. Und er wusste wirklich alles. Er wusste so viel, dass er nichts verstand, denn er akzeptierte weder Schmerz noch Erniedrigung, und vielleicht hatte er sie auch nie empfunden. Es war dieser Wesenszug, der es ihm erlaubte, einer Wette wegen zwei Stunden auf einem Bein zu stehen – eine Art ruhiger Triumph schirmte ihn ab gegen den Schmerz. Einmal öffnete er eine Woche lang nur das rechte Auge, ein anderes Mal machte er einen Monat lang alles nur mit der linken Hand.

Er war offensichtlich imstande, für die geringste Laune sein Leben aufs Spiel zu setzen, denn er war völlig frei von Angst – also gerade davon, worum mein Leben kreiste. Eine grundlose Angst stand auch im Zentrum meiner Liebe zu Thérèse, Angst um mich und um sie – eine Angst, die ich Mitleid nannte.

Auf dem dunklen, dick verstaubten Dachboden spielt Averroes auf dem Flügel. (Averroes ist eine neue Person im Haus, er ist ein gebücktes Männlein, mager und misstrauisch, und trägt abwechselnd Lumpen und unglaublich teure, altmodische Kleider.) Der Flügel ist kaputt, manche Tasten klingen dumpf und scheppernd. Averroes spielt Bach, er kennt einige Etüden und Fugen, die er aber gern durcheinanderbringt und vermischt. In dem verlassenen, leeren Haus überträgt sich der Schall ausgezeichnet, es ist, als würde in jedem einzelnen Zimmer Bach gespielt. Langsam bauen sich gläserne Treppen auf, jemand steigt nach oben. Am Ende der Stufen beginnt eine neue Treppe; bis zum Himmel ist es noch weit, aber wie fern ist die Erde schon! Eins, zwei, drei, vier, fünf. Wie spät ist es eigentlich? Ich weiß es nicht. Im Garten sieht man durch Regentropfen hindurch einen sauberen, frisch gewaschenen Himmel, nasse goldene Blätter, eine zugewachsene Laube.

Eine schiefe, schwärzliche Statue blickt auf einen langsam fahrenden Zug und erkennt ihn nicht. Der Flügel spielt inmitten des Verfalls. Ein erkaltender Sonnenstrahl gleitet über ein staubiggraues Gemälde; nur an einer Stelle hat zufällig jemand darübergewischt und eine unnatürlich zarte Frauenhand freigelegt, die auf einem aufgeschlagenen Buch liegt. Danach hat er sich offenbar etwas anderem zugewandt, weshalb das Gesicht der Frau mit dem Buch unter einem grauen Schleier verborgen bleibt. Der Flügel spielt im Staub. Apoll Besobrasow und Tichon spielen Karten auf dem Sofa, ihre Stimmen sind deutlich zu hören, übertönen aber nicht die Musik: »Pik Sieben … sans atout … passe!« Thérèse sitzt in einer Fensternische und blickt in den Garten.

Ich betrachte lange ihre ruhige, leicht gebeugte Gestalt und versuche mich an etwas zu erinnern; es fällt mir nicht ein und ist doch präsent, so wie es mit Büchern manchmal ist – man erinnert sich an kein einziges Wort mehr, aber ein Gefühl davon bleibt doch lebendig. Ich ahne, gleich wird sie sich umdrehen, sich mit einer schwachen, kränklichen Bewegung der rechten Hand übers Haar streichen, es nach hinten schütteln und mir einen traurigen, leeren Blick zuwerfen. Sie dreht sich um, legt die Hand ans Haar, hebt leidend das Kinn und schaut aus dem Augenwinkel zu den Kartenspielern hinüber, die, ohne ihre Haltung zu ändern, irgendwie zu erkennen geben, dass sie wissen, dass sie gesehen werden. Und plötzlich erinnere ich mich. Es ist sehr lange her. Genau so, den Kopf leicht zurückgelegt, stand damals die schöne junge Engländerin, die meine Tante zweiten Grades war, auf dem Kiesstrand und sah in den blassen finnischen Sommerhimmel, an dessen Horizont das Hellblau mit unbeschreiblicher Zartheit ganz allmählich in Weiß und Gelb überging. Ein Sommer wie ein russischer Herbst, in den Löchern im Granit steht warmes Wasser. Der Geruch von Wacholder, Pilzen und Kiefern, die am Ende des Tages in einem so langen, so feierlichen Abendlicht strahlen, dass man meinen möchte, sie stünden in den Gärten der Hesperiden. Wie lang ist das alles her, wie klein und unglücklich war ich damals, und wie klein und unglücklich wird der Mensch wieder, wenn er liebt!

*

In einem geräumigen hellen Zimmer mit kaputten Fenstern füttert Thérèse die Tauben, sie umflattern sie wie lebendige weiße Briefe und setzen sich auf ihre Arme und Schultern. Sie lacht, spricht mit Kinderstimme, liebkost sie murmelnd, spitzt die Lippen, legt den Kopf schief. Doch kaum komme ich herein, gerät alles in Aufruhr, überall Flügelschlagen und erschrockenes Rucken. Als wäre der Raum voller Engel, die beim Anblick eines sündigen Menschen Hals über Kopf hinausstürzen. Am Abend füttert Thérèse die Mäuse.

*

Nacht. Das tiefe Kollern der Koksflamme im Eisenofen. Vor dem Fenster schwarze Zweige und Äste, und am äußersten Ende des Gartens streut eine elektrische Laterne weiße Lichtstreifen aus, die sich im reglosen Nebel seltsam mit den Schatten der nassen Bäume vermischen. Auf der Straße kein Laut, und der nächste Zug ist noch weit: Ehe er auftaucht, hört man lange vorher irgendwo ein Eisengerüst vibrieren.

Apoll Besobrasow spielt auf dem Flügel. Thérèse, in ihren Pelz gehüllt, betrachtet unbewegt die weißen Streifen. Seltsame, wirre Klänge kommen von oben. Was ist das – Prokofjew? Milhaud? Skrjabin? Manchmal hört man eine Art Tanz, etwas Jämmerlich-Wohlbekanntes wie die »Kleine Chinesin«, dann wieder: »Aaa! aaa!« – schrille, aberwitzige Harmonien. Nein, das ist nichts von alledem. Apoll Besobrasow kann ja gar nicht spielen, er schlägt im Dunkeln blindlings irgendwelche zusammenhanglosen, abstrusen Akkorde an. Manchmal überkommt ihn eine Art akustische Grausamkeit und er wiederholt endlos eine schneidende Dissonanz, dann wieder spielt er mit einem Finger lange ein trauriges Kinderlied. Und jetzt hört man einen abscheulichen, diabolischen Tanz, willkürlich aber rhythmisch in die kaputte Klaviatur gehämmert – zweistimmig: einmal ganz hoch, wie splitterndes Glas, und einmal ganz tief in den chaotisch brummenden Bässen. Dann folgen wieder endlose achromatische Akkorde, nicht nachlassend, unermüdlich.

Eine fürchterliche Musik. Soll man nach oben gehen und verlangen, dass sie aufhört? Nein, das widerspräche dem Geist des Hauses – und zudem hat sie trotz allem auch einen seltsamen, krankhaften Reiz.

Auch Thérèse, im Profil und vom fahlen Straßenlicht beschienen, lauscht und leidet unter dieser Orgie wirrer Klangkreaturen; jetzt lässt sie den Kopf auf die Arme sinken und verbirgt das Gesicht, über ihre Schultern läuft ein kurzer Schauer, als wäre ihr kalt. Und wieder: »Aaa! aaa! aaa! aaa!«, dröhnen die bestialischen, sprunghaften, irrealen

Akkorde – unfassbar, unmöglich, ungeheuerlich. Krampfig verkrümmte Klangmonster laufen vorbei, Zwerge, Kröten, Spinnen und Tausendfüßler, und Thérèse zieht die Beine an, als huschten Spukgestalten über den Boden.

Dann scheint der Flügel auf einem Ton stehenzubleiben, und zwanzig Minuten lang ertönt nur er. Endlich, als wir uns so sehr daran gewöhnt haben, dass wir ihn kaum noch wahrnehmen, kommt ein zweiter Ton dazu, der in bestimmten Abständen mit dem ersten abwechselt, eine gläsern-hohe Antwort. Jetzt scheint es, als würde der Flügel gestimmt. Dann ergänzt ein dritter Ton das System, und die drei tauschen lange Frage und Antwort, wie die Wächter verschiedener Höllenkreise. Und dann beginnen die Tonleitern. Oft dauern sie bis zum Morgengrauen, bis ich plötzlich von einer neuen kreischenden, bellenden, melodischen Kakophonie erwache.

Thérèse schaut zur Decke und schüttelt vorwurfsvoll den Kopf. Dann sinkt ihr Kopf zur Seite, die Augen schließen sich, und im Schein der Straßenlaterne nickt sie ein, wie Ophelia im schwachen Licht des abnehmenden Mondes.

Zeus schläft schon lange. Für ihn hat diese Klangmalerei einen seltsamen Reiz, sie weckt Erinnerungen an alte Zeiten, an das Sektenleben; er hat lange lächelnd seine Pfeife geraucht, und die ab und zu aufleuchtende Glut ihres kleinen Herds erhellte seinen blonden Bart.

Schließlich ist er aufgestanden, hat sich mit zwei Fingern bekreuzigt, die Asche im Ofen auseinandergeschoben, noch einmal das Kreuzzeichen geschlagen und sich hingelegt. Im Einschlafen, offensichtlich schon wegdämmernd, grunzt und seufzt er leidvoll, aber erleichtert, und in diesen Lauten liegt eine so alte, echte, naturhaft christliche Philosophie.

Gegen Morgen beruhigt sich der Flügel, nur in großen Abständen läuft noch ein Klangschauer über die Tasten, leiser und leiser. Ich schlafe, ich träume. Ich träume von Paris, das im Meer versunken ist. Durchs »Café du Dôme« ziehen langsam riesige Fische, die Kellner schwimmen kopfüber, in den Händen Tabletts, auf denen allen Naturgesetzen zum Trotz noch immer Flaschen stehen. In der Gegend des Observatoriums zieht ein unbekanntes U-Boot vorbei, die gelben Strahlengarben seiner Scheinwerfer dringen weit voraus durchs Wasser, und eine Stimme sagt: »Sic transit gloria.«

Die Sonne geht auf, sie scheint auf die reglos im Wasser treibenden, schönen und toten Prostituierten von Montparnasse … Und plötzlich reißt mich ein tiefes, jammervoll-brüchiges Stöhnen der kaputten Wasserleitungen aus dem Schlaf, denn unser verlassenes Haus – das habe ich vergessen zu sagen – schrie und stöhnte im Schlaf immerfort, als käme es nicht über irgendeine alte, traurige, widerwärtige Erinnerung hinweg.

KAPITEL 11

C'était l'heure d'un grand départ
avec musique et envol de petits
ballons de toutes les couleurs.
Marcel Jouhandeau

Wenn ich auf die verflogenen Jahre zurückblicke, sehe ich fast keine Ereignisse. Sie ähneln sich außerordentlich, wie Stadtlandschaften ein und desselben Künstlers, die gleichsam auf ein durchgehendes Band gemalt sind – und doch ist mir klar, dass sie verschieden sind, ich kann nur nicht sagen, worin. Der Unterschied entzieht sich der Beschreibung, wie ein Geruch oder Geschmack. Die Vergangenheit zerfällt für mich lediglich in längere und kürzere Phasen, in eine Reihe flüchtiger atmosphärischer Phänomene, durch die, wie bei einem Wetterumschwung, ein und derselbe Blick aus dem Fenster etwas ganz anderes sieht. Das Leben besteht aus Atmosphären. Eine eigene Atmosphäre ist nichts als das seltene, geheimnisvolle glückliche Zusammentreffen von Stimmungen, Gelegenheiten und Menschen. Freunden, die gemeinsam etwas erkannt haben, bietet sie Schutz vor jenem Fluss des Vergessens, der die Außenwelt ist: einem grellen, dreisten Strom von Lärm und Chaos, in dem jeder den anderen leugnet, lächerlich macht, mit einem Blick oder einem treffenden Wort zu vernichten sucht. Alles drängelt mit Worten, alles schäumt über und erschöpft sich in Worten, und über allem schwebt ein gewaltiges »Nein«.

Damals lebten wir in unserer eigenen, ganz besonderen Welt. Wir schwiegen besonders und lächelten besonders und machten besondere Pausen. Über so viele Dinge hatten wir uns längst geeinigt, und durch diese eigene, vertraute Sprache sparten wir so viel Zeit! Schon ein leicht veränderter Tonfall sagte uns so viel – wir hatten es nicht eilig, wir trampelten nicht mit Worten aufeinander herum und argumentierten nicht.

»Heute«, sagte Thérèse zum Beispiel, »war ich am Ufer spazieren, und der Fluss war ganz glatt, so glatt in der weißen Sonne.«

Bei dem Wort »glatt« bewegte sie leicht die Hand, und schon war uns allen klar, woran Thérèse am Ufer der Seine gedacht hatte und zu welchem Entschluss sie zwischen zwei Brücken gelangt war. Wir fühlten uns so sicher damals in unserer Freundschaft und unserem besonderen Stil; wir dachten, wir würden noch Jahre und Jahre so weiterleben, unbewegt zwischen staubigen Spiegeln, hohen Decken, Zigarettenstummeln und dem wirren Gezweig des verwilderten Gartens, in dem mittlerweile Schnee lag. Aus Freude über den Schnee ging Thérèse wohl zum ersten Mal in zwei Monaten nach draußen. Sie alberte herum, schüttelte die kleinen Bäume, von denen feuchte Flocken rieselten, und wir fingen sogar an, einen Schneemann zu bauen; ich hatte schon eine ziemlich große Kugel gerollt, doch plötzlich wurde sie müde, ließ alles stehen und liegen und kehrte zurück an den Ofen, und noch mehrere Tage schmolz der unfertige Schneemann, braun von der Erde der Gartenwege, vor der Veranda traurig im Regen dahin.

Doch dann kam eines Tages Besobrasow durch den Garten gelaufen und erzählte, er habe eine Anstellung gefunden, in einem Blumenladen in der Rue Saint-Jacques, Ecke Rue Claude Bernard. Es war eine Art Laborgeschäft, in dem seltene tropische Arten gezüchtet und gefärbt wurden, und seine Aufgabe sollte darin bestehen, die gezielte Vergiftung der Pflanzen zu überwachen.

In der schweren, fauligen Atmosphäre dieses Ladens verbrachte er von da an seine Zeit; er saß auf einem hohen Hocker vor einer Glasglocke, unter der lebendige Blätter und Blüten durch die Einwirkung ätzender Gase langsam verblassten, sich verfärbten, abstarben. Die Wintersonne schwebte wie ein verschwommener gelber Fleck über der dicken Glasdecke des zum Treibhaus umfunktionierten Innenhofs, und überall hingen, krochen, umschlangen und erstickten einander die fetten, leuchtenden Ausgeburten der tropischen Flora. Wohin man schaute, klafften rote, zahnlose Mäuler, ragten rosige Finger, baumelten gigantische Pfirsichohren. Der Herr über diese lebende Ware bewohnte ein paar halbdunkle Zimmer am Ende des Hofs. Er war ungeheuer mager und verwachsen, aber seine Bewegungen waren schnell, sein Blick eindringlich, und seine Gesichtszüge – Adamsapfel, Lippen, Nase und Augenbrauenbögen – bildeten zusammen eine Art bedrohlichen Gebirgskamm. Die engstehenden Augen blickten scharf und aufmerksam, und das lockige Haar zeugte von einer verborgenen Vitalität.

Doch er war kein impulsiver Mensch, sondern eher verschlossen und stolz. Offenbar war er im Voraus schon auf der Hut vor dem indiskreten Interesse seines neuen Gehilfen. Als es jedoch ausblieb und Besobrasow sich überraschend schweigsam zeigte, suchte er selbst den

Kontakt zu ihm. Die beiden kamen ins Gespräch und standen sich sehr bald sehr nahe, obwohl beide notorische Einzelgänger waren.

Es begann damit, dass Besobrasow, der für seine Pflanzen Feuer gefangen hatte, mehrere Bücher über Botanik las. Dann stieß er in der Bibliothèque Sainte-Geneviève auf einige mittelalterliche Arzneibücher und Traktate über Pflanzengifte, die voller Legenden und Beschwörungsformeln waren. Sein Arbeitgeber und er fanden beide dasselbe, für glücklich geborene Seelen typische Vergnügen am bloßen Benennen okkulter und märchenhafter Realitäten, am einfachen Offenlegen einer mühelos überlegenen Kraft, die jeden Einwand ignoriert. Von der Magie, Alchimie und Astrologie kamen sie bald auf schwierigere Themen wie Illuminismus und Mystik, und schließlich zum allerschwierigsten, der jüdisch-christlichen Kabbala; beide rechneten ständig damit, dass der andere nicht mehr würde mithalten können, und wunderten sich, dass er sämtliche Schwierigkeiten meisterte.

Der ungewöhnliche Blumenzüchter wusste viel, sogar mehr als Besobrasow, denn er ging schon seit Jahren kaum noch aus dem Haus, sondern lebte umgeben von seltenen Büchern mit jüdischen und griechischen Weisheiten. Die verborgenen Korrespondenzen zwischen der Kabbala, Schelling und Hegel, die Apoll Besobrasow so interessierten, hatte er bereits gründlich studiert. Besobrasow seinerseits, der darüber viel weniger wusste, hatte sich jahrelang mit der Lehre von den Äonen, den Stufen der Entfaltung des Geistes beschäftigt, und dank seiner frappierenden Fähigkeit zu gedanklicher Konzentration bei völliger körperlicher Reglosigkeit war er selbst ein überaus überzeugender Vertreter dieser Lehre geworden. Doch er schrieb seine Überlegungen nicht nieder, sondern stellte sie in Form kurioser symbolischer Figuren nach Art der mittelalterlichen Tarotkarten dar, von denen der Blumenzüchter auf Anhieb fasziniert war. Auch in Besobrasows System gab es zweiundzwanzig Figuren: drei Grundlagen, sieben Welten und zwölf Stufen der Entfernung und Wiederannäherung der Sonne; das Ganze nannte sich »Adams Tarot« oder »Adams Traum«, ich weiß es nicht mehr.

Stundenlang legten sie die zweiundzwanzig Patiencen des Tarot und dachten lange über jede der Karten nach, von denen ich nichts verstand. Eine allerdings gefiel mir sehr, sie hieß »Astrale Welt«: Zwischen einem schwarzen und einem weißen Turm lag eine Art Teich mit einem Krokodil, und matte Irrlichter stiegen zu einem abnehmenden Mond auf. Besobrasows Lieblingskarten waren die »Kraft«, auf der eine schöne Frau einem Löwen das Maul zuhält, und eine andere, auf der ein Blitz in den Turm von Babel einschlägt. Thérèses Karten waren laut Besobrasow die »Isis« und der »Gehängte«, Zeus entsprachen der »Herrscher« und die »Sonne«.

KAPITEL 12
IN DEM ALLMÄHLICH DAS SCHICKSAL AUF DEN PLAN TRITT

Irgendwann in dieser legendären Zeit saß ich einmal im »Rotonde«, einem kleinen, durch zahllose Umbauten eng und unübersichtlich gewordenen Café, und ich weiß noch, wie ich dachte:

»Kann es wirklich sein, dass ich eines Tages als fett gewordener, schläfriger Mann an diesem Tisch sitzen werde, umgeben von den Schatten der Vergangenheit, prominent und völlig erledigt? Schmach und Schande! Dann lieber zur Zwangsarbeit, weg aus Europa, alle zusammen! Auf dass diese besondere, blassblaue Atmosphäre niemals vergeht – unsere ruhige Überspanntheit, unser erhabener europäischer Stoizismus!«

Wie oft zogen wir nach einer durchwachten Nacht schweigend durch die leeren, sauberen Straßen und sahen der langsamen Geburt des Lichts zu, der langsamen Rückkehr ins grobe Leben. Wie schmerzhaft nah war uns all das: die antike Strenge der verschlossenen Häuser, die Laternenkreuze, die Spiegel, in deren dämmrigem Wasser unsere ruhigen, erschöpften Gesichter auftauchten.

Großstadtkinder und selbst bettelarm, betrachteten wir die glorreiche Resignation der Straßenbettler mit offener Hochachtung. Wir lauschten dem Schnauben der Pferde in der dunklen Morgendämmerluft, dem schweren Atem der Züge, die Blumen und Kohl quer durch die Stadt zum Hauptmarkt brachten. Wir liebten es, auf dem Trittbrett mitzufahren in jener legendären Zeit.

Jene legendäre Zeit!

Bei allem hatten wir damals ein feierliches Gefühl, als schritten wir in einer Wolke oder im Glanz der untergehenden Sonne einher, und dieses Gefühl war so heftig, dass wir jeden Moment in Tränen ausbrechen konnten, und so ruhig, als läsen wir nur in einem Buch davon.

Wir glaubten, wir hätten alles neu erfunden: unsere Art zu reden und zu schweigen, unsere spezielle Art zu gehen und unsere unnachahmliche, systematische Unbewegtheit. Uns war, als stünde ein ganz besonderer, mystischer Stern über uns. Später habe ich erfahren, dass man über uns redete, dass für die Außenwelt jeder von uns »einer von denen« war, dass unser Auftreten in der Öffentlichkeit mit spöttischer Vorfreude erwartet wurde, aber damals merkten wir davon nichts. Wir trieben einander an und zogen einander mit, und gemeinsam bildeten wir eine Art griechischen Chor, der unterwegs war in unbekannte Richtung – keinen ionisch runden, sondern einen quadratischen, spartanischen Chor, an dessen Ecken in mythischer Ruhe und Beständigkeit die hohen, rätselhaften Gestalten Apoll Besobrasows und Thérèses schritten, während im Inneren immer wieder neue Seelen auftauchten, die zu gut oder zu neugierig waren, um bis zum endgültigen Schiffbruch dabeizubleiben.

Tatsächlich gerieten neue Leute in unsere Umlaufbahn. Erst zogen sie wie Kometen mit wehendem Haar an uns vorüber und blickten sich voll Schreck und Neugier nach dieser seltsamen Verbindung so vieler Sterne um. Dann verkürzten sich ihre Perioden, sie wurden zu Trabanten, und schließlich stürzten sie in die Sonne und zerschellten.

Tief und unentwegt tönte Apoll Besobrasows Sonnenglanz in unserer Mitte. Immer halb abgewandt, immer irgendeiner Zukunft zugewandt, über deren Erwartung er doch so spottete, schien er uns vergessen zu haben, er gewöhnte sich an uns, und wir wurden Zeugen seines Alltagslebens, das noch rätselhafter war als seine Reden. Mal schloss er sich in einem leeren Zimmer ein und wiederholte über zwölf Stunden mit nicht nchlassender Neugier immer wieder denselben Namen, mal ließ er eine volle Woche lang mit starrem Blick eine Metallkugel über seine Handfläche rollen, die zwischendurch ab und zu auf den Tisch fiel, mal schüttete er Sand aus einem Gefäß ins andere, mal lauschte er endlos dem herausströmenden Strahl aus dem Wasserhahn.

Und dann setzte er eines Tages plötzlich folgende merkwürdige Anzeige in die Zeitung:

»Halte Vorlesungen, ohne je etwas studiert zu haben, und gebe Privatstunden in der Theorie aller Künste und Wissenschaften. Korrigiere und demoliere Charaktere, binde ans Leben und entbinde die darunter Leidenden. Vereinfache quälende Rätsel aller Art und schaffe den Siegessicheren neue, gänzlich unlösbare. Erzeuge Gefühle von: Agonie, schwerer Krankheit, ernster Gefahr, tödlicher Schwermut. Erschaffe und verändere Weltanschauungen, färbe Blumen in einzigartigen Schattierungen, kreuze unvereinbare Arten und kultiviere Pflanzenkrankheiten, aus denen hinreißend hässliche Sorten entstehen. Idealisiere und demaskiere nach Wunsch …«

Auf diese Anzeige bekam er mehrere Zuschriften, doch nur mit einem Absender war Apoll Besobrasow bereit zu korrespondieren: Es war der bereits erwähnte Besitzer des Blumengeschäfts.

So, erklärte er lachend, hört der Funker auf einem sinkenden Schiff Sekunden nach seinem Notruf dessen kurzes, aber deutliches Echo: Die elektromagnetischen Wellen haben den Erdball umrundet und sind zu ihrem Ausgangspunkt zurückgekehrt. Und noch einige Sekunden später hört er, nun schon unendlich schwach, ein zweites Echo, das in der Wissenschaft als Sternenhall bezeichnet wird, denn wahrscheinlich ist die Äthersphäre der Erde in einer großen, aber durchaus bestimmbaren Entfernung von einer durchgehenden, undurchdringlichen elektrischen Mauer umgeben, die die Radiowellen zur Erde zurückwirft, sodass ein sekundärer stellarer Nachklang entsteht. Darauf folgt Schweigen, und darauf das Nichtsein von Seelen und Herzen.

Wie immer lag eine einmalig schöne lila Dämmerung vor dem Fenster, und am Himmel verschmachtete ein unsterblicher Sonnenuntergang, dessen Beschreibung ein ganzes Buch verdient hätte – wie ein zur Neige gehendes Feuerwerk, wie ein Frühling, der in der Sommerhitze verglüht, wie jene unwiederbringliche Zeit, die, so schien es, keine Stunde länger dauern konnte und doch noch immer weiterging; sie strömte und wuchs und trug mühelos unser Leben mit sich fort – übernatürlich genug, um uns das Gefühl der Schwere und Realität zu nehmen, schmerzhaft genug, um uns am Leben zu halten.

Ich weiß noch, wie ich damals im »Rotonde« saß, mit jenem schon erwähnten Spezialisten für mittelalterliche Philosophie – Apoll Besobrasows Arbeitgeber, den er »Averroes« getauft hatte. Er war ein äußerst seltsamer Mensch mit einer geradezu phantastischen Biografie, aber für uns war seit langem schon das Phantastische das einzig

Natürliche. Zuerst war er Rabbiner gewesen, dann Arzt, dann Börsenmakler im Auftrag verschiedener Regierungen, dann Gründer und Besitzer einer Kanonenfabrik, und danach auf einmal wieder Theologiestudent und fast ein Mönch; eine Zeit lang hatte er in einem psychiatrischen Sanatorium gewohnt und zuletzt, irgendeinem finsteren Phantasma folgend, ein Blumengeschäft mit angeschlossener Werkstatt eröffnet, in der Blumen unnatürlich gefärbt und abstoßende tropische Pflanzen gezüchtet wurden.

Für uns begann diese geheimnisvolle, melancholische Seele sich eben damals zu interessieren, in der Zeit der ruhmreichen Streitgespräche in schwerer, giftiger Treibhausatmosphäre, zwischen Dämpfen und halb pflanzlichen, halb tierischen Geisterwesen. In Averroes' Augen, dessen Leben eine einzige Verneinung war, stellte Apoll Besobrasow ein Mittelding zwischen Monster und Narr in Christo dar, und er hatte auf seine Weise Mitleid mit ihm.

Immer öfter tauchte er nun auch in unserem halb verfallenen, leerstehenden Haus auf. Er war stets sorgfältig und förmlich gekleidet und kam in einer langen, schwarzlackierten Limousine, die wir ihn in einer Nebenstraße abzustellen baten, um die Neugier der Nachbarn nicht zu wecken. Apoll Besobrasow, ganz liebenswürdiger Gastgeber, führte ihn durchs Haus.

»Dieses Zimmer haben wir als Bibliothek vorgesehen«, sagte er.

»Und wo sind die Bücher?«

»Ich suche seit Jahren danach, habe aber noch keines gefunden«, scherzte Besobrasow.

In Wirklichkeit liebte er es geradezu, Bücher zu verbrennen, besonders alte Bücher mit teurem Ledereinband, die dem Feuer lange Widerstand leisteten. Er zelebrierte das als eine Art Opferzeremonie und las währenddessen einzelne Wörter von den brennenden, flackernd beleuchteten Seiten vor. Er verbrannte überhaupt gern alles Mögliche, Briefe, Notizen, Tagebücher – »Gespenster austreiben« hieß das bei ihm. Zu meiner Zeit las er schon nichts mehr, er besaß nicht einmal mehr Schreibzeug, obwohl es in seinem Leben zweifellos eine Phase gegeben haben musste, in der er sehr viel las.

»Das ist mein Arbeitszimmer«, erklärte er und fuhr fort, Türen zu toten Gemächern zu öffnen. »Hier verfasse ich meine Schriften.«

»Und wo sind Ihre Schriften?«, fragte Averroes, der das Spiel mit einer liebenswürdigen Verneigung aufgriff.

»Hier«, sagte Besobrasow und zeigte auf einen Spiegel.

Tatsächlich waren dort ein paar sinnlose Worte mit dem Finger in den Staub geschrieben, und daneben konnte man grob gezeichnete Dreiecke und Pentagramme erkennen.

»Damit habe ich über einen Monat verbracht.«

Ich trat näher und entzifferte das Wort, das er zuletzt so oft laut vor sich hingesagt hatte.

Und weiter ging die Besichtigung über schmale Treppen, Flure und kleine Dielen, denn unser Haus hatte unzählige Ebenen und verborgene Winkel. Besobrasow schlug vor, auch in den Keller hinunterzusteigen, aber wir wollten lieber Tee trinken. Unterwegs zeigte er uns seine Gemäldegalerie: In dem rechteckigen Raum hing kein einziges Gemälde, nur an der rückwärtigen Wand, vor der ein verstaubter Stuhl stand, waren mit Reißzwecken Reproduktionen dreier Bilder aus dem Louvre befestigt – von Leonardo da Vinci, Claude Lorrain und Gustave Moreau –, außerdem zwei Zeichnungen von Picasso und ein Bild von de Chirico, auf dem ein riesiges Haus mit schwarzen Fenstern zu sehen war.

Als nächstes kam ein weiteres leeres Zimmer, in dem Besobrasow seine geliebte Kugelsammlung aufbewahrte. Wenn ich mich recht erinnere, gehörte dazu eine riesige Eisenkugel, die an die vierzig Kilo wog, eine Glaskugel, eine aus Holz und mehrere kleine Messingkugeln. Sie waren der Größe nach angeordnet, wie in einem altertümlichen Modell des Sonnensystems, und Apoll Besobrasow brachte Stunden damit zu, sie durchs Zimmer zu rollen und ihre kreisförmigen Spuren in der dicken Staubschicht zu studieren. Das nächste Zimmer war der Geografie gewidmet, hier waren vergilbte Landkarten an den Wänden aufgehängt, und im wiederum nächsten drehte sich alles ums Wasser: Wasser zirkulierte in gläsernen Röhren, Wasser hing von der Decke, in verschieden geformten Flaschen, auf denen Besobrasow in der dämmrigen Stille des Hauses gern monotone, transparente Melodien anschlug; man hörte sie ganz gedämpft auch in unserem Stockwerk, als schlüge irgendwo in der Ferne unablässig eine Unterwasseruhr. Außerdem führte Besobrasow seltsame Konstruktionen aus Seilen, Haken und Gewichten vor, mit denen sich gleichzeitig oder rasch nacheinander, gleichmäßig knatternd alle Türen eines Zimmers oder einer Zimmerflucht öffnen ließen.

Und er las uns sein Gedicht in einer Zeile vor: Jedes Wort stand an der Wand eines anderen Zimmers.

Averroes – sein wirklicher Name war englisch, und er war für seine Verdienste mit einem englischen Adelstitel ausgezeichnet worden – hörte seinen Erklärungen schweigend zu, er hatte den Kopf schräggelegt, den Mund leicht verzogen, und in der Hand hielt er seinen Zylinder, mit jener halb mitleidigen, halb ironischen Miene, die ein weltgewandter Minister bei der Enthüllung eines neuen Denkmals aufsetzt.

Überhaupt war er erstaunlich höflich. Mich verblüffte geradezu, mit welcher Feierlichkeit er eine schmutzige Tasse mit abgebrochenem Henkel in der Hand halten konnte, als wäre es ein seltenes Stück aus chinesischem Porzellan.

Wie ich liebte er Zeus, er mochte seine hünenhaft-melancholische Selbstsicherheit und seine imposanten architektonischen Posen, die immer an Michelangelo denken ließen.

Schon Bogomilow erstaunte ihn mit seiner mittelalterlichen Gelehrsamkeit und seinem Glauben an die Wissenschaft; das kleinste Wort von Thérèse aber stürzte ihn in anhaltendes Schweigen …

Er bewunderte sie aufrichtig, und einmal sagte er ihr einen der schönsten Sätze, den ich je gehört habe. Es war eine ganze Weile nach dem Ende eines Gesprächs, und er hatte sich immer noch nicht von jener Bestürzung erholt, die wohlerzogene Menschen angesichts einer ins Äußerste gesteigerten Hochherzigkeit empfinden. Und plötzlich sagte er – leider konnte ich sein Gesicht in diesem Moment nicht sehen, weil es schon dunkel war – kaum hörbar zu Thérèse:

»Das Beste für Sie wäre, Sie würden sterben …«

Für Apoll Besobrasow brachte er einmal ein schweres Holzkästchen mit, in dem eine faustgroße goldene Kugel mit eingravierter Weltkarte lag. Thérèse schickte er Blumen aus seinem Laden; gegen Ende des Winters wurden es so viele, dass ihr Zimmer aussah wie ein aus der Vogelperspektive betrachteter verschneiter Zwergenwald.

Thérèse konnte farbige Blumen nicht ertragen, sie liebte wächserne Hyazinthen und riesige weiße Boule-de-neige-Rosen, wie man sie in Russland in Sterbezimmern aufstellt. In dieser Umgebung schlief sie, wie Ophelia zwischen den Seerosen, oder sie lag den ganzen Tag im unteren Stockwerk, denn wir hatten sie endlich überredet, ihr furchtbares Taubenzimmer aufzugeben. Sie war extrem schwach und schien schwerkrank; manchmal allerdings stand sie frühmorgens in ausgesprochen froher, glücklicher Stimmung auf und fing an, die Spiegel zu putzen und die Zimmer aufzuräumen, als wollte sie die ganze Welt neu einrichten, doch die Zimmer nahmen kein Ende und der Staub war furchterregend. Ihre Kräfte versiegten rasch, sie wurde müde, als kämpfte sie gegen Schnee an, der von allen Seiten in diesen Eispalast wehte, und dann legte sie sich wieder auf ihr niedriges Sofa und zog sich wie ein krankes Kind ihren abgetragenen Fohlenmantel über den Kopf. Das einzige, was sie ablenken und ein wenig aus ihrer Starre herausholen konnte – wenn auch nicht ins Leben, sondern in eine andere, süßere und nicht minder geheimnisvolle Starre –, war die Musik aus der teuren Kiste, die Averroes' schwarz behandschuhte Hände uns ins Haus gebracht hatten.

»Warum tragen Sie immer schwarze Handschuhe?«, fragte ich ihn einmal.

»Wissen Sie nicht«, antwortete er lächelnd, »dass ich früher mehrere Kanonenfabriken besessen habe? In meinem Beruf tragen alle schwarze Handschuhe.«

Thérèse liebte die automatischen Klänge. Oft, so erklärte sie uns, stamme die Schallplattenmusik von gescheiterten, dem Alkohol verfallenen Komponisten, die die ganze Seele ihrer ungeschriebenen Symphonien in diese Stücke legten: Die unendlich sanften Grammophonwalzer beugten sich gleichsam über einen und redeten einem gut zu, sie versuchten einem etwas zu sagen und weinten, weil man sie nicht verstehe. Manchmal gehe am Grund der Musik nach all den dröhnenden Bässen plötzlich eine Art Himmel auf, und von dort komme eine Antwort, jemand drücke einen ans Herz und verspreche, zurückzukommen und einen nie, nie mehr zu verlassen; und dann setzten wieder die tiefen Posaunen ein, als fahre ein silbernes Schiff davon, allmählich übertönt vom unterirdischen Fluss des Seins. Sie konnte endlos lange ein und dieselbe knisternde und rumpelnde kaputte Platte hören, und neben ihr saß Bogomilow und drehte die Kurbel und staunte über die raffinierte Mechanik des Grammophons. Thérèse betrachtete ihn aus halbgeschlossenen Augen, mit einem Blick, als wäre sie tausend Jahre alt und er neun. Dann band er sich eine große Schürze um und kochte Suppe, kochte Tee, spülte das Geschirr, und lange bewegte er sich noch geräuschvoll zwischen uns umher, während wir, von unserer fatalen Unbewegtheit erfasst, schon in hieratischen Posen erstarrten. Er war der menschlichste von uns und doch so weit von allen Menschen entfernt, so gutherzig und immer bereit, das Nötige zu tun: Kartoffeln zu schälen, die Schriften des Elysée Reclus zu lesen, ein vom Wind eingeschlagenes Fenster mit Papier zuzukleben oder im bleichen Engelslicht der runden Nachtlampe den antiken Geografen Strabon neu zu übersetzen.

Während die Eisscholle unseres gemeinsamen Lebens sich allmählich in Bewegung setzte, schweißten Liebe, Mitgefühl, Wissbegier und Bewunderung uns untrennbar zusammen. Doch das Eis knackte schon, und der Palast, von den gewaltigen, unvergesslichen Strahlen der untergehenden Sonne beleuchtet, legte ab vom toten Ufer. Auch der Mann im Zylinder war schon mit jener herrlichen, tödlichen Krankheit infiziert, die unser Glück ausmachte. Er kam jeden Tag, er brachte Geschenke, er behandelte – schließlich war er auch Arzt – Thérèse und kümmerte sich als einziger um unser künftiges, fraglos gemeinsames Schicksal.

So lebten wir und suchten jeder auf seine Weise Schutz vor dem Leben – Besobrasow im Denken, Zeus in der Verachtung, ich in der Traurigkeit. Für Thérèse, die Zuflucht beim Gebet suchte, war es am schwierigsten und qualvollsten.

Mein Gott, sie war so wehrlos! Buchstäblich jeder auf der Straße konnte sie verletzen; wie oft bekam sie zum Beispiel zu wenig oder gar kein Wechselgeld, wenn sie etwas bezahlte. Das feige Männerpack belästigte sie auf Schritt und Tritt, einmal ohrfeigte sie sogar einer aus Ärger über ihre Gleichgültigkeit. Ein andermal riss ihr einer die Tasche aus der Hand, und noch ein anderes Mal schlug ein gut gekleideter Herr mittleren Alters in einem leeren Gang in der Metro seinen Mantel zurück und zeigte ihr sein aufgerichtetes Zeugungsorgan. Allen war klar, dass sie sich nicht wehren, nicht schreien, den Flegel nicht ohrfeigen würde: Nicht weil sie so gutmütig war, nein, sie war einfach nicht imstande, sich aus ihrer Starre zu lösen, ihre Handschuhe anzuziehen, einen Brief zu schreiben. Hätte Bogomilow ihr nicht zugesetzt, hätte sie wahrscheinlich nie etwas gegessen.

Die farblosen Lippen seltsam geschürzt, sah sie stundenlang aus dem Fenster oder betrachtete mit finsterem Interesse die Zimmerdecke. Oft hatte ihr Gesicht einen fast bösen Ausdruck, die Mundwinkel zeigten angewidert nach unten, und sie schien zu schwach, um ihre riesigen, wie aus Zinn gegossenen Wimpern zu heben.

Las sie Bücher? Ich weiß es nicht, in meiner Erinnerung sehe ich sie nicht mit einem Buch. Aber sie wusste alles und verstand alles; ich glaube, ihr genügte, was die anderen sagten – Worte anderer über die Worte anderer –, um alles zu erahnen. Und bestimmt brauchte sie nur eine Seite zu lesen, um ein Buch zu beurteilen, denn die Grobheit eines Textes sprang ihr sofort in die Augen; wenn es aber ein gutes Buch war, wozu sollte man es dann ganz lesen – steckt nicht der ganze Proust in einer einzigen seiner endlosen Satzperioden, kommt nicht die ganze Seele eines Schriftstellers in einer bestimmten Position eines Adjektivs, in der Beschreibung eines trüben Morgens zum Ausdruck?

Ein ungewöhnlich strenger Winter kündigte sich an. Wir alle litten unter der Kälte und der Dunkelheit. Der Abend kam früh, unendlich früh verloren die Tage an Kraft. Eine Weile noch liefen vor Kälte leicht gewordene, hüpfende Menschen durch die blauen Straßen, aber bald war alles leer, und spärliche Schneeflocken kreisten lange über dem nackten Steinboden, ehe sie in einem fragilen, von niemandem gestörten Gleichgewicht verharrten.

Auf dem Fluss trieben große, gelbe Eisbrocken. Der hohe Wasserstand hatte die Bettler unter den Brücken vertrieben, sie schienen endgültig verschwunden. Vielleicht waren sie alle tot. Nur in manchen Straßen versuchten durchgefrorene fliegende Händler mit heiserer Stimme Vorweihnachtsstimmung zu simulieren. Sie verkauften billige Kämme in unnatürlichen Farben, wertlosen Christbaumschmuck und Federhalterimitate. Wo der Straßenbelag aufgerissen war und den Blick auf eine dicke Schicht gelber, mit Tonscherben und Flaschen übersäter unfruchtbarer Erde freigab, wärmten sich Zeitungsverkäufer an Kohlebecken mit lodernden Koksfeuern. Vor den Lebensmittelgeschäften, im gleißenden Licht der Bogenlaternen, türmten sich barbarische Dekorationen aus grellen Konservenbüchsen und billigen feuchten Keksen in offenen Kisten; dazwischen tönte falsch und beklemmend eine Heilsarmeeklarinette, und kahlrasierte Pechvögel in schlecht sitzenden Uniformen verkauften belehrende Traktate.

Ich ging damals gern durch die vorweihnachtlichen Straßen, meine Unempfindlichkeit gegen die Müdigkeit hatte etwas von einer Betäubung. Ich lauschte dem stereotypen Geschrei der Verkäufer, dem Lärm der Autos, dem Klappern unzähliger Absätze und Hufe.

Wenn ich nach Hause kam, legte ich mich noch in Hut und Mantel bäuchlings aufs Sofa, und Zeus erbarmte sich meiner und brachte mir Tee. Davon wurde ich abrupt wieder wach, ich richtete mich auf, rief verstört: »Nein, ich schlafe nicht!«, und versuchte irgendeinen Beweis zu führen.

Diese Tage waren bestimmt vom Horror der Dämmerung, von einer schmerzhaften Sehnsucht nach Sonne: Anders als auf dem Land, wo sie dem Sommerfrischler mangels Gewohnheit oft lästig ist, war die Sonne hier in der Stadt, auf den staubigen, struppigen Grünflächen zwischen all den Steinen, geradezu ein körperliches Bedürfnis für mich.

»Warum wird es so früh dunkel? Es ist gerade einmal vier Uhr und schon Nacht.«

»Es sind die kürzesten Tage des Jahres«, antwortete Bogomilow.

Thérèse schnaufte, sie heizte den Ofen an, ihr Gesicht

war von unten hell erleuchtet, es schien zu glühen, und in diesem Licht lag etwas unsagbar Winterliches, Weihnachtsfestliches, obwohl wir über Weihnachten nie redeten.

Die Zeit verging langsam. Wir spielten bei Kerzenlicht Karten, und die immergleichen Ansagen – »Sans atout! Pik Sieben! Gehe mit!« – klangen seltsam, aber unendlich beruhigend. Oft las Zeus auch die Zeitung, die er im Schein des Ofens auf dem Boden ausgebreitet hatte. Ab und zu trug er in überraschend heiterem Ton einzelne Meldungen über Schätze, Reisen oder Archäologie vor, die sein Interesse geweckt hatten, aber da niemand reagierte, verbrannte er die Zeitung bald darauf im Ofen und lauschte dem kurzen, aber herrlichen Brausen des brennenden Papiers. Einmal brachte ich ein paar Christbaumkerzen mit, befestigte sie nebeneinander auf der Lehne eines kippligen Stuhls und zündete sie an. Lange sahen alle unbewegt zu, wie der transparente Körper des Paraffins sich in Feuer verwandelte, schmolz und im Licht verschwand. Die letzte Kerze, bis auf ein winziges blaues Flämmchen heruntergebrannt, rang mit dem Tod, immer wieder flammte sie auf und warf einen goldenen Schimmer auf die abgewetzte Stuhllehne, bis sie im ungleichen Kampf gegen die von allen Seiten auf sie eindrängende Finsternis schließlich unterlag.

Gleich darauf brachte Zeus eine Öllampe. Gewaltsam aus unserer abgebrannten Kindheit gerissen, wichen wir blinzelnd zurück. Die helle Lampe hatte er eigenhändig für uns gekauft, und niemand außer ihm durfte sie anfassen, er allein putzte und füllte sie.

An diesem Abend zeigten Thérèse und Besobrasow uns, was sie vom Flohmarkt mitgebracht hatten: Handschuhe, russische Brotkringel, ein Paar Schuhe, das Thérèse für mich ausgesucht hatte, und allerlei Krimskrams; ein aufziehbarer kleiner Spielautomat war dabei, ein Vergrößerungsspiegel und ein von einem Schildermaler angefertigtes Portrait einer jungen Frau, die einen kleinen Ausstellungspavillon in der Hand hielt. Das Ganze hatte fast nichts gekostet. Apoll Besobrasow lud die Sachen in seinem Museumszimmer ab, demselben, wo auch das Wasser von der Decke hing. In diesem Raum ging er, umgeben von dem unwahrscheinlichsten Gerümpel – darunter eine starr vor sich hin lächelnde halbe Wachsfrau aus einem Friseursalon, deren Kopf zur Hälfte mit widerlich fuchsfarbenem, totem Menschenhaar bedeckt war – oft lange irgendwelchen ironischen Gedanken nach, und doch war es ausgesprochen unterhaltsam, wenn er ausführlich von der Herkunft jedes dieser Dinge erzählte und über den verblichenen Glanz so vieler Marotten und Moden lachte.

Schließlich geschah, was geschehen musste. Eines Morgens im Frühling ging die Tür der Glasveranda auf, zwei Männer, ein Bauunternehmer und ein Ingenieur, kamen herein und blieben verblüfft an der Schwelle stehen, während Zeus, der sie noch nicht bemerkt hatte, weiter mit nacktem Oberkörper seine kolossale kupferverbrämte Hantel in die Luft stemmte. So demütigend dieser Einbruch war – er glich einer polizeilichen Durchsuchung im geheimen Reich der Träume –, es half nichts: Alles wurde inspiziert, und das Schicksal unseres Palastes war besiegelt.

Ich erinnere mich an diesen Tag. Nie werde ich vergessen, wie wir zum Abschied durch die Zimmer wanderten, die wir verlassen mussten – wie eine Seele, die ihren Körper den Würmern überlässt. Wie viele verborgene Ecken und liebgewonnene Fenstersimse wurden noch einmal besucht und für immer hinter einer Biegung des Flurs zurückgelassen. Wir warfen einen letzten Blick auf das Wasserzimmer und die Gemäldegalerie, spazierten über die Dachböden, saßen lange vor dem Ofen und verbrannten Besobrasows nutzlose, geheimnisvolle Sammlungen, die nicht dem Feind in die Hände fallen sollten: Fotoalben fremder Familien, goldene Schuhe für Zwergenfüße, Flaggen vieler Länder. Das alles wurde mit Benzin übergossen, es brannte geräuschvoll und verschwand rasch, zurück blieben nur unkenntliche Spuren. Am Ende, als alles bereit war und die Hanteln, Kugeln und Bücher schon im Blumenlabor eingelagert waren, versammelten wir uns noch einmal um den glühenden Ofen und blickten, die Köpfe auf die Hände gestützt, schweigend in die Flammen.

Die Sträucher wurden schon grün – zum letzten Mal, denn auch sie sollten mit der Wurzel ausgerissen werden –, das Zimmer lag in warmem, frühlingshaftem Abendlicht. Wir setzten uns vor dem Aufbruch noch einmal hin, und wahrscheinlich hätte keiner von uns den Mut gefunden, dieser traurigen Kontemplation ein Ende zu bereiten, wäre nicht Apoll Besobrasow als erster aufgestanden. Er ging zu dem blinden grünlichen Spiegel über dem Kamin, der so oft einen matten Widerschein unserer Zigarettenglut, unserer verknitterten Jacketts, unserer unrasierten gelben Gesichter mit ihrem unwiederbringlich verlorenen Ausdruck und des dahinter liegenden Gartens zurückgeworfen hatte, dann trat er plötzlich einen Schritt zurück, holte aus und schlug das hohe, verstaubte Spiegelgedächtnis mit einer Eisenkugel in Stücke. Als wären wir plötzlich erwacht, standen wir unwillkürlich alle auf. In dem sternförmigen Loch hinter dem zersplitterten

Glas sah man eine alte Wandmalerei, die beim letzten Umbau nicht übertüncht worden war, ein Bäumchen und ein Stück Himmel, in den die verwunschene Seele dieses Hauses, plötzlich befreit, davonflog.

Dann goss Besobrasow Wasser in den Ofen, und wie die Auguren das brennende Kapitol verließen wir zwischen Dampf- und Rauchwolken das wunderbare, verwunschene Haus.

KAPITEL 13
IN DEM DIE SCHLANGE AUF DEM BAUM SPRICHT

Es war ein schöner Tag für die Söhne der Erde und des Lebens, und noch schöner war er für die Töchter des Todes und des Himmels.
Edgar Allan Poe

Noble Stille und Unbewegtheit! Das Leben nicht ernst nehmen. Nach Ruhe dürsten und den Durst stillen. Der Sitzende, in bequemer, aber nicht femininer Haltung, hebt langsam die Hand. Wie seltsam, dass wieder Sommer ist und das Leben noch immer weitergeht, so still …

Jeder trägt seinen Tod anders: die einen wie einen hübschen, speckig-zerknautschten Hut, die anderen zärtlich und romantisch auf Händen, wie Ophelia, wieder andere (erbärmliche Geschöpfe) wie ein Krebsgeschwür, das sie zerfrisst, das tief unter ihren Kleidern unentwegt an ihnen nagt. Und ich? … Es gab eine Zeit, in der ich mich auf der Sonne sah, und dann sah ich mich gar nicht mehr …

Das Feuer des Lebens erlischt; das Feuer des Lebens breitet sich flach über die Erde.

Schlafe, mutiger Jüngling. Schließ die gewaltigen Lider. Leise streichen deine kolossalen Wimpern durch die Luft. Was war, ist zur Sonne zurückgekehrt. Was war: die Erinnerung …

Wende dich nie ganz dem Leben zu. Immer nur halb,

im Profil. Verzweifeltes Augenrollen: nur mit einem Auge! Hoheitsvolles Heben der Lider: nur mit einem Lid! Den Grausamen sollst du würgen: nur mit einer Hand! Nur mit einer Hand spiele das Zeisiglied auf der goldenen Orgel der Künste. Nur mit einem ausladenden Ohr lausche zerstreut der kehligen Stimme einer armen Jungfer. Niemand soll ahnen, wie erfahren dein Geist ist. Nur die eine Seite deines Gesichts soll sich bewegen, die andere – ewig unbewegt bleiben. Sei wie der Mond …

O Mitleid mit dem niederen Leben, Mitleid mit den schmerzenden Augen, die zu viele kleine Buchstaben lesen. Mitleid mit dem Herzen, dem das Treppensteigen schwer wird, und es klopft so jammervoll, wie ein Matrose gegen eiserne Wände.

Mitleid mit dem Hirn, das nach Zerstreuung verlangt. Mitleid mit den Lippen, die berührt sein wollen. Mitleid mit dem Teufel, der in den Knochen sitzt, oh, Mitleid mit dem Geschlecht. Gesicht nach unten, Kopf in den Schnee, Tränen – und Schlaf.

Die reglose Dächerflucht. Die rosa Würfel der Häuser. Unergründliche steinerne Schwermut des Sommers. Träge und stur wie eine Raupe spielt ein Flügel Tonleitern. Jemand sucht unbeholfen eine Melodie zusammen. Es ist, als hörte man jemanden denken; seine Gedanken mühen sich, das Leben zu begreifen. Die Gedanken steigen auf einen Hügel. Sie steigen herab. Sie greifen schläfrig daneben. Sie beginnen von vorn. Sommer, staubiger Sommer. Die metaphysischste Zeit der Welt. Wahrhaft ruhig, vollkommen schön, unerbittlich direkt blicken die blaugrauen Augen des Mittagshimmels. Die Verkörperung von Natur und Schicksal. Die Verkörperung von Notwendigkeit und Einverständnis mit den Göttern. Bleierne Stille ringsum, und über den Dachschrägen steht gerade, hoch und hässlich wie die Zivilisation ein gleichmäßig atmender Fabrikschlot. Gleichmäßig steigt warmer, brauner Rauch von ihm auf und breitet sich aus. Liebes, braves Dampfschiff, wie behaglich ist mir auf deinem harten, sonnigen Deck …

Du scherzt, lieber Freund, und das heißt, du verschwindest. Du weinst, lieber Freund, und das heißt, du bist endlich glücklich. Hoheitsvoll ziehst du die Augenbrauen hoch, und das heißt, du bist besiegt. O Zärtlichkeit des Lichts, o Süße der Finsternis, o Rauschen der Liebe, die im Sand verläuft. Regen, Regen, Regen. Du siehst: Die Wachsfiguren ganz vorn in der Reihe der Dächer geben Zeichen mit ihren Hüten. Sie spüren das Nahen der engelgeschmückten Sonne, sie wollen Kunst machen. Doch die Gleichgültigkeit steigt über die Ufer, sie trägt die Dächer fort, und ihr seid empört. Tröstet euch, tröstet euch. Gebt eure Bücher in den Gräbern ab, wie mexikanische Aufständische träge ihre Waffen abgeben. Sagt Lebwohl zu euren Zylindern, beugt euch nieder, hört auf zu sein. Dann wird sie euch endlich kennenlernen wollen, sie wird eure ovalen Häupter auf ihre riesige, rosige Hand legen usw.

Unterdessen ging der Sommer schon zu Ende. Er sank dem Tod entgegen, wie mächtige Imperatoren inmitten prunkvoller Gelage dem Schlaf entgegensinken. Nie war der Himmel so herrlich, waren die Abende so schwül gewesen, so voller Stimmen, Lichter und Geräusche. Auf den Straßen führten schwache Städter voller Bettlerstolz ihre unnatürlich verbrannte Haut vor: kleine Angestellte, die aus den Ferien zurück waren. Doch die meisten Geschäfte schwebten noch mit herabgelassenen Markisensegeln in den Himmel. Sogar die Schaufenster waren mit ausgebleichten Leinwänden verhängt, hinter denen die Wachspuppen sich vor dem Schmelzen schützten. Noch war es still und feierlich in der leeren Stadt, wie in einer römischen Festung, aus der die Truppen abgezogen waren. Der weiche abendliche Asphalt schimmerte violett und dunkelblau, durch die Luft zog in süßen Schwaden der mir so vertraut gewordene Geruch von Teerkochern und sich zersetzendem menschlichen Urin. Über dem Jardin du Luxembourg hing vom Sonnenuntergang bis tief in die Nacht jener transparente, smaragdgrüne Widerschein, der unausweichlich den Herbst ankündigt. Auf den Boulevards lagen überall goldene Blätter; manche waren im Mai schon verbrannt.

Und plötzlich, wie eine Jugend oder eine Liebe plötzlich endet – ein Mensch geht morgens zu einem Spaziergang aus dem Haus und bemerkt auf einmal, dass die geliebte Gestalt nicht mehr an seiner Seite ist –, zog der Sommer sich innerhalb einer Woche zurück, und das dunkle, gewittrige Sommerblau wurde abgelöst von einem hohen, durchsichtigen Herbstblau. Die weiß und blaugrau glühenden Tage, an denen alles im hoffnungslosen Triumph des irdischen Lebens ruhte, kehrten nicht wieder. Die Hitze war mit einem Mal keine objektive Gegebenheit mehr, sie ergoss sich jäh in die Straßen und ertränkte das fröhliche letzte Aufbäumen, mit dem die Stadtbewohner den Sommer verabschiedeten, ihre Lebhaftigkeit, die schon voll Trauer war – sogar den roten, abgekämpften Radfahrern, die auf ihren staubigen Maschinen von einem Ausflug zurückkehrten, sah man sie an.

Noch immer waren wir fast ständig zusammen. Apoll Besobrasow wischte sich den Schweiß ab und sprach langsam, als dächte er laut; dann legte er den Kopf schief und sah zwischen schmalen Lidern in die Ferne. Damals wohnten wir nicht mehr in unserem verfallenen Haus, sondern in der kleinen Wohnung, die an Averroes' Blumenlabor anschloss. Der Laden war für den Sommer und für immer geschlossen. Unter dem breiten Milchglasdach, durch das ein gelber Sonnenfleck hereinbrannte, lagen die exotischen Pflanzen im Sterben, sie verpesteten die Luft mit ihrem schweren, süßlichen Gestank. Andere dagegen wucherten, überall hingen ihre Luftwurzeln herab, sie erstickten ihre Nachbarn, doch im Winter erwartete auch sie derselbe Tod, denn das Labor wurde aufgelöst. Längst lag Staub auf den komplizierten alchimistischen Apparaten, über die Apoll Besobrasow sich einst so lange und still und liebevoll gebeugt hatte, mit denen er abscheuliche neue Orchideenarten gezüchtet und das wehrlose weiße Gewebe von Rosenblüten mit raffinierten farblosen Gasen vergiftet hatte.

»All das werden wir auf dem *marché aux puces* wiedersehen«, sagte Besobrasow lachend.

Wie fremd schien mit einem Mal sowohl dieses Labor als auch die glühende herbstliche Stadt! Wir brachen auf. Zeus brachte seine Hantel weg, Besobrasow seine Kugeln. Bogomilow hielt seine geografischen Bücher auf dem Schoß. Thérèse zog ihren abgewetzten Fohlenmantel an. Und mir war alles egal. Ich besaß nichts. Und ich genoss es, dass mir alles egal war und ich nichts besaß. Der blaue Morgenwind pfiff mir in die Ohren, »nichts hast du, nichts«, wiederholte er immer wieder. Seine Worte fuhren mir ins Herz, sie flößten mir jene scharfe, bittere Befriedigung ein, die ich von Thérèse kannte. Früher hatte sie mich fast zum Weinen gebracht mit ihrer Manier, halblaut immer wieder irgendeinen traurigen Satz zu wiederholen, mit wechselnder Betonung, aber immer leiser und kummervoller, als würde sie sich tiefer und tiefer zur Erde beugen und schließlich endgültig kapitulieren.

Schnell glitten die hohen rosa Fabrikgebäude in der Morgensonne an uns vorüber, wie der helle Granit der thebanischen Tempel. Fort, hinaus, dorthin, wo der Nil aus der Unterwelt hervortritt! Wie Mönche auf dem Weg zur Kirche eilten Arbeiter in blauen Jacken zur Schicht. Sie grüßten sich von weitem. Leise klingelten die Trambahnen, und die Sonne erhob sich in ihrem unsterblichen Zauber.

Da: Die ersten Astern blühen in den Vorortgärten, ein kleiner Esel grast zwischen Konservendosen auf dem zerstörten Befestigungswall, Hupen singen, und in der Ferne liegt hoch über Paris der dunkle Rauch der Fabriken. Ein mächtiger Motor trägt uns vorwärts, weiter und weiter; wie die Zeit schießt das Auto um die Kurven, biegt bei voller Geschwindigkeit ab wie die langmähnigen Pferde der Hesperiden. Wir zogen Mützen und Hüte tiefer in die Stirn, wir schwiegen, saßen stumm und reglos: antike Wagenlenker. Nur ich drehte mich ständig um, wechselte die Position, beugte mich aus dem Fenster. Dumpf tönten die schönen Hupenrufe. Wir bebten, wir rasten vorwärts, unaufhaltsam wie hysterische Tränen, kaum erblüht und schon wieder auf dem Rückzug, wie das blassrosa Leuchten am Himmel dieses frühen, aber schon heißen Morgens. Apoll Besobrasow saß am Steuer. Er war gelassen, und seine Miene wirkte noch gelassener dadurch, dass er pausenlos Kaugummis kaute. Ich dagegen versuchte verzweifelt, im letzten Moment etwas zu verstehen. Doch es blieb beim Versuch, das Schicksal entzog sich mir. Es war in allem: in der rätselhaften Geste eines Passanten, der auf einer Brücke einem Zug nachsah, im feierlichen Glanz des Morgens, im lila Asphalt der Straße und im dumpfen, bedrohlichen Geräusch des Motors, das dem Tosen des Meeres glich. Es verbarg sich im Pfeifen der Räder und Radlager, es saß in den Fingern des Fahrers, es tönte fremd und siegessicher aus der Hupe – hinter uns fuhr ein anderes Auto, es trieb uns vor sich her und ließ uns nicht anhalten. Passanten sahen uns nach, als wären sie Zeugen einer Entführung. Von dreißig mechanischen Pferden schnell davongetragen, blickte Thérèse finster geradeaus, und wieder schien es, als wäre sie tausend Jahre alt und wir zehn.

KAPITEL 14
DAS AM GRUND EINES SEES SPIELT

Den nächsten Sommer verbrachten wir am Lago di Garda. Das Schloss, in dem wir wohnten, war so groß, dass wir uns nur selten einmal im Speisesaal begegneten. Die meiste Zeit lag ich am Kiesstrand und las die Zeitungen und Illustrierten, die aus der ganzen Welt eintrafen. Im warmen, trüben Wasser schliefen große Fische, die niemand fing. Und nur einmal am Tag zog weit draußen ein weißer Raddampfer mit einer großen Schweizer Flagge am Heck vorüber, und ich lauschte lange dem gleichmäßigen, vielfachen Schmatzen der Schaufeln, das sich im Verklingen mit dem Zirpen der Grillen mischte. Dann ertönte irgendwo in der Ferne eine Hupe; der Dampfer hielt vor dem Nachbarort, wo es keine Anlegestelle gab; die Passagiere wurden in Booten an Bord gebracht. Allgemein ertrug ich die Hitze schlecht und schlief tagsüber viel in einem halbdunklen Zimmer, auf dessen Parkettboden sich die Sonnenstreifen der Jalousie reihten. Danach ging ich, halb angezogen, in die Bibliothek und versank dort, wie man in Schlaf versinkt, in Zeitschriftenbänden aus den Jahren der Weltausstellung und des Boxeraufstands. Thérèse und Besobrasow gingen oft lange in die Berge. Sie setzten sich auf einen Stein und redeten stundenlang.

Die Luft dort oben schlief zwischen weißen Dunstschleiern. Der See in der Tiefe war grau, er glänzte wie Zinn. Ringsum der stickige Geruch von welkenden Büschen und heißer Erde. Worüber sprachen sie? Das wusste keiner. Averroes, im weißen Anzug, unterhielt sich derweil mit Zeus; die beiden saßen in dem geräumigen alchimistischen Kabinett, das wie auch die Bibliothek im ältesten Teil des Gebäudes lag – der Rest des Schlosses stammte aus napoleonischer Zeit. Averroes sprach gerne mit Zeus. Sie interessierten sich beide für Politik und politische Ökonomie und verfolgten gespannt, wie zwei Astronomen, den Sturz von Kabinetten und die aufkommenden Krisen; Europa prophezeiten sie ein schreckliches Schicksal. In ihren Ansichten stimmten sie überein: Sie waren rigorose Gegner des kapitalistischen wie auch des kommunistischen Systems.

In der letzten Zeit ging ich gar nicht mehr aus. Ich saß im Kreis meiner Seelenverwandten, der Hunde, auf dem Balkon und las Tschechow oder schaltete iin der rosa Dämmerung den elektrischen Flügel im Saal an und lauschte ihm, umgeben vom Naphtalingeruch der Sesselüberzüge, denn die Herrscher im Schloss waren die Motten. Mein Gott, wie durchbohrten die Walzer aus den alten deutschen Operetten mir das Herz, mit welcher Wehmut hatte ich sie seinerzeit auf den Boulevards und Eisbahnen gehört – ein einsamer, schwacher, schlecht angezogener Gymnasiast ohne Bekanntenkreis. Das ganze Vorkriegseuropa, seine ganze Seele leuchtete ein letztes Mal auf in dieser Musik; Wagner und Debussy, Maeterlinck und Dreyfus, Jaurès und Sarah Bernhardt geisterten durch den Raum. Nichts, aber auch gar nichts war geblieben von dieser verkommenen, zarten, berauschenden, absinthbitteren Welt.

Ich erinnere mich, wie während einer dieser spiritistischen Sitzungen – matt von der Hitze, verfolgte ich mit halbgeschlossenen Augen, wie die Tasten sich von selbst bewegten und die unwirklichen verstimmten Klänge wie schlaftrunkene elysische Schatten dem polierten weißen Deckel des Pianolas entschwebten – sich ein dunkles mythologisches Gemälde, das die Wand zwischen zwei Türen einnahm, vor meinen Augen plötzlich mechanisch klappernd zur Seite schob und ein gelangweilter Apoll Besobrasow aus der Wand hervortrat: Er war dabei, die unterirdischen Gewölbe des Schlosses zu erforschen.

Oft ruderte ich weit auf den See hinaus und dachte an Thérèse.

Wenn man sich über den Bootsrand beugte, konnte man bis auf den blassblauen, steinigen Grund sehen. Er war beinahe kahl, nur ein paar dünne, wie gezeichnete Wasserpflanzen drifteten parallel hin und her. Der weiße Steg, in den der prachtvolle Park des Nachbarschlosses mündete, ragte weit in den See. Kleine Alabasterlöwen blickten reglos in verschiedene Richtungen, und auf dem gemähten Rasen leuchtete einsam ein weißer Fahnenmast. Der See war erfüllt von sonniger Stille. Ich lehnte mich über den Bootsrand, plätscherte mit der Hand im warmen, klaren Wasser und dachte nach; die Stunden vergingen, ohne dass ich auf meine Fragen eine Antwort fand.

Was reizte sie so an diesem steinharten Menschen?

Konnte man sich mit einer Statue etwa unterhalten, oder mit einem Zugfahrplan, mit dem delphischen Orakel? Besobrasow war alles Lebendige fremd, höchstens das Wasser und die Luft waren ihm nahe. Und was wollte er bloß von ihr? War er nicht der Sonnengenius, der *daemonius meridianus*, der nach antiker Überlieferung zur Mittagszeit erscheint und die ewige Vollkommenheit des Sonnenlaufs preist? Ein Geist! Wurde nicht alles in seiner Gegenwart mit dieser seltsamen Zerstreutheit infiziert, dieser tödlichen Indifferenz, dieser Manie des geheimnisvollen Lächelns und der bedeutungsschwangeren Posen? Ein Betrüger!

»Ich tue als wüsste ich, was ich nicht wissen kann, und als wollte ich, was unausweichlich geschieht.« Ein Blender! »Leben ist genauso unanständig wie sterben.« Dann versuch es doch, stirb, oder sei wenigstens einen Moment lang lebendig. Ölgötze! Hypnotiseur! Halbgebildeter Dilettant! Pass nur auf, eines Tages treibst du noch jemanden zur Raserei. Mein Gott! Was kann sie an ihm lieben? Was gibt es Liebenswertes an einem eisernen Rad? Es ist das sonnige Zwielicht, das sie lockt … Und zu essen hat sie auch aufgehört! Wie soll man einen Kranken retten, der seine Krankheit vergöttert? Aber liebt sie ihn denn? Sie bedauert ihn, nur wofür? Ist er nicht glücklicher als sie? Manche wollen unbedingt Mitleid haben, dabei halten sie sich selbst kaum auf den Beinen … Thérèse! Thérèse, ich bin so verwirrt! Niemand braucht mich! Mir ist elend und bang und öde. Kann man mit seinem Atem einen Eisberg zum Schmelzen bringen? Für ihn kommt jede Hilfe zu spät, er begreift einfach nicht, dass man das Goldene Rad nicht preisen kann, wenn sich zwischen dessen Zacken so viel Schmerz und Schrecken, so viele schmähliche Einsamkeiten verbergen.

Mit einem Mal fand ich, meine Armut, meine beschämende Niedergeschlagenheit und Unfähigkeit zur Selbstdisziplin seien Thérèses Opfers eher würdig. Warum wurden die Opfer auf dieser Welt immer denen gebracht, die sie gar nicht brauchten? Auch sie war demnach ein Teil dieser Welt. Ach, und selbst Jesus hatte sich geirrt! Statt Johannes sein schönes Haupt an seine Brust legen zu lassen, hätte er den schmutzigen Kopf des Judas ans Herz drücken müssen, um wahres Mitleid mit den Elenden zu zeigen. Stand nicht Martha immer über Maria?

Dasselbe sagte ich auch Thérèse. Sie schwieg und wandte die Augen langsam, wie hilfesuchend dem staubigen Himmel zu. Aber der Himmel blendete sie, und so schloss sie die Lider.

»Ich versuche ihn zu beschämen. Er ist ein schrecklicher Mensch …«

Konnte sie es denn mit ihm aufnehmen, schwach und zart wie sie war? Eher hätte eine Schwalbe einen Wolf totpicken können. Arme Schwalbe, wie kreisten und flatterten ihre Gedanken, wie überschüttete sie ihn mit Vorwürfen, wie appellierte sie an ihn. Umsonst! Er lächelte unentwegt weiter; für ihn war das alles nur eine Laune, ein metaphysischer Disput.

»Besobrasow, die Stimmen sagen mir, ich soll gehen, wie Er von uns gegangen ist; aber wer beschützt Sie dann vor dem anderen? Oder sind Sie selbst jener andere? Und wer beschützt dann Zeus und diesen Armen im Geiste? Mein Gott, Besobrasow, Sie dürfen nicht so sterben!«

»Töten Sie mich! Oder fürchten Sie sich etwa, Ihr Seelenheil zu riskieren für Wassenka? Sie sind noch zu jung für solche Reden.«

Thérèse schwieg; in letzter Zeit verließ sie immer seltener ihr Zimmer, und einmal sah ich zufällig von der Küche aus, wie sie auf dem Boden liegend betete.

Apoll Besobrasow aber erdachte immer neue unheimliche Spiele. Mit Hilfe des Gärtners versuchte er, die zugemauerten Gänge zu einem unterirdischen Friedhof im Keller des Schlosses wieder zu öffnen. Die Gewölbe reichten mehr als tausend Meter tief in den Berg hinein, und an ihrem Ende fand er noch weitere zugemauerte Stollen. Wohin führten sie? Niemand wusste es. Die Geschichte der unterirdischen Säle war lang und verwickelt: Entstanden aus den Überresten eines antiken römischen Steinbruchs, hatten sie einst einem Mönchsorden gehört. Während der Religionskriege war die Festung bis auf die Grundmauern zerstört worden, nur der Turm mit der Bibliothek stammte noch aus dieser Zeit. Anstelle der Festung wurde im 17. Jahrhundert ein Franziskanerkloster errichtet, das mit dem Anschluss des Piemont an die Schweiz gleichfalls aufgegeben wurde und verfiel … Möglicherweise hatte auch eine mystische Sekte wie die Rosenkreuzer einmal in dem Kloster Zuflucht gefunden; im Kellergewölbe jedenfalls fand man neben Waffen und neben dem Friedhof auch eine Kapelle, deren Wände mit fünfzackigen Sternen und Hieroglyphen geschmückt waren, und daran anschließend kleine Zellen, von denen Wendeltreppen zu einem unterirdischen Bach führten – niemand wusste, woher er kam und wohin er floss. In anderen Kapellen waren alle Wandtäfelungen und Gerätschaften aus Menschenknochen gefertigt. Apoll Besobrasow verlegte eigenhändig elektrischen Strom, stützte die Decken ab, putzte Öllampen und Altäre.

Er hatte eine besondere Vorliebe für alles Unterirdische: Am liebsten, erklärte er, würde er in einem Zimmer in tausend Metern Tiefe wohnen. Er begeisterte sich für mittelalterliche Dichtung und für die Dichter der Renaissance, die übers Mittelalter schrieben. Er las lateinische Bücher über Medizin, Scholastik und Belagerungstechnik. Oft ritt oder ging er in voller Ritterrüstung durch den Hof; das mit Kreide polierte Metall blitzte in der Sonne, und er spürte die Schwere des Panzers und wie es sich anfühlt, wenn man vor Hitze vergeht und sich nicht einmal kratzen kann. Anschließend hackten er und Zeus mit Schwertern Holz. An dem Tag, als er zu den scheppernden Klängen des Pianolas aus der Wand in den Saal hervortrat, trug er übrigens vollständigen katholischen Ornat – dazu allerdings eine Zigarette zwischen den Zähnen.

Seine nächste Leidenschaft war das Tauchen. Ich weiß noch, wie hingerissen er davon erzählte, wie das Sonnenlicht sich unter Wasser in leuchtenden Streifen brach und das Wasser in großer Tiefe immer dunkler und grüner wurde. Nicht weit von uns gab es an einer tiefen Stelle irgendwelche römischen Ruinen im See. Bei Windstille sah man deutlich die Trümmer von Säulen und Mauern am Grund. Besobrasow, in einem Taucheranzug, der ursprünglich für Reparaturen an den Schlossmauern angeschafft worden war, blieb so lange unter Wasser, dass Zeus ihn meist gegen seinen Willen wieder herauszog, noch bevor er ein Signal gab – manchmal schon halb ohnmächtig, das Gesicht verschmiert mit Blut, das ihm aus Nase und Ohren sickerte. Zeus und ich drehten die Räder der Luftpumpe auf dem flachen Boot und verfolgten, auf dem Bauch liegend, wie er auf der Metallleiter nach unten stieg und dann langsam über den Grund ging, wobei er immer wieder stehenblieb, in unerklärliche Grübelei oder Träumerei versunken. Trotzdem gelang es ihm, die Bronzefigur eines unbekannten Helden aus der Tiefe zu bergen, deren kostbare Glasaugen und mitraartige phrygische Mütze eine ganz neue Erklärung für die Existenz der unterirdischen Gewölbe nahelegten. Doch Besobrasow hatte sein Herz überanstrengt und wurde krank.

Er lag am offenen Fenster in der Bibliothek und las Paracelsus, den großen Conrad, *Leben und Schicksale des unbekannten Philosophen Saint-Martin*, für den er größte Hochachtung hegte, Apuleius, Proklos, Philon und Sextus Empiricus. Doch bald verschlechterte sich sein Zustand so sehr, dass er nicht einmal mehr die Raddampfer beobachten konnte, die weit draußen auf dem See vorbeizogen; er lag tagelang mit geschlossenen Augen da und rührte selbst die alte goldene Glocke nicht mehr an, mit der er früher so gern die Stunden geläutet hatte, wobei er halblaut lustige, unverständliche Sätze murmelte. Besonders liebte er das Mittagsläuten; er sagte, dies sei sein glücklichster Moment am Tag. Er läutete sehr langsam und schloss nach jedem Glockenschlag die Augen, denn er glaubte daran, dass die Welt am Mittag vollkommen wird und dem Verschwinden nahekommt.

In die Zeit seiner Krankheit fiel auch die folgende Episode. Eines Abends im glutroten Sonnenuntergang rief Besobrasow Thérèse zu sich, die in einem Sessel eingenickt war. Er zog einen Revolver unter seinem Kissen hervor und hielt ihn ihr müde hin.

»Neuerdings mache ich nur Unfug, Thérèse«, sagte er, »unterirdische Gewölbe, Magie … Es ist nicht gut, wenn der Mensch seine goldene Stunde überlebt. Meine Welt war schon einmal vollkommen. Meine Seele sucht Ruhe, sie sehnt sich fort von der Musik … Sie sind eine Christin, Thérèse, erbarmen Sie sich meiner besseren Tage, befreien Sie mich.«

Damit entsicherte er den Browning und legte ihn ihr in die Hand, und vielleicht war es das Schicksal, das ihn rettete, denn plötzlich schlug der erste Windstoß eines nahenden Gewitters die Türen zu und rüttelte an den Markisen, eine Staubwolke erhob sich, Fensterscheiben zitterten und zerbrachen klirrend. Thérèse erwachte jäh aus ihrem tödlichen Bann und warf den Browning angewidert weg, als wäre er eine Schlange; als er auf dem Boden aufschlug, lösten sich seltsamerweise zwei Schüsse, und er sprang davon, als sei er lebendig. Unmittelbar darauf stürmte Zeus herein – er hatte im benachbarten Speisezimmer geschlafen, die Füße in den Riesenschuhen (Größe 47) auf dem Fensterbrett abgelegt.

Er hob Thérèse hoch wie ein kleines Hündchen und trug sie nach nebenan; im selben Moment kam auch ich, ganz zerrauft, aus meinem Zimmer herbeigerannt. Offensichtlich nahm Zeus an, ich sei irgendwie in den Vorfall verwickelt, denn er packte mich mit seiner gewaltigen Pranke an Jackett, Hemd und Krawatte und schüttelte mich mit solcher Kraft, dass ich buchstäblich in der Luft tanzte, und dabei schrie er mich an und bombardierte mich mit Fragen. Aber was wusste ich schon? Er warf mich in einen Sessel und schüttelte die Fäuste:

»Bestien!«, brüllte er. »Nicht einmal vor einem Mord schrecken sie zurück mit ihrer Mystik! Soweit ist es gekommen! Scheinheiliges Pack, der Teufel soll euch holen!« Er fegte mit einem Hieb eine Uhr und vier Kerzenleuchter vom Kamin. »Ich gehe! Bringt euch doch um meinetwegen, aber ohne mich!«

Und tatsächlich riss er die Glastür zur Veranda auf, doch da geschah noch einmal etwas Ungewöhnliches: Plötzlich erstrahlte alles in einem irren Licht, und direkt vor dem Balkon schlug krachend ein Blitz in den weißen Fahnenmast ein. Zeus wich zurück und schloss instinktiv die Tür. Er lehnte sich dagegen, sah sich verstört um. Es war, als drängten tausend Teufel von außen gegen die Tür, und er allein versperrte ihnen mit seinem monumentalen Rücken den Weg.

KAPITEL 15

Der Leviathan raste wider uns
mit aller Wucht eines geistigen Wesens.
William Blake

Was für ein Glück, an einem Sommertag aufzuwachen, wenn die heißen Sonnenstrahlen durch Ritzen und Spalten der heruntergelassenen Jalousien hereindringen, wenn sie im staubigen Schliff des Zahnputzglases einen Regenbogen zum Glühen bringen und Lichtreflexe an die Decke werfen.

Wie leicht ist es da, aus dem schweißnassen Bett zu springen, von dem man in schwüler Nacht die zerknüllten Laken getreten hat, mit leisen Schritten übers warme Parkett zu gehen und weit das Fenster zu öffnen. Unten, direkt vor dem Fensterbrett, werfen in der windstillen Luft staubige Magnolien und Rosen in langen Beeten ihre Blütenblätter ab. Etwas weiter weg steht ein ausgetrockneter Springbrunnen, von dem ein marmorner Merkur mit abgeschlagenem Arm und Taube auf dem Kopf unbewegt zum grau-sonnigen grenzenlosen Horizont blickt. Um diese Stunde ist dort schwer auszumachen, wo das Wasser endet und der Himmel beginnt. Die Berge am Ufer sehen aus wie Wolken, die Wolken wie verschneite Berge, so gesättigt mit Sonnenstaub ist die Luft.

Weiter links bricht der Schlosspark plötzlich ab und setzt sich hinter einer tief eingeschnittenen Straße als Gemüsegarten fort; aus dem Graben tönt das Klappern unbeschlagener Hufe, eine einzelne Stimme, ein schelmisches Lachen. Die Straße fällt steil zum See ab, sie wird nicht befahren, und an ihrem Ende liegen zwischen Korken und allerhand Abfall ein paar stark riechende Fischerboote auf der Fahrbahn.

Wie angenehm, sich in der Sonne endlos lange am Kopf, an der Brust oder im Schritt zu kratzen und ohne sich von der Stelle zu bewegen auf die Sträucher unterm Fenster zu urinieren.

Genau so stand ich auch eines Vormittags, als ich kurz in mein Zimmer zurückgekehrt war, um etwas zu holen, gedankenlos am Fenster, und die sonnen- und wasserglänzende Weite befreite mich einen Moment lang von meiner Existenz, während ich den Dampfer beobachtete, dessen Räder im Bremsen geräuschvoll schäumend das Wasser aufwirbelten. Und auf einmal hörte ich unten auf der Straße einen hohen, heiseren, aber reinen Gesang. An der Mauer stand ein von Kindern umringter Landstreicher, der auf Lateinisch von der Reinen Jungfrau Maria sang:

Stabat mater dolorosa
Iuxta crucem lacrimosa,
Dum pendebat filius

Er sang mit geschlossenen Augen und wiegendem Kopf, hoch und ernsthaft; dann schaltete er plötzlich um, beugte tief den Kopf und sang zu einer Melodie aus Mozarts *Requiem*:

La-acrimosa … miserere
Requiem, requiem Dei …

Danach verstummte er, wiegte wieder den Kopf und fuchtelte mit den Armen. Schließlich ließ er sich an der Wand entlang zu Boden gleiten und rief noch einmal laut:

La-acrimosa!

Offensichtlich hatte der Narr in Christo schon bessere Zeiten gesehen: Er sang allzu rein und artikulierte allzu klar.

Plötzlich empfand ich ein seltsames Mitleid mit diesem noch jungen Mann in seiner unglaublich zerlumpten, schmutzigen Kutte; ich sprang aus dem Fenster ins Beet und lief über eine kleine Treppe auf die Straße hinunter.

Der Landstreicher saß immer noch leise zuckend an der Mauer, und als er meine Schritte hörte, streckte er mir, ohne den Blick zu heben, eine zum Becher umfunktionierte Konservenbüchse hin und sagte in reinstem Französisch:

»Pitié pour le fou.«

Statt ihm Geld zu geben, das ich sowieso nicht hatte, fragte ich:

»Sind Sie Franzose?«

»Nein, ich komme aus der Zwischenwelt.«

»Wie bitte?«

»Ach, nichts …«

Er stand auf, blieb leise schwankend stehen und sang in feierlichem Ton:

Jésus s'en va-t-en terre,
Mironton, mironton, mirontaine,

Jésus s'en va-t-en bière,
Dieu sait quand revivra …

»Horen Sie«, sagte ich verwirrt, »warum kommen Sie nicht mit zu uns, wir sind hier zu Besuch« – ich zeigte auf das Schloss. »Setzen wir uns doch ein wenig in die Küche.«

Der Verrückte, der sich schon zum Gehen gewandt hatte, blieb stehen und sagte, als hätte er auf einmal genug vom Theaterspielen:

»Gut, warum nicht, setzen wir uns in die Küche.« Und indem er mir folgte, wiederholte er dasselbe noch einmal: »Ja, warum nicht, setzen wir uns ein wenig in die Küche.«

In die Küche gelangte man durch eine etwas versteckte kleine Tür ganz in der Nähe. Wir traten ins Halbdunkel und sahen als erstes Zeus, der eine Schürze trug und mit dem Koch beratschlagte. Die beiden hatten sich angefreundet, oft saßen sie zusammen im Schatten und spielten bärtekratzend, jeder in seiner Sprache schimpfend Backgammon. Zeus liebte den Alten und überraschte ihn gern mit seinen Kochkünsten.

Beim Anblick des Mannes in der Mönchskutte brach er in dröhnendes Gelächter aus.

»Wo hast du denn den Gottesmann aufgegabelt, der frisst doch bestimmt nichts Heidnisches.« Aber da der Fremde schon an einer vom Boden aufgelesenen Karotte knabberte, fügte er begütigend hinzu:

»Schau an, der Bruder lässt sich's schmecken … Na gut, ich komme gleich wieder, ich hole die anderen zum Essen.« Und er ging, noch in Schürze, seinen Freund Averroes holen.

Das Essen fand in dem kühlen, halb unterirdischen Küchengewölbe statt, im schwachen Licht einiger Spitzbogenfenster. Der Pilger aß wahllos und schweigend; auf Fragen antwortete er nicht. Er schien zu schlafen beim Essen, und nur ab und zu sang er etwas vor sich hin und fuchtelte mit den Händen. Wir alle beobachteten ihn. Besobrasow, der wenig aß, sah ihn nachdenklich und unverfroren an; wie es schien, hielt der Fremde eben deshalb die Augen geschlossen. Zeus, der das bemerkte, gab ein missbilligendes Knurren von sich, und schließlich platzte er heraus:

»Wieso starrst du ihn so an, du Giftschlange?«

Besobrasow, offenbar tief in Gedanken versunken, richtete einen geistesabwesenden Blick auf Zeus; er sah ihm direkt in die Augen, aber gleich darauf hatte er die Frage schon vergessen und vertiefte sich wieder in die Betrachtung des Neuankömmlings; schließlich bat er Zeus auf Russisch:

»Frag ihn doch mal, was er sucht.«

Daraufhin fing der Fremde, der das Theaterspielen und Possenreißen gewöhnt war und anscheinend große Zuneigung zu Zeus gefasst hatte, auf Russisch zu singen an:

Du kamst zur Welt, Christ unser Gott,
Freuet euch, freuet euch!

Danach verstummte er wieder.

»Wer bist du eigentlich?«, fragte Zeus ihn, plötzlich ernst und mit drohend gerunzelter Stirn.

Der Mönch antwortete nicht, offenbar verstand er ihn nicht. Nach dem Essen war er müde geworden, nickte immer wieder ein, und plötzlich rutschte er vom Stuhl, rollte sich auf einer Fußmatte zusammen und schlief ein.

»Lasst ihn schlafen«, sagte Zeus, »schleppt ihn bloß nicht ins Bett, dem geht es so besser, aber passt auf, dass die Hunde ihn nicht anpissen.«

Am Abend badete Zeus den teilnahmslosen Mönch eigenhändig im Brunnen; er schnitt ihm mütterlich-liebevoll die Haare, hielt ihn wie ein riesiges Kindermädchen an der Nase fest und rasierte ihn: Offensichtlich betrachtete er den Gottesmann von Anfang an als sein Eigentum.

Während er ihm den Kopf einseifte, redete er begütigend auf ihn ein:

»Halt still, Mönch. Ruhig, Mönch. Nur noch ein bisschen, Mönch. Bei mir zu Hause weiß ein Mönch, wie man Holz hackt und Bienen züchtet und Teer kocht, aber mit euch ist eben nichts los.«

Gewaschen und rasiert, aber immer noch im Halbschlaf, stand der nackte Mönch zum Trocknen in der Sonne. Er war kaum behaart, von der Sonne tiefbraun gebrannt und schwach, aber schön gebaut. Sein Körper war ihm so gleichgültig, dass er, wenn sein Arm oder Bein zufällig eine unbequeme oder alberne Haltung einnahmen, lange nicht auf die Idee kam, diese zu ändern. Auf Fragen antwortete er weiterhin nicht. Nur Zeus begrüßte er jedes Mal mit einer Mischung aus Gackern und Bellen, wobei er leicht mit dem Bein zappelte, und wieder schien es, als würde er Theater spielen.

Zeus hatte ihn wie ein Kind im Hof abgesetzt und war in aller Ruhe wieder an seine tägliche Arbeit gegangen: Er sägte Holz, schälte Kartoffeln, grub Beete um und goss mit dem Gartenschlauch die Blumen. Dieser gutmütige, so einfache und einzigartige Mensch fühlte sich in der Sonne wie ein Bär im Schnee. Er war ein Bauer, er litt nicht unter seiner Blutfülle. Den ganzen Tag über grub, hackte, schleppte er irgendetwas, und so verwickelt unsere Beziehungen untereinander waren, so schlicht und warm war die Liebe, die wir alle für ihn empfanden. Thérèse war ihm in jedem einzelnen

Augenblick dankbar, für Besobrasow war er der liebste Gesprächspartner – er suchte sogar von sich aus das Gespräch mit ihm, was er sonst mit niemandem tat –, und ich hatte in seiner Nähe ein Gefühl von absoluter Sicherheit.

Von Zeit zu Zeit einen Schritt weiterrückend, versorgte Zeus liebevoll jeden Zweig, jede Blume.

Noch immer brannte die Sonne herab.

Und da trat aus der niedrigen Küchentür Thérèse auf den Kies des Hofs heraus. Eine ganze Weile bemerkte der Fremde sie nicht. Reglos stand sie da und sah den Nackten – er trug nur ein Handtuch um die Hüften, wie ein biblischer Fischer – mit starrem Blick unverwandt an, bis er plötzlich die Augen aufschlug, sie weiter und noch weiter öffnete, sodass sie fast aus den Höhlen traten, und dann riss er wie von einer jenseitigen Kraft gepackt die Arme hoch, stieß ein dumpfes Brüllen aus und stürzte auf die Knie. Im selben Moment schlug Thérèse, statt erschrocken auszuweichen, die Hände zusammen und fiel tränenüberströmt ebenfalls vor ihm auf die Knie, und die beiden umarmten sich und weinten wie Kinder.

»Robert, Robert, was haben sie mit dir gemacht!«, sagte sie immer wieder.

»Himmlische Mutter, du bist wieder bei mir!«, murmelte er.

THÉRÈSES TAGEBUCH

1. Juni. Mir ist so einsam unter all den Leuten, denen ich nicht helfen kann oder die sich nicht helfen lassen wollen, dass ich beschlossen habe, in dieses vergilbte leere Heft zu schreiben, das ich in der Bibliothek gefunden habe. Mit der Feder in der Hand fühlt man sich gleich älter, als läge alles lange hinter einem. Heute Morgen haben wir weiter die Bibliothek aufgeräumt, am Schluss waren wir ganz müde und voller Staub. Wir haben eine Menge Manuskripte und handschriftliche Bücher aus den Kisten geholt. Sie tun mir alle so leid, ich fühle mich irgendwie verpflichtet gegenüber denen, die sie geschrieben haben. Und auch wenn ich sie unmöglich alle lesen kann (ich lese im Jahr gerade einmal zwei Bücher), tut es allein schon gut, sie sauberzuhalten, für ihr leibliches Wohl zu sorgen, sie anzuschauen. Wie schön sie sind auf ihrem Regal, im Abendlicht. Auch das ist doch etwas wert: sie öfters anzuschauen, während man im Sessel sitzt, und ab und zu eines aufzuschlagen und eine Seite zu lesen.

Noch lieber als die Bücher selber sind mir aber die Randnotizen: Wie viel Leben steckt darin, wie viel Sinn und Anteilnahme!

Heute war es heiß. Keiner wollte etwas essen außer Tichon Iwanowitsch. Abends lag ich auf der Terrasse und habe dem Pianola zugehört. Es ist fast zu schön hier, das ist kein gutes Zeichen.

6. Juni. Alle tun irgendetwas, am meisten Tichon Iwanowitsch. A. veranstaltet Ausgrabungen im Keller, Averroes liest, und nur Wassenka und ich tun nichts außer schauen; er jammert, ich schweige. Mir ist so weh ums Herz von dieser Schwüle, alles scheint sich darin zu verbinden und aufzulösen – die Viehherde, die auf der Brücke in der Ferne den Staub aufwirbelt, und das Rauschen des Bachs, und der faulige Pflanzengeruch. Heute habe ich Zitronengelee gekocht und mit Tichon herumgealbert. Er ist so groß und hat so ein gutes Herz! Ich glaube, ich bin nur glücklich, wenn ich bei ihm bin. Es ist so schön, wie er mit mir redet, herablassend und gutmütig:

»So schwach wie Sie sind, machen Sie es nicht mehr lang.«

»Meinen Sie, ich muss bald sterben, Tichon Iwanowitsch?«

»Nein, woher denn! Bloß Ihr Herz ist schwach, wie bei einer Besessenen. Sie brauchen eine Aufgabe – Pasteten backen, Gelee kochen! Sie sind ja die reinste Schweigenonne, Sie müssen mehr lachen, herumalbern. Ihnen wird sowieso alles vergeben, auch ohne Beten.«

Aber das hat er mir nur einmal gesagt. Er ist würdig und stolz – ein Aristokrat, wie alle Wilden. Sein Rat ist Gold wert. Warum haben die Starken Mitleid mit den Schwachen? Er ist der einzige, mit dem ich mich unterhalte. Mit Wassenka kann ich kein Wort reden. Dauernd ist er den Tränen nah, und immer hat er das Falsche im Sinn, oder das allzu Richtige, das sich mit Reden nicht lösen lässt.

21. Juni. Wir waren oben in den Bergen, bei den Höhlen und Quellen. Ich könnte mein ganzes Leben nur an einer Quelle sitzen und lauschen. Tichon Iwanowitsch liebt den Wald. Wassenka war nicht dabei, er verträgt die Hitze nicht. A.B. ist baden gegangen.

Nachts war es furchtbar schwül. Es hat gedonnert, aber ohne Regen – beängstigend. Ich bin nach oben gegangen, in der Bibliothek saßen A. und Averroes. Das elektrische Licht war aus, sie hatten Kerzen angezündet und legten ihre Karten. Ich habe mich dazugesetzt und bin im Sessel eingeschlafen.

Geträumt: Ich gehe durchs Schloss und suche jemanden, finde ihn aber nicht. Auf einmal ist es Nacht, überall brennt Licht, und ich bin immer noch allein. Nur die Türen knallen. Da wird mir klar, dass alle abgereist sind.

Irgendetwas nicht wieder Gutzumachendes ist passiert, ich komme zu spät, und dann öffne ich eine Tür und falle im Traum fast tot um: Dahinter steht wieder dieser Baum, ein riesiger Baum mit Menschenästen.

Donnerstag, 2. Juli. So ist mein Leben: Jeden Morgen beschließe ich zu arbeiten – heute werde ich arbeiten, endlich arbeiten. Ich bete, ich wasche mich und gehe nach unten. Ja!, heute! Ich werde Jean d'Espagne ins Russische übersetzen, an Maman schreiben, Wassenkas Hemden ausbessern. Aber dann treffe ich wieder auf A., das Pianola und den Walzer aus der »Lustigen Witwe«, und sofort sind alle guten Vorsätze weg. Auf einmal wird mir so elend, so traurig, so ich weiß gar nicht wie.

Und derweil vergeht die Zeit. Das benutzte Geschirr auf dem schmutzigen Tischtuch wird schwer wie Eisen, und ich bin völlig kraftlos. So sitze ich da und lausche und bleibe immer weiter sitzen, obwohl mir unbequem ist, aber ich kann mich nicht bewegen, ich kann diesen Zustand nicht abschütteln – bis irgendwann Tichon mit seinen Angeln nach Hause kommt; er wirft mir einen betrübten Blick zu und seufzt, und dann räumt er ab und fegt und ruft alle zum Essen. Was würden wir ohne ihn tun? Wahrscheinlich würden wir uns die ganze Woche von Aprikosen ernähren.

Aber könnte es denn anders sein?

Mittwoch. Wie kommt es, dass er höher und höher steigt, während aus mir das Leben entweicht wie das Gas aus einem Luftballon? Früher habe ich gebetet, mich gequält, habe Nächte durchwacht, und das Licht war gerade genug, um nicht zu sterben. Jetzt bete ich fast gar nicht mehr, ich schlafe lange und lese nichts, und plötzlich ist mir manchmal ohne jeden Grund so wohl, dass ich dauernd weinen muss, und das kann mir überall passieren – im Garten, auf der Terrasse, beim Essen. Als ich mich neulich an der Suppe verbrannt habe, war es auch so. Und wieder einmal hat Wassenka das durchschaut, und ich war bedrückt, weil er es durchschaut hat. Warum liebt er mich so? Was ich ihm geben kann, ist entweder etwas ganz und gar Irdisches oder etwas ganz anderes, und beides ist nicht, was er braucht. Und mich verlieben in ihn? Wie könnte ich mich verlieben, da ich schon so sehr liebe. Er ist ein guter, schwacher Mensch, und er braucht mich, A. dagegen braucht mich überhaupt nicht. Warum bin ich ihm nur so lange schon so ergeben, und warum habe ich solche Angst dabei; wovor will ich ihn beschützen, was will ich ihm beibringen? Als könnte man einem Stein oder einer Wolke etwas beibringen – und er ist doch genauso vollkommen und unschuldig wie ein Stein oder eine Wolke in seiner Bosheit! Neulich habe ich geträumt, dass seine Haare schon brennen, sein Gesicht war ganz schwarz. Mein Gott! Warum haben wir uns nicht früher getroffen, als er noch ein schwacher, unglücklicher Mensch war – denn das war er doch, bevor er sich seinen kalten, grellen, teuflischen Freuden zugewandt hat!

Heute war ich mit ihm im Keller. Dort gibt es einen Raum, in dem zwei leere Steinsärge stehen. Ach, wenn ich so neben ihm liegen und auf das Jüngste Gericht warten könnte! Die Auferstehung der Seelen kommt ja erst nach dem Jüngsten Gericht – oder war es die der Körper? Ich weiß es nicht mehr. Jahr um Jahr, die Hände auf der Brust gefaltet, neben ihm liegen. Ich habe es ihm gesagt, darauf er:

»Ich will verbrannt werden.«

10. Juli. Das Leben ist sinnlos und leer, gerade wenn es sinnvoll und tätig und erfüllt ist. Wenn es wirklich leer ist, wenn man zwischen Gewissensbissen und Langeweile und schmutzigem Geschirr lebt, werden bestimmte Dinge klarer, man sieht das, was hinter all dem Sinnvollen verschwindet. Es gibt diese Momente – und dann weint und weint man. Vielleicht ist es nicht gut, dass ich so gern weine, aber die Tränen sind der einzige irdische Trost, den auch Jesus nicht verschmäht hat.

11. Juli. Wie seltsam. Ich habe noch nie wirklich geliebt und gewartet, aber ich denke immer, das Himmelreich ist genau das: Man steht lange im Regen und wartet, und plötzlich sieht man den geliebten Menschen, der rasch auf einen zukommt. Und die Hölle ist, wenn man ewig wartet; man spürt, wie es immer später und später wird, man ahnt, dass er nicht mehr kommt, und doch kann man sich nicht vom Fleck rühren.

Dennoch, wie seltsam: Gleich nach Jesus liebe ich am meisten den Teufel. Könnte er nur bereuen! Dann würde er in den Himmel zurückkehren, und mit ihm alle Geheimnisse der Verwandlung von Kummer und Scham. Geht es den Engeln nicht allzu gut?

Irgendwo habe ich gelesen, das Paradies sei die ins Unendliche verlängerte Erlaubnis zur sinnlichen Vereinigung, wenn man alles vergisst und nichts mehr fürchtet. Aber ich glaube das nicht, denn die größte eben noch erträgliche Freude ist doch, wenn man nach langem Warten endlich den sieht, den man liebt, und ihn bei der Hand nimmt – das schlägt auf Anhieb die allerhöchste Note an, mehr hält kein Mensch aus.

15. Juli. Jesus ans Herz zu drücken, ist ein großes Glück, aber Luzifer ans Herz zu drücken, ist noch herrlicher, denn Luzifer leidet tiefer und ist zum Höllenfeuer verdammt. Man liebt nicht den Heiligen, sondern den Ausgestoßenen, Gefallenen. Luzifer erlösen, das wäre mein Wunsch, wenn ich Maria wäre. Und an dieser Hoffnung und an meiner Schwäche werde ich langsam irre. Eine schwache Brust kann einen Eisberg nicht zum Schmelzen bringen, sie wird nur selbst erfrieren und sterben.

Ja, ich liebe Luzifer, aber dieser Luzifer ist kein unruhiger Dämon, der das Böse sucht – so, nämlich durch Verbrechen und Leiden, würde er am Ende vielleicht Jesus erkennen, wie der Schächer am Kreuz. Nein! Er ist das Sehen selbst, er sieht Jesus, aber wozu braucht er das beste aller Leben, wenn ihm das Leben an sich nichts wert ist. Er strebt nach Gleichmut und Ruhe.

Ein weißer Tag. Ich muss zum Essen.

18. Juli. Robert ist da – halbnackt, wahnsinnig, voller Schwären. Lieber Gott, rette und bewahre!

Dienstag. Lieber Gott, was willst Du von uns, wofür sollen wir beten? Nein, man kann Dich weder durch Reinheit noch durch Kraft oder Licht verdienen.

»Ihr habt die Kraft und das Licht. Wozu braucht ihr Mich?«

Allein durch Armut. Also auch nicht durch Liebe. Denn was sollte man Dir sagen, was tun, da man liebt? Waschen, füttern. Und doch sterben manche inmitten von Überfluss und Freuden an der Dürre des Herzens. Ein Leben ohne Liebe ist kein Leben, aber mit Liebe ist es eine neue Qual: die Unfähigkeit, zu helfen.

Bedauern? Aber das Herz bedauert das Leben an sich, und wer sein Leid und seine Erniedrigung bisher nicht bemerkt hat, dem wird Dein Bedauern die Augen öffnen, und das Leben wird ihm unerträglich. Mitleid, Mitleid. Dir diese Welt vergeben, Dich nicht dafür verurteilen. Denn Du hast es uns ins Herz gelegt, zu trösten und zu lindern, aber was, außer Dir, ist keine Bitternis auf Erden, und wer könnte Dich spenden außer Dir selbst und Deinen Geistlichen? Ich bin arm, und Deine Geheimnisse sind für mich zu tief – wie oft bin ich neidisch auf die Engel, die keinen Zweifel kennen, die nichts wissen und ewig dahinschmelzen wie Wachs in der Sonne, wie eine Stimme im Chor.

21. Juli. Äußerlich erholt er sich schnell, aber tief im Inneren ist er schwerkrank. Er tut, als wäre er genesen, aber ich weiß, dass sein Wahnsinn sich nur in tiefere Schichten zurückzieht und umso gefährlicher wird. Er kleidet sich, rasiert sich, parfümiert sich sogar, aber sein Lächeln und seine Stimme sind ganz und gar künstlich und furchterregend.

Vielleicht sollte ich wegfahren? Aber mir fehlt die Kraft. Und so warte ich auf irgendetwas und spüre ständig, wie er mich beobachtet. Habe ich Angst? Vor dem Tod womöglich? Natürlich nicht. Aber es gibt unklarere und giftigere Ängste als die vor dem Tod. Die Angst vor der unauslöschlichen Sünde, vor der unerträglichen Schuld und Verantwortung.

Die Atmosphäre im Haus hat sich mit einem Schlag verändert. Alle sehen es, aber alle tun so, als merkten sie nichts, und dadurch wird die Anspannung nur noch größer. Robert ist nur in dem einen Moment im Hof erschrocken und sanft und friedlich geworden, seither hat die Krankheit ihn umso fester im Griff. Er hat sich zurückgezogen, er ist abgekühlt, ist nur noch Auge und Ohr.

Diese furchtbaren, endlosen, schwülen Sonnenuntergänge sind die reinste Qual. Der Schweiß fließt in Strömen, das Herz pocht, es wartet auf etwas Endgültiges, das zwangsläufig geschehen muss, das sehr bald schon geschehen wird, und wenn es doch nur schon geschehen wäre!

Roberts Anwesenheit belastet uns, wir lachen und reden nicht mehr, aber allen war auf Anhieb klar, dass ich ihm etwas schuldig bin, dass er ein Recht hat, dass dies eine Abrechnung ist.

Jeden Tag steigt er mit A.B. in den Keller hinunter, und das sind die einzigen Momente, in denen ich mich ausruhe, aber gleich darauf quälen mich neue Ängste.

Montagmorgen. Es regnet, und ich denke an das zurück, was er gesagt hat. Er war offen und sichtlich erfreut, sich mit mir auszusprechen. Aber nur am Anfang. Am Ende gewann seine eisige, triumphierende Besobrasow-Manier wieder die Oberhand, und mir wurde so elend, dass ich buchstäblich keine Luft mehr bekam und nicht einmal weinen konnte. In der Nacht habe ich Blut gespuckt, wahrscheinlich von der Aufregung.

»Sie sagen, wir hätten uns längst aussprechen müssen, aber haben Sie denn Zweifel? Ich nicht! J'ai accepté la situation. Je l'ai subie, c'est tout.

Dieser junge Mann hat Zuneigung zu mir gefasst, weil das, was ihn am meisten plagt, die Angst ist. Ich dagegen habe vor nichts Angst, weil ich nichts Spezielles erwarte. Ich bin mit allem zufrieden, alles gefällt mir. Allerdings: Angst hält lebendig, wer sich davon freimacht, kann sich auch aufhängen … Und Sie, was interessiert Sie an mir? Ich bin nicht einmal ein Schuft und alles andere als ein Träumer. Ich bin ein Zuschauer, sonst nichts. Ich denke mit Leichtigkeit an die Dinge und kaum an mich. Mich kostet das keine Anstrengung, es geschieht ganz von selbst. Ich bin ein Zuschauer meines Denkens. Es ist schwer zu erklären … Die Vernunft hat wenig Persönliches.

Ich weiß, Sie haben immer gelitten an mir, daran, dass ich nichts will. Aber auf meine Art bin ich glücklich. Es gibt so viele tiefsinnige Menschen und Bücher auf der Welt, aber was gehen sie mich an? Ich brauche sie nicht. Es hat keinen Sinn, sie zu bedauern, denn ihnen ist nicht zu helfen, man muss ihnen eher beibringen, ohne Mitleid auszukommen, unbeugsam zu sein. Für einen Zuschauer ist die Welt rau und herrlich. Aber sobald man sich einmal vergisst und sie bedauert, wird sie unerträglich. Wahrscheinlich ist Ihnen aufgefallen, dass ich nichts lese und auch nicht nachdenke: Nach der Lebensgier erlischt sehr bald auch die Wissensgier. Ruhe und Frieden kehren ein – obwohl ich als Kind sehr unglücklich war. Und dann … oft bin ich quasi gar nicht da, ich schlafe mit offenen Augen. Man kann das übrigens lernen, man muss nur sehr lange an nichts denken und einen bestimmten Punkt fixieren. Dann werde ich bei vollem Bewusstsein frei von mir selbst. Das Leben in mir wird frei von sich selbst, und wenn ich in diesem Augenblick sterben würde, würde ich es gar nicht bemerken.

In den Momenten, wenn ich mit Ihnen fühle, möchte ich dasselbe auch Ihnen beibringen, aber das hieße, Sie umbringen, es hieße, die permanente krankhafte Aufmerksamkeit, die verzweifelte Sorge um alle vernichten, die Sie empfinden, und am schmerzhaftesten um mich, obwohl ich auf meine Weise glücklich bin. Verstehen Sie mich! Für mich ist alles schon gewesen und vorbei; in einer einzigen logischen Schlussfolgerung verbirgt sich die ganze Dialektik des Kosmos, im kleinsten Quäntchen Liebe stecken sämtliche Geheimnisse der Liebe, auch wenn ich weiß, dass diese Geheimnisse eigentlich ohne Bedeutung sind. Die Liebe braucht nur sich selbst. Ja, die Liebe ist die höchste und süßeste Seinsform, aber sie bleibt Sein und Begierde.

Was Zeus angeht, diesen begabten Bauern – auch er spürt keinen Schmerz, er nimmt ihn einfach nicht ernst, er ist wie eine Figur auf einem Fresko. Aber für diesen Jüngling müssen Sie etwas tun!

Bei manchen Seelen ist das so: Je höher sie sich erheben, desto näher sind sie den Menschen, sie tragen jeden einzelnen in ihrem Herzen. Ich dagegen könnte mich in meinen besten Momenten an niemanden erinnern, selbst wenn ich wollte, weil ich auch mich selbst längst vergessen habe. So geht man an einem öden Abend aus Langeweile ins Kino, aber wenn das Licht wieder angeht – wo sind dann all die Schatten?

Alle erwarten Sie ständig etwas von mir, Sie sitzen wie um einen schwarzen Kasten versammelt und warten, dass etwas daraus hervorspringt und sich entfaltet, aber der Kasten ist aus massivem Holz, er birgt weder einen menschlichen Inhalt, noch eine menschliche Leere.

Ich glaube, wir brauchen uns nicht auszusprechen. Sie haben mich immer durchschaut, und ich Sie auch; überhaupt durchschaut jeder Mensch das ganze Weltgebäude, zumindest soweit es ihn selbst betrifft, und wenn die Leute nicht nach zehn Stunden Gespräch irgendwann müde würden, wären alle Geheimnisse Gottes und der Welt längst enthüllt.

Warum sage ich das? Algazel erzählt irgendwo die Geschichte von Jesus, der aus dem Tor einer Stadt kommt und einen Menschen sieht, der in seinen Mantel gehüllt auf dem Boden schläft. Jesus weckt ihn und sagt: ›Warum schläfst du und denkst nicht ans Himmelreich?‹ ›Störe mich nicht‹, sagt darauf der andere, ›ich bin schon lange tot und verloren, für dieses Leben wie fürs Paradies.‹ Und Jesus sagt: ›Dann schlaf weiter, mein Freund.‹«

4. August. Was willst Du von uns, Herr? Weder Liebe noch Glaube sind Dir angenehm, denn wer noch Trost findet, ist fern von Dir. Nur unsere Armut, nur unser Tod sind geeignet, Dich zu empfangen.

Ja, so wird es sein … genau so verschlossen und stumm wird A.B. bis ans Ende aller Tage bleiben, nie wird seine furchtbare Kraft sich dem Leben zuwenden, sie wird niemanden klüger machen, nichts organisieren, niemandem das Leid, die Angst, die Sinnlosigkeit des Todes erklären.

Und wahrscheinlich muss es so sein – wenn man sich ansieht, was er mit uns gemacht hat, die wir gelebt, geliebt, gefürchtet und gehofft haben …

»Selig sind die geistlich Armen.« Gegen Ende des Gesprächs warf ein geheimnisvoller neuer Sinn sein Licht auf diesen dunklen Satz, und davon getroffen, konnte ich auf einmal nicht mehr denken; ich habe mich schlafend gestellt, und bald kamen die Tränen mir zu Hilfe.

Mein Gott, lieber Gott, vereine mich mit dem Dunkelsten und Schlimmsten auf der Welt, zerbrich mich, erniedrige und verlasse mich. Doch in meiner letzten Stunde wehe als leiser Hauch einer überirdischen Sanftheit durch mein Herz, denn was bevorsteht, wird unweigerlich kommen – aber wenn man nur wüsste, was bevorsteht und wer dahintersteckt!

Robert ist so wach, so reinlich und liebenswürdig geworden, allzu liebenswürdig vielleicht; er lacht andauernd und reißt Possen mit A.B. und amüsiert ihn mit seinem lateinischen Teufelszeug, und jeden Nachmittag steigen die beiden in den Keller. Hoffentlich geschieht nicht gerade dort irgendein Unheil.

*

Niemand fragte Thérèse nach Robert, seit er bei uns wohnte; allen war klar, dass das so sein musste. Thérèse pflegte und fütterte ihn. Er war wieder in seine Narrenlethargie verfallen und schien sie nicht mehr zu erkennen, er sang und murmelte mit geschlossenen Augen vor sich hin und rief ab und zu plötzlich ein unverständliches, lautes Wort. Sein Leben war noch chaotischer als unseres. Man konnte ihn zu jeder Tages- und Nachtzeit, an jedem Ort und in jeder erdenklichen Haltung schlafend antreffen: im Garten, auf einem Sims, im Springbrunnen, auf dem großen Esstisch.

Er grüßte niemanden, hörte auf niemanden, beteiligte sich an keinem Gespräch. Trotzdem lag eine schwer fassbare Künstlichkeit in seinen Gesten, und manchmal kam es mir vor, als wäre er völlig normal und würde sich nur verstellen. Bald entdeckte er Averroes' Bücher, in denen er tagelang las, und nachts beobachtete er durch ein schweres, altes Messingteleskop die Sterne oder legte endlose Patiencen.

Er lief im Dunkeln durch die langen, schmalen Flure – vielleicht war er mondsüchtig, oder er liebte das Mondlicht einfach nur. Er machte die Fenster auf oder blieb zum Spaß lange vor irgendeiner Zimmertür stehen und rieb leise mit dem Ärmel über das Holz. Nachdem ich ihn ein paar Mal treppauf, treppab gejagt und auf diese Weise das ganze Haus aufgeweckt hatte, gab er diese Quälerei aber wohl oder übel wieder auf.

Besobrasow schien ihn jedoch zu mögen. Sie legten gemeinsam Tarotkarten und fanden sichtlich Interesse aneinander. Sie ruderten, ohne ein Wort zu sprechen, auf den See hinaus und gingen vom Boot aus baden. Bald schnitt Robert sich die Haare, er machte die Augen wieder auf und zog sich anständig an.

Trotzdem verhielt er sich merkwürdig, fand ich. Er tauchte plötzlich hinter einer Ecke auf und war gleich darauf wieder verschwunden, er stand draußen vor den Fenstern herum und bewegte sich drinnen lautlos in Filzschuhen. Mir war völlig klar, dass er jemanden beobachtete, auf der Lauer lag, etwas herausfinden wollte. Tatsächlich beobachtete er Thérèse, auch wenn er so gut wie nicht mit ihr redete und alles tat, um das zu verbergen. Nur: Was wollte er wissen, und warum hatte sein Wahnsinn auf einmal eine andere Richtung eingeschlagen, sich auf eine einzige Sache konzentriert, sodass er äußerlich so proper wirkte?

Es war Thérèses Umfeld, das ihn interessierte; und sehr bald wusste er genug, um mich, Zeus und Averroes nicht mehr zu verdächtigen. Dennoch hätte er, da Apoll Besobrasow und Thérèse sich nach außen hin ganz gleichgültig verhielten, nie etwas verstanden, wenn er nicht Thérèses vollgekritzeltes Exemplar der *Nachfolge Christi* in die Finger bekommen hätte, und bald darauf auch ihr Tagebuch, denn sie war außerstande, etwas zu verstecken.

Thérèse ihrerseits suchte gar nicht erst nach ihren abhandengekommenen Aufzeichnungen, ihr war alles sofort klar, und sie wurde finster wie die Nacht. Allein Apoll Besobrasow bemerkte nach wie vor nichts.

Die Atmosphäre im Schloss verschlechterte sich zusehends, aber je notwendiger es schien, Robert loszuwerden, desto größer wurde Besobrasows Anhänglichkeit, er wich nicht von seiner Seite – in zwischenmenschlichen Beziehungen war er erstaunlich unsensibel, sie interessierten ihn einfach zu wenig, er maß ihnen keine Bedeutung bei.

Tatsächlich schien es fast, als suchte er absichtlich eine Gelegenheit, seine Schuld zu begleichen und eine Lösung herbeizuführen. Jeden Tag stiegen er und Robert unter die Erde. Sie zogen mehrere hundert Pfeiler und Holzstreben ein, schleppten eigenhändig Hunderte von Steinen und körbeweise Erde heraus, sammelten unzählige Knochen, Särge und Waffen zusammen.

Sie schufteten wie Tagelöhner, und nachdem sie Licht verlegt und die Gewölbe gestützt und gesäubert hatten, kamen sie oft nicht einmal zum Essen nach oben. Abends ergänzten sie auf dem großen Tisch sorgfältig ihren Plan der Keller und Stollen: Manche machten mehr als fünf Biegungen tief unter der Erde. Die beiden scherzten und klopften einander auf den Rücken. Es schien, als seien sie überaus zufrieden miteinander, und Besobrasow war auch wirklich zufrieden, Robert dagegen war zufrieden, dass Besobrasow zufrieden war und ihm völlig vertraute.

Eine schwüle Sommernacht liegt über den verdorrten, staubigen Gärten. Der abnehmende Mond hängt tief am Horizont, er scheint ganz nahe. Robert steht auf dem Turm und befragt das Schicksal. Das schwere alte Teleskop ist wie eine Messingwaffe gegen den Tintenhimmel gerichtet. Alles schweigt, alles hält den Atem an, kein Nachtvogel ist zu hören. Matte gelbe Strahlen steigen vom Horizont auf und beleuchten fast widerwillig den unteren Rand des Mondes. Eine unerträgliche sommerliche Erschöpfung drückt alles nieder.

Schweißüberströmt und splitternackt tanzt der magere, zerzauste Robert auf der steinernen Plattform. Er flüstert vor sich hin, beugt sich vor und späht einige Sekunden durch die trübe Linse, dann hüpft er unter merkwürdigen Gebärden herum und schüttelt sein Zeugungsorgan. Krampfhaft zucken seine Finger, er kreist mit den seitlich ausgestreckten Händen, dann steht er plötzlich still, beugt die Knie, hebt langsam die mageren nackten Arme über den Kopf und streckt sich, bis er auf den Zehen steht; als wollte er etwas erreichen, was über ihm hängt, springt er abrupt in die Luft, und von Neuem beginnt die Hüpferei.

Die Zeit vergeht, der Mond verbirgt sich hinter einem Berg. Robert verharrt lange auf der Spitze, dann tanzt und murmelt er unter entsetzlicher Anstrengung weiter. Mehrmals schon ist er vor Erschöpfung hingefallen, aber nach einiger Zeit immer wieder aufgestanden, um sich weiter zu krümmen und zu winden. Er wird tanzen, bis er stirbt, oder bis Gott ihm sagt, ob er Besobrasow bestrafen darf. Jetzt steht er wieder mit erhobenen Händen reglos da, er sieht aus wie ein nasser, weißer Baum. Er beugt sich zum Teleskop, den Hintern hochgereckt, dann wird er des Spähens müde, dreht sich, ein wenig ernüchtert, ruckartig um, und plötzlich schießt ihm über dem See ein blendend weißer Feuerstreifen entgegen. Einen Moment lang erstarrt er, von dem Meteoriten geblendet, dann stürzt er mit dem Gesicht nach vorn auf den Steinboden.

Eine ganze Weile liegt er zuckend mit Schaum vor dem Mund, und irgendwann wird er still. Im Morgengrauen steht er auf, zitternd vor Schwäche. Er wischt sich das Blut ab und schaut sich um, zieht sich an, steigt vom Turm und schließt sich im Badezimmer ein. Er muss jetzt ruhig und umsichtig sein und all seine Kraft zusammennehmen, denn Gott hat Besobrasow verurteilt und Robert auserwählt, Rache zu üben.

Im Haus wird es Tag. Zeus, der auf einem Strohsack unter den Haselsträuchern liegt, ist schon wach, er lauscht dem Gesang der Vögel und dem Geschrei der Hähne und denkt an die dichten Wälder seiner Heimat. In der Küche regt sich der Koch, er heizt pfeifend den Ofen an, und Thérèse ist schon beim Hupen des ersten Dampfers aufgestanden, um zu beten.

KAPITEL 16

La mélancolie de l'homme serpent.
Jules Laforgue

An diesem Tag schlief Thérèse nach dem Gebet unbemerkt wieder ein, stand erst spät auf und betete noch einmal. In der Nacht hatte sie schlecht geträumt. Im Traum führte ein Engel sie in furchtbarem Regen über einen Bergpfad. Hastig stolperten er und sie voran, immer wieder von Blitzen aufgehalten. Sie stiegen bergauf, bis sie auf eine weite Anhöhe kamen. Der Regen hörte auf, nur das hohe Gras zu ihren Füßen war noch nass. Schließlich lag auch das Gras hinter ihnen, und sie blieben stehen.

Eine furchterregende Stille umgab sie; sie schienen auf etwas zu warten, und Thérèse wusste: Es war der Mondaufgang. Langsam, lautlos leuchteten nacheinander die nahen Bergspitzen auf, und dahinter erschien ein niedriger, unregelmäßig geformter dunkelgelber Mond. Und plötzlich spürte sie ganz deutlich, dass sie sich auf keinen Fall umdrehen durfte, sonst würde sie etwas Verbotenes sehen, etwas Peinlich-Grausiges, und dass das alles ein Traum war, aus dem sie besser sofort aufwachen sollte. Dennoch drehte sie sich langsam um, und anfangs sah sie auf der kahlen, flachen Ebene gar nichts. Doch da …

Direkt vor ihr stand ein nicht sehr hoher Baum, und

trotz der völligen Windstille schien es – oh, Abscheu! –, als beugte ein Orkan ihn zum Mond hinüber, und was noch grausiger war: Er war in ständiger Bewegung, wie ein Mensch, der im Treibsand versinkt und sich krümmt und die Arme reckt und nicht vom Fleck kommt, ein ungeheuerliches Knäuel aus großen und kleinen Schlangen, die sich umeinander wanden. Lautlos bog und schüttelte er sich im trüben Licht, neigte sich und richtete sich wieder auf, und die Anstrengung trieb ihm das Blut auf die Rinde.

»Weh! Weh! So weit ist es gekommen mit dem Baum des Lebens!«, sagte eine Stimme.

Thérèse wurde von heftigem Mitleid und Ekel geschüttelt, der Baum indessen drehte sich plötzlich zu ihr, seine Äste stellten sich auf wie die Haare auf dem Kopf eines Sterbenden; er reckte sich verzweifelt, als wollte er sie mit seinen erbärmlichen Gesten und Zuckungen zu sich rufen, sie locken; er flehte sie an, näher zu kommen, und wieder lief ihm das Blut über die Rinde, es schien zu kochen, denn er verbrannte vor Durst.

Und da fasste sie ihren Entschluss. Sie presste die Hände auf die Brust und machte einen Schritt nach vorn: Sofort schlangen die Äste sich um sie wie tausend glühende Fangarme. Sie verbrannten und erstickten sie, und Thérèse wehrte sich nicht; sie verlor das Bewusstsein.

Mit einem Mal war alles anders, sie empfand ein unaussprechliches, geradezu körperliches Entsetzen, und wieder wurde sie von Mitleid gepackt, sie wollte sterben, sich opfern und den Schmerz teilen. Jetzt hatte sie das Gefühl, sie würde verschluckt und zusammengepresst, sie war umgeben von öligen Wänden, sie wurde rhythmisch eingesaugt und rutschte langsam immer tiefer.

Ihr Weg lag in einem schwachen, gaslaternentrüben Licht und war durch Membranen und Rinnen gegliedert wie ein verzweigtes Kanalsystem. Und plötzlich begriff Thérèse, dass die knittrigen, verwaschenen Fetzen um sie herum, die sie für Stoffschichten gehalten hatte, halbverdaute menschliche Wesen waren.

»Ich bin in Adams Magen«, schoss es ihr durch den Kopf. Zerquetschte, zerknüllte und angefressene, aber unzweifelhaft noch lebendige, sogar angezogene Menschen trieben gleichmäßig dahin und gingen einer in den anderen über, wie auf einer nass gewordenen, Wellen schlagenden Zeichnung oder einer unscharfen Fotografie. Dem einen war das Gesicht auf die Seite gerutscht, der andere hatte ein unnatürlich langgezogenes Bein, das wie eine endlose schwarze Nudel noch um die nächste Wegbiegung reichte. Und dieser ganze vermischte, ununterscheidbare Strom von Gesichtern und Kleidern, von Uniformen und phantastischen Kurzmänteln wälzte sich langsam dahin, in gleichmäßigen Abständen vorwärtsgeschoben von den Kontraktionen der Schleimhautwände. Mit ihm schwamm und schob sich auch Thérèse weiter, die immer wieder das Bewusstsein verlor. Irgendwann wurde ihr leichter, sie verspürte eine grenzenlose Schwäche, fühlte sich ausgelaugt und willenlos. Sie war jetzt nicht mehr von der heißen Masse umgeben, sondern von einer anderen, schwebenden oder gleitenden Substanz, und stürzte mit einem beklommenen Gefühl, wie in einem Bergwerksaufzug, von außen nach innen.

Allmählich sank sie auf den Grund: Eine entsetzliche, außerirdische Kälte umfing sie, etwas absolut Schwarzes, Stummes, Eisiges, das nicht die kleinste Bewegung erlaubte und keinen Laut, keinen Lichtstrahl durchdringen ließ;

sie war erfüllt von schrecklicher, unsagbarer, unirdischer Einsamkeit.

So verging die Zeit – Jahre, so kam es ihr vor, voll Verlassenheit und Verzweiflung; sie lag auf dem Rücken hingestreckt, ohne zu denken, ohne zu warten, ohne zu leben. Es dauerte lange, bis ihr klar wurde, dass ganz in ihrer Nähe auch andere liegen mussten, die wie sie hierher geraten waren und allen Mut, alle Kraft verloren hatten – zerkaut, fortgespült, ausgelaugt, ins Eis gebannt. Zu spät, zu spät! »Späte Reue, vergebliche Klagen.« Zu spät, zu spät. »Herr, sei mir gnädig, verlass mich nicht in meinem Alter, wenn mein Geist schwach wird.« Und plötzlich fiel Thérèse wieder ein, wie der Heilige Thomas immer weinte über diesen Worten: Da drehte sich ihr das Herz in der Brust um und riss entzwei, und o Wunder, die Starre brach auf, Tränen strömten aus ihren Augen.

Lange weinte Thérèse im Schlaf, bis sie irgendwann das Gefühl hatte, ein kleiner Bach zu sein, eine stille, unauffällige Quelle. Irgendwo in ihr, fern und nah, strahlte ein blauer Himmel, vielleicht auch eine Sonne, und jemand, der die ganze Zeit schon unsichtbar neben ihr stand, sagte ruhig und traurig:

»Tränen sind das einzige Wasser des Lebens.«

Da veränderte sich mit einem Mal alles um sie herum, alles wurde ruhiger, legte sich bequemer zurecht, entspannte sich. Und wieder sagte Zeus:

»Bestimmt wacht sie bald auf. Nicht mal die Schuhe hat sie ausgezogen. Die armen Füße!«

Die Sonne schien hell in das großzügige Speisezimmer. Zeus und Averroes schlürften Tee aus ihren Untertassen. Thérèse stand vom Sofa auf.

*

Der Tag war vom Morgen an weiß wie Papier, schwer und beängstigend still. Alles atmete langsamer, langsam fuhr der Dampfer, und das Pferd des Gemüsehändlers schlief ein, sobald es stehenblieb. Das Buch entglitt der Hand. Die Hand sank kläglich und leblos herab. Trotzdem kämpfte Thérèse, die mit zurückgelegtem Kopf und geschlossenen Augen in einem Sessel saß, gegen den Schlaf an und betete. Es war schwer, sich anzuspannen, die Gedanken beisammenzuhalten, die Worte aufzusagen. Oft ertappte sie sich dabei, wie sie an etwas ganz anderes dachte oder sekundenschnell ganze Träume träumte. Selbst Zeus fiel die Arbeit schwer, er grub Beete um und wischte sich verwundert mit dem Handrücken den Schweiß ab. Der immergleiche, traumhaft blaue Himmel über ihm neigte sich einer ungetrübten, spiegelglatten Wasserfläche zu. Das blaue Wasser reflektierte den Himmel, der Himmel das Wasser, und beide sahen sich nicht im Spiegel des anderen, ihr Blick blieb leer. Die hohe Sonne glühte über den steinernen Wellen der Berge – keine Wolke stand am Himmel, keine Welle kräuselte den See. In der dunstigen Ferne verschmolz das obere Blau mit dem unteren, das untere mit dem oberen, und es war, als befänden wir alle uns im Innern einer gewaltigen azurnen Kugel ohne Anfang und Ende.

Gerade an diesem Tag brachen Apoll Besobrasow und Robert, die Sonne und Anstrengung nicht scheuten, zu einer seit langem geplanten Expedition auf: Sie wollten zu einigen gletschergeformten Höhlen, die zwanzig Kilometer von der Stadt entfernt lagen, fünfzig Kilometer durch die Berge. Beide trugen schwere Wanderschuhe, Rucksäcke und kurze Hosen. Sie waren lange vor Tagesanbruch aufgestanden, hatten sich gewaschen und Milch mit Honig getrunken, und als ihre Schritte auf dem Kiesweg im Garten knirschten, sangen noch die Nachtigallen. Am Gartentor begegneten sie Thérèse, die wie eine Ophelia durchs Halbdunkel irrte – sie war mitten in der Nacht aufgewacht und hatte nicht mehr einschlafen können.

Ein Stück des Wegs begleitete sie die beiden; angeblich wollte sie einen Brief zur Post bringen, in Wahrheit aber versuchte sie, einer seltsamen Qual zu entkommen. Sie gab sich alle Mühe, die Wanderer aufzuhalten, lud sie ins Bahnhofscafé zu Kaffee mit Schlagsahne ein, doch bald darauf ging sie unter einem hellblauen Himmel über die schon rosa schimmernde Straße zurück, während Apoll Besobrasow und Robert, deren Nagelstiefel in der Morgenstille knarrten, sich bergauf wandten.

Erst gingen sie zwischen Sommerhäusern und Hotels, wo noch die Böden gefegt und das Messing poliert wurden, dann, mit den ersten Strahlen der aufgehenden Sonne, begannen die Weinberge, zwischen denen sie bis zur Mittagshitze weiterwanderten.

Manchmal hingen die Äste eines Feigenbaums auf den Weg herab, eine Glyzinie ließ Blütenblätter rieseln, oder ein schmales Bächlein rann durch eine Rohrleitung. Menschen begegneten ihnen kaum.

Bis zur Stadt verlief die Straße in Serpentinen; fast am Ende der Steigung standen noch einige Sanatorien, und auf einer Wiese dahinter machten sie zwischen zerbrochenen Tellern zum ersten Mal Rast. Jetzt lag der ganze See vor ihnen; er wirkte kleiner und graublau wie eine Abbildung auf einer Karte, und über seine Oberfläche krochen mehrere punktgroße Dampfer, die eine mal hellere, mal dunklere Spur hinter sich herzogen – sie blieb noch lange sichtbar, auch wenn der Dampfer längst verschwunden war. Auf der Kegelbahn, oberhalb deren sie saßen, krachten dumpf die Kugeln, und im Speisesaal eines Hotels dröhnte ein langer Gongschlag.

Von hier an wurde der Weg wilder, er führte durch eine Senke und wieder bergauf. Sie gingen erst auf der Straße, dann querfeldein durchs Gebüsch, dann durch ein zähes, mit Felsen durchsetztes Waldstück. Den Felsen mussten sie ausweichen oder darüberklettern; unermüdlich sprangen sie von Stein zu Stein, nass vor Schweiß, prahlend mit ihrer Furchtlosigkeit. Nach und nach wurden die Berge höher und die Landschaft grandioser: Was von unten wie ein Gipfel ausgesehen hatte, war in Wirklichkeit nur der Fuß des nächsten Plateaus, und um die Mitte des Tages hatten sie sich so weit von der Stadt entfernt, dass man den See zwischen den Bergen gar nicht mehr sehen konnte. Jetzt gingen sie durch ein trockenes Flussbett und ließen Steine hinter sich bergab rollen. Besonders befriedigend war das, wenn der Anstieg steil und der Stein etwas größer war: Dann hüpfte er lange, riss Schotter mit und knickte Büsche um.

Robert ging langsamer auf dem kahlen Hang, beklagte sich aber nicht, und es war schwer zu sagen, ob er einfach sehr stark war oder die Müdigkeit hinter seiner finster-ironischen Überspanntheit nur nicht bemerken wollte.

Am Gipfel sahen sie zwischen zwei Bergen wieder den See hervorblitzen, er wirkte fast weiß in der Sonne, und die Dörfer am Ufer waren nicht zu erkennen, so weit waren sie inzwischen auch von dem letzten Bahnhof entfernt, wo Robert, witzelnd und hüftwackelnd, eine Postkarte an Thérèse geschrieben und abgeschickt hatte. Wieder machten sie Rast und sprachen träge über die Hitze und die besonderen Träume, die mit ihr einhergingen.

»Träumen Sie überhaupt manchmal?«, fragte Robert Besobrasow.

»Ja, und zwar sehr schlecht, nur ist mir im Traum immer bewusst, dass ich schlafe, und wenn ich will, wache ich auf. Gestern zum Beispiel hatte ich so einen Traum. Ich sitze in einem Zimmer, der Raum ist leer, und doch ist irgendetwas ganz Ungutes darin, ich weiß, dass gleich etwas passieren wird, und es gibt kein Entrinnen. Da stecke ich die Hand in die Jackentasche, ich spüre etwas Kaltes und ziehe einen kleinen Metallrahmen mit einer Landschaft hervor, auf der genau solche Berge wie diese hier zu sehen sind – und entweder bin ich auf einmal geschrumpft, oder die Landschaft ist größer geworden, jedenfalls nutze ich das schöne Wetter und verschwinde in dem Bild.«

»Wollen Sie damit sagen, dass Sie nie in die Falle gehen?«

»Ja, wenn ich ein Verbrecher wäre, würde ich wahrscheinlich nie gefasst.«

Robert grinste und warf einen verstohlenen Blick auf Besobrasow, der sich mit geschlossenen Augen der Empfindung der Sonnenhitze auf seinem Gesicht hingab. Er wollte eine böse Bemerkung machen, hielt sich aber zurück. Genau in diesem Moment setzte jene seltsame Dynamik ein, an die Besobrasow später oft zurückdachte, die ihm zum Zeitpunkt des Geschehens aber noch gar nicht auffiel; er glaubte, Robert steige nur aus sportlichem Ehrgeiz so schnell immer höher bergauf. Inzwischen ging er voraus, und Besobrasow folgte in großem Abstand, sodass sie sich öfters aus den Augen verloren, und dann warf Robert sich, hinter einem Felsen versteckt, auf die Knie und verneigte sich bis zur Erde, wobei er sich in einem fort bekreuzigte und hektisch um sich blickte; danach sprang er wieder auf und spähte hinter dem Felsen hervor, wobei er einmal fast mit Besobrasow zusammengestoßen wäre, der neugierig geworden war und rasch aufgeholt hatte, dann aber ungerührt an ihm vorbeiging, ohne sich etwas anmerken zu lassen.

Endlich erreichten sie einen breiten Höhenzug, der am Horizont in einen abweisenden, schneebedeckten Kamm mündete, und machten auf einem Hochplateau halt, umgeben von Grillenzirpen und dem Duft von Gras, Wacholder und Schafgarbe. Sie waren fast am Ziel, oder genauer, ihr Ziel lag jetzt unterhalb von ihnen, denn das Plateau brach plötzlich ab, und darunter lagen in der Wand eines riesigen Felsamphitheaters jene vom Gletscherwasser gegrabenen urzeitlichen Behausungen, derentwegen sie hier waren – der Anfang eines tief in den Berg hineinreichenden Systems von Höhlen und Gängen. Der Abstieg dorthin war allerdings zehnmal schwerer als der bisherige Weg. Er war nur mit einem dicken Seil zu bewältigen, mit dem sie sich gegenseitig sicherten.

Einer ließ sich hinunter, während der andere sich gegen einen Felsblock stemmte und das Seil hielt; anschließend musste der zweite das Seil um den Felsblock legen und doppelt nehmen, um sich daran, gegen die fast senkrecht abfallende Wand gestützt, nach unten zu hangeln. Auf dem nächsten Felsvorsprung ruhten beide kurz aus, dann ging es weiter abwärts.

Der erste Schritt in die Steilwand fiel nicht schwer, oder besser gesagt: Es war leicht, sich lachend und in gespielter Verwegenheit dazu zu entschließen, obwohl sich innerlich alles sträubte und einem furchtbar beklommen ums Herz wurde. Aber als ihnen, so zwischen Himmel und Erde hängend, klar wurde, dass sie nun entweder bis ganz nach unten mussten, oder aber gezwungen waren, über denselben Steilhang wieder nach oben zu klettern, verspürten sie einen solchen ziehenden Schmerz in Bauch und Leistengegend, dass sie viel darum gegeben hätten, wenn das alles nur ein Traum gewesen wäre, und die falsche Kühnheit verfluchten, die sie in diese Lage gebracht hatte.

In der Tiefe, vierhundert Meter unter ihnen, wuchs ein hundertjähriger Wald, durch dessen Mitte sich der dünne Faden eines Bergbachs zog – ein von keiner menschlichen List gezähmtes, unaufhörlich tosendes Wasserfeuerwerk, ganz Gischt und kristalliner Staub.

Nach einem Abstieg über hier und da in die Wand geschlagene Eisenhaken trat Besobrasow irgendwann als erster auf eine blühende, wie von einem kunstreichen Architekten entworfene Terrasse. Auf diesem Felsvorsprung, vom Gipfel wie vom Fuß des Berges durch schwindelerregende Steilwände getrennt, lagen in einer Reihe die Eingänge zu den prähistorischen Höhlen, in denen es jetzt allerdings ganz dunkel war, denn schon tauchte die untergehende Sonne die gegenüberliegende Wand der Schlucht in strahlendes gelbes Licht und umriss scharf jeden einzelnen Stein, jeden Baum. Jetzt kam es darauf an, sich auf die alte Pfadfinderroutine zu besinnen – Feuer machen, Kartoffeln backen, ausruhen –, und diese Notwendigkeit ließ alle Ängste sofort verfliegen.

An diesem Abend waren sie beide zu erschöpft, um sich weiter umzusehen; zudem wurde es rasch dunkel. Der Steilhang gegenüber färbte sich orange, dann lehmrot und schließlich violett. Das Feuer brannte heller, und darüber leuchteten in der Finsternis die von Höfen umgebenen Sterne des Sommers. Die Flammen loderten hoch, der Rauch stieg in gerader Säule auf, wie über Abel, und der müde Besobrasow lag noch lange wach, denn es dauerte, bis die Anspannung nachließ; dennoch schlief er irgendwann ein, die Glieder weit von sich gestreckt, und Robert, der sich nur schlafend gestellt hatte, stand wieder auf, umrundete das Feuer, beugte sich herab und starrte den Schlafenden an.

Trotz der Erschöpfung des Vortags wurde Besobrasow früh wach. Die Sonne war eben aufgegangen, und der Grund der Schlucht lag noch im Nebel. Vögel sangen überall, überall rauschte Wasser, und so kühl der Morgen auch war, verhieß alles einen extrem heißen Tag. Robert schlief noch, das Gesicht in irgendetwas vergraben, während Besobrasow schon das Felsplateau abschritt und eine der Höhlen inspizierte, wo sich ihm ein märchenhafter Anblick bot. Durch einen Spalt fiel wie durch ein Kirchenfenster Licht herein, und das mit Stalaktiten übersäte Alabastergewölbe lag in jenem blassgrünen Schimmer, den Kellerräume an einem Sommertag oft haben. Um die ganze Höhle zu besichtigen, hätten sie Strickleitern, Fackeln und Lampen gebraucht, aber auch so verbrachten sie mehr als den halben Tag unter der Erde, und es war schon nach Mittag, als sie ihren restlichen Proviant verspeist hatten und sich auf den Rückweg machten. Je näher der Aufbruch rückte, desto nervöser wurde Robert, er konnte buchstäblich nicht mehr stillhalten, zappelte herum, witzelte und sang, und ein aufmerksamerer Mensch als Apoll Besobrasow hätte längst bemerkt, dass etwas nicht stimmte; er aber war wie gelähmt von einer unerklärlichen Geistesabwesenheit und Lethargie. Mehrmals versuchte er sich zu konzentrieren und dahinterzukommen, was Robert von ihm wollte, aber es ging einfach nicht. Als sie ihr spärliches Gepäck endlich widerwillig eingesammelt hatten und sich anseilten, stand die Sonne schon weit im Westen.

Der Abstieg begann – diesmal schien er kein Ende nehmen zu wollen, die hundertjährigen Kiefern waren so weit entfernt, sie sahen von oben wie kleine Sträucher aus –, und schließlich geschah, was so lange schon im Raum stand: Die Geduld des Verrückten ging zu Ende. Besobrasow versuchte sich später vergeblich zu erinnern, ob das Seil sich zufällig gelöst hatte oder ob er selbst aus einer bösen Vorahnung heraus den Knoten gelockert hatte. Sie hatten sich eben die ersten dreißig Meter abgeseilt und verschnauften auf einer kleinen Felsnase, wo an Gegenwehr nicht zu denken war, da fragte der Irre ihn mit zuckersüßem Lächeln, ob er nicht müde sei vom Abstieg.

»Nein«, sagte Besobrasow, »nur meine Hände sind aufgeschürft.«

»Die werden Sie ohnehin nicht mehr brauchen«, erklärte Robert.

»Warum nicht?«

»Weil ein Teufel doch wohl Flügel hat, nehme ich an. Übrigens, wollen Sie nicht Beichte ablegen vor der Reise?«

Apoll Besobrasow begriff und schwieg.

»Na?«, sagte Robert.

»Ach was, wozu sich erinnern? Was war, ist vorbei, man hat irgendwie gelebt, all das spielt keine Rolle«, gab Besobrasow endlich zurück. »Sie sollten lieber selbst beichten, schließlich schlägt hier auch Ihre letzte Stunde.«

»Ich?« Robert zeigte mit dem Finger auf sich selbst. »Ich bin schon seit drei Jahren tot, ich lebe in der Hölle.«

Und plötzlich packte er in rasender Wut das Seil und zog es zu sich, aber Besobrasow, in dem trotz seiner fortdauernden Geistesabwesenheit irgendetwas wach geblieben war, das nun so sicher wie gnadenlos reagierte, hielt es blitzschnell fest und stemmte sich in die Gegenrichtung; als aber der Irre in seinem Anfall mit unmenschlicher Kraft daran zerrte, erkannte dasselbe »etwas« in Besobrasow, dass es unterliegen würde, und befahl ihm unvermittelt loszulassen: Das Seil schnellte aus seinem Gürtel und verbrannte ihm die Hände, Robert aber stürzte, die Arme weit ausgebreitet, mit einem wilden Heulen in den Abgrund.

Besobrasow beugte sich vor, er konnte noch sehen, wie sein Gegner, mit den Armen rudernd wie ein hilfloser, ungefiederter Vogel, auf einem Felsvorsprung aufkam, keinen Halt fand und weiterfiel, sich um seine Achse drehte und schließlich in der Tiefe verschwand. Lange schaute er noch so nach unten, ohne einen Gedanken und ohne Angst, in starrer Verwunderung. Schließlich setzte er sich auf den Stein, zog einen Kamm hervor und fuhr sich mechanisch, ohne zu wissen, was er eigentlich tat, durch die Haare, und am Ende legte er sich hin und blieb still und tränenlos liegen.

»Hast du also einen Menschen umgebracht, Besobrasow. Der Mensch ist nichts, er ist nur eine Nummer, also hast du nicht gezögert. Der Mensch ist nichts, also hast du ihn vernichtet, bist du nun zufrieden? Und warum bist du selbst nicht mitgegangen? Du willst also doch noch sein, bei all deinem Hass auf das Sein. Jedes Scheitern ist Schuld. Es ist deine Schuld, dass du einen absurden Tod im Schoß der Natur sterben wirst, ehe die Natur in dir gestorben ist. Du wolltest immer ein Sieger sein, hier ist es dir gelungen: Du bist nicht gestrauchelt, hast nicht nachgegeben, du hast diesen Menschen besiegt. Und jetzt wirst du über ihm brüten wie ein böser Vogel, der nur töten, aber nichts erschaffen und nicht einmal fliegen kann. Natürlich, du hast dich nur verteidigt, aber das warst nicht du, das war ein ›etwas‹ in dir, ein ›es‹, das sich verteidigt hat. ›Es‹ wollte leben und hat sich seiner bedient, aber jetzt, da es ihn besitzt, kann ›es‹ nicht mehr leben. Und nun steig herab von deinem Kreuz. Um das zu tun, muss man sich erst dazu zwingen, sich zu Hause zu fühlen an diesem Kreuz, man muss daran einschlafen, sich an die Haltung gewöhnen, an dieses bohrende, ziehende Gefühl in der Magengrube. Der Hunger ist nicht so wichtig fürs Erste, den kennst du schon lange. Der Durst ist schlimmer, heißt es, aber ich werde versuchen, mir den Arm aufzubeißen und das eigene Blut auszusaugen; ich könnte auch onanieren, um mich zu schwächen und schneller einzuschlafen, aber ich will lieber denken, solange ich denken kann, wenigstens das kann einem keiner nehmen.

Bin ich wütend auf ihn? Es geht doch ums Schicksal, nicht um den Menschen. Ich habe wirklich Hunger, aber nicht so sehr, dass ich nicht mehr denken könnte. Ich muss mich zusammennehmen …

Es ist schon lange dunkel und immer noch so heiß, und das Liegen schmerzt; wenn ich mich beherrsche, spüre ich nichts davon, aber kaum lasse ich mich gehen, tut alles weh. Etwas sticht, ist das etwa ein Floh, wieso beißen die bloß immer im Schritt? Was wohl mit ihm dort unten ist – gar nichts mehr wahrscheinlich – es ist nicht gut, so plötzlich zu sterben, auf einen Schlag alles zu vergessen. Aber warum nicht? Eigentlich ist es doch weder gut noch schlecht. Sind die Erinnerungen überhaupt meine, oder sind es die eines anderen? Habe ich davon gelesen? geträumt? Verstehe ich vielleicht etwas falsch? Wenn man aufwacht und sich an nichts mehr erinnert, nicht einmal an den eigenen Namen, ist man dann tot? Wahrscheinlich werde ich mich in die Schlucht stürzen müssen, mir ist so heiß und der Hunger nagt an mir – wozu leiden, lieber ein schnelles Ende – und trotzdem, der Selbstmord ist mir so zuwider wie ein Tripper.

Wie spät ist es eigentlich, ich habe keine Uhr – der Glückliche kennt keine Stunde, habe ich immer gesagt. Ich muss mich zusammennehmen, mich zusammennehmen. Onanie … das Glied wird groß und heiß … wieso habe ich kein Verhältnis mit ihr angefangen? Sie hätte mich nicht abgewiesen. Hätte ich sie überreden müssen? Nicht einmal das. Aber irgendwie tat sie mir leid. Warum tun einem die Frauen immer leid? Post coitum omne animal triste. Sie ist zu rührend. Zärtlich wäre es gewesen mit ihr, eine weichliche Angelegenheit mit feuchter Haut und verschwitzten Händen, brrr … Erotomanen verachte ich. Was wäre mir lieber: wenn ich alle Frauen haben oder alle Rekorde brechen könnte? Natürlich die Rekorde. Wozu überhaupt alle haben, oder gerade diese eine, man hat es doch immer nur mit einer bestimmten Schenkelform zu tun, mit einem bestimmten Typ Haut oder Haar. Einem bestimmten Typ Seele. Erkenntnis durch Sexualität – in diese stinkende Trambahn setze ich mich nicht. Nein, sie erregt mich nicht, sie ist nicht lasterhaft genug, sie fühlt sich schuldig, wenn sie einem gefällt. Sie benutzen und dann vom Hof jagen, wie der Sohn Davids. Wie klar alles wird im Moment des Endes! Wo sind meine Beine, wo deine, und diese Nässe dort unter den Haaren – wieso sind dort überhaupt Haare? Bacon nahm an, sie ersetzen Lichtstrahlen. Gott hätte demnach Lichtstrahlen am Kopf und zwischen den Beinen. Und Zeus, warum hat er kein Verhältnis mit ihr? Für ihn ist sie ein kleines Mädchen, eine Tochter. Aber sie hätte es gut bei ihm. Ein Riesenscheit … Na, sie würde schon nachgeben. Das ist wie ein Verhältnis mit dem eigenen Vater: für sie denkbar, für ihn nicht. Mit Wassenka dagegen wäre es wie mit dem eigenen Sohn: denkbar für ihn, aber nicht für sie. Oder nur aus Barmherzigkeit, aber damit wäre er unglücklich. Sie würde doch keinen abweisen, wenn man sie sehr bittet – und dabei hat sie selbst wahrscheinlich überhaupt nie Lust. Seltsames Wesen. Ich kann nicht einschlafen, ich bin so durstig, vielleicht sollte ich meinen Urin trinken – aber wie soll ich ihn auffangen? Ich fürchte, bald werde ich nicht mehr denken können, dann muss ich alles abschalten, ich muss mich konzentrieren und ganz gefühllos werden. Traurig, dass das Ende so schnell kommt, traurig vor allem für die anderen. Sie hatten immer das Gefühl, jeden Moment müsste ›es losgehen‹, und nur ich hatte keinerlei Gefühl; ich bleibe ja immer für mich, wie ein Sommertag, an dem Staub und Sonne sich auf die Guten wie die Bösen legen. Ich wollte mein Licht verstrahlen und aufhören zu sein. In die Sonne stürzen.

Natürlich werden sie werden mich nicht finden, aber sie werden suchen und nach mir rufen und vielleicht auch weinen, wie sie immer gesucht und gerufen und geweint haben; ohnehin habe ich sie längst verloren, wir haben uns ja kaum mehr gesehen in letzter Zeit, es lag zu viel Bitterkeit in der Luft. Wofür verurteilen sie mich? Und doch sind sie die einzigen, die mich geliebt haben trotz allem, aber dies ist das Ende, ich muss mich zwingen, sie zu vergessen und den Hunger stoisch zu ertragen. Still liegen. Vergessen. Heraustreten aus dem Sein. Auch Thérèse wird mich vergessen, gegen den Schlaf kann man nichts ausrichten, am Ende unterliegt immer die Erinnerung. Sie wird vergessen und Trost finden, das habe ich doch immer gewollt, dass mich alle vergessen und in Ruhe lassen. Et voilà. Warum ist dir dann jetzt so elend, Besobrasow, vielleicht weil es nicht auf deinen Wunsch passiert ist? Aber hattest du nicht immer eine Vorliebe für das Unausweichliche, und wusstest du nicht, dass es so kommen würde, hast du Robert nicht absichtlich gereizt?

Heißt das, der Tod ist schrecklicher, als ich dachte? Was habe ich denn mein Leben lang gelernt, worauf habe ich mich vorbereitet, wenn nicht auf den Tod? Und jetzt bin ich schwach und hilflos wie Wassenka, gleich werde ich schreien wie bei einer Operation ohne Chloroform. Wie gern würde ich Tichon noch einmal sehen, wenn er heroisch schnaufend eine Palme samt Kübel schleppt – ob er sie wohl schon alle umgesetzt hat? –, und sogar Wassenka mit seinen ewigen ›ewigen Fragen‹. Immer denkt man, das sind noch nicht die richtigen Leute um einen herum, mit denen ernsthaft zu reden sich lohnen würde, immer wartet man auf etwas, aber das Leben geht vorbei, und am Ende waren es genau diese Leute, die das Schicksal dir als Zeugen ausgewählt hat, die dein ganzes Leben im Kopf und im Herzen haben, und du wirst sie nie mehr sehen, niemals – wo ist auf einmal der Reiz dieses Worts, das ich immer so mochte? Jetzt, wo das ›Niemals‹ angefangen hat, sieht alles ganz anders und viel schmerzhafter aus.

Irgendwie schäme ich mich, zu sterben. Ich habe ja nichts geschafft, nichts geschrieben. Immer dachte ich, ich hätte noch Zeit und mir stünde sowieso alles ›auf der Stirn geschrieben‹, ich bräuchte mich nur mit diesem speziellen Gesichtsausdruck an einem Sonntag unter die Spaziergänger zu mischen, und schon würde allen klar, worum ›es‹ geht. ›Es‹ ist hier, dachte ich, genau hier auf dem sonntäglichen Boulevard, zwischen all den erregten Augen und lustigen Beinen und erhitzten Gliedern, und natürlich merkt jeder, wenn ›es‹ im Raum ist. Damals fand ich das Leben noch unerträglich, und ›es‹ war mein einziger Trost. Ob in der Literatur oder im Leben, ›es‹ ist stärker als beides, es ist wie die Sonne, ruhig und unmenschlich. Ich habe es immer verehrt – den blinden, allgegenwärtigen Schutzherrn von Antoninus und Julian –, aber jetzt hat ›es‹ mich verlassen, und mir ist bang und elend und kalt. Ich sehne mich nach etwas Vertrautem, Häuslichem, Gutmütigem, und sei es nur ein nackter, warmer Fuß – wie sehr habe ich darüber immer gespottet. Wie leid du dir tust, Besobrasow, und du wolltest doch lächelnd sterben. Dem Tod ganz beiläufig die Tür öffnen. Wie öde und kalt ist das Sterben …«

Gleich wird er sich vergessen, wird einschlafen, und vielleicht wird er dank einer ungeschickten Drehung im Schlaf für alles bezahlen – doch das unablässige Tosen des Wasserfalls in der undurchdringlichen Finsternis bedrückt ihn, er kommt nicht zur Ruhe, der Schweiß bricht ihm aus, bald phantasiert er, bald wacht er wieder auf, sein Herz ballt sich vor Angst wie eine Faust, seine ganze Seele ist ein stummes Flehen um was auch immer, um ein Wort, eine einzige menschliche Berührung. Doch ihm antwortet nur die tosende Natur, und da wird das tränenlose Weinen des Unmenschen noch bitterer.

Und plötzlich hört er scheinbar aus dem Nichts etwas wie Kirchengesang. Der Klang schwillt an, er kommt näher und näher. Leise und wundervoll ruhig singt ein unsichtbarer Chor:

Selig sind, die da geistlich arm sind,
denn ihrer ist das Himmelreich.
Selig sind, die da Leid tragen,
denn sie sollen getröstet werden.
Selig sind die Barmherzigen,
denn sie werden Barmherzigkeit erlangen.

Die Melodie steigt mit jedem Vers höher, und schon scheint es, als würde sein Herz gleich aufgehen, als würde er ein anderer, neuer Mensch. Zum ersten Mal seit vielen Jahren weint Apoll Besobrasow. Weinend drückt er das Gesicht gegen den Felsen, und mit einem Mal ist ihm, als hätte er sein Leben lang nur Fehler gemacht, gelogen, alles verdorben, als wären all sein Glück und seine Freiheit nur tiefster Kummer und Abhängigkeit und Einsamkeit – doch dann wieder lehnt sich etwas in ihm auf: So ist er geboren, denkt er, und das alles ist nicht seine Schuld. Außerstande, die Schuld der Welt auf sich zu nehmen, sinkt er schließlich in einen schweren Schlaf, und eine Stimme sagt: »Noch ist die Zeit nicht reif.«

KAPITEL 17

Bald hast du alle vergessen, und bald bist auch du von allen vergessen.
Marcus Aurelius

An diesem Tag kamen wir alle schon früh am Mittagstisch zusammen. Averroes las ein Buch und rollte mit einer Hand eine Brotkugel. Zeus, der sich nach seiner schweren Arbeit gewaschen hatte, fuhr sich genüsslich mit dem Kamm durch die Löwenmähne. Und ich, erschöpft von der schwülen Hitze, hatte die Tischdecke zurückgeschlagen und legte eine Patience mit zwei Blatt; ich schnitt nervöse Grimassen und befingerte die aufgeblätterten Kanten der kleinen alten Spielkarten, die sich kaum mehr mischen ließen. Thérèse werkelte in der Küche. Ab und zu tauchte von dort der fröhlich-geschäftige Koch auf; er holte irgendetwas aus dem Büffet, zwinkerte mir zu und verschwand wieder.

Die Uhr schlug überaus wohlklingende vier Viertelstunden, dann eine Oktave tiefer: drei Uhr. Ich weiß noch, Averroes unterbrach seine Lektüre, sah in die Runde, legte einen Finger zwischen die Seiten seines Buches und schnippte die fertig gerollte Brotkugel weit über den Tisch. Wieder erstarrte alles, dann hob er plötzlich wie ein Vogel den Kopf, als lauschte er und dächte über etwas Gesagtes nach, aber das war nur eine automatische Bewegung, eine Gewohnheit ohne Bedeutung. Kurz darauf kam Thérèse in ihrer Schürze herein, ließ einen Stapel Zeitungen auf den Tisch fallen und sagte in traurig-drolligem Ton:

»Zeitunglesen erst nach dem Essen!«

Und plötzlich tänzelte der rundliche, bärtige Koch ins Zimmer und überreichte – offenkundig schwankend zwischen seiner Furcht vor Averroes und dem Wunsch, seine scherzhafte Beziehung zu Zeus zu pflegen – dem letzteren mit übertrieben tiefer Verbeugung eine Postkarte. Der Hüne kniff die Augen zusammen und hielt die Karte weit von sich weg, während er sich weiter kämmte, aber dann stockte die Hand mit dem Kamm mitten in der Bewegung, er runzelte die Stirn und starrte die Karte an. Etwas Ungutes blitzte auf wie ein elektrischer Funke und veränderte augenblicklich die Atmosphäre im Raum.

»Was gibt es?«, fragte Thérèse, ohne aufzublicken.

»Ach, nichts! Irgendein Blödsinn«, sagte Zeus, der sich schlecht verstellen konnte, und statt die Karte abfällig auf den Tisch zu werfen, schob er sie unter seinen Teller und schirmte sie missmutig mit der unüberwindlichen Mauer seiner Hand ab. Von diesem Moment an dachte keiner mehr an etwas anderes. Es nützte nichts, dass Averroes wieder sein Buch aufschlug, jeder wusste, dass ihm die Lust am Lesen vergangen war.

Thérèse, nunmehr stumm, stellte weiter leise klappernd die Teller auf den Tisch. Sie nahm mit leichtem Griff die Kelle und verteilte sogar Suppe, hielt aber den Blick so hartnäckig gesenkt, dass allen klar war, dass sie es nicht mehr lange aushalten würde. Schließlich legte sie die Kelle weg, streckte die Hand über den Tisch und zupfte Zeus mitleidheischend am Ärmel:

»Bitte, Tischka! Geben Sie mir schon die Karte!« Dabei zog sie so jämmerlich die Brauen hoch, dass ein Nein Tichons kaum mehr denkbar schien, und wirklich: Er schaute noch finsterer drein, zog mit einem Ruck die Karte unterm Teller hervor und schob sie Thérèse hin. Sobald sie sie in der Hand hatte, breitete sich vollkommenes Schweigen aus, und das Gefühl von etwas Ungutem, Endgültigen in der Luft wurde noch stärker. Auf der mit großer, eckiger Handschrift beschriebenen Karte stand nur ein Wort: »Enfin«.

Thérèse begann sich verzweifelt hin und her zu wiegen: »Ach, warum habt ihr sie bloß zusammen gehen lassen!«, platzte sie schließlich heraus, und sofort redeten wir alle in unnatürlichem Ton auf sie ein, um ihre Ängste zu zerstreuen. Allmählich schien sie sich zu beruhigen, aber das Gespräch war in der Nachmittagshitze endgültig versiegt, und Averroes, der nicht recht begriff, was vorging, überredete uns deshalb, ein Amateurkonzert der örtlichen philharmonischen Gesellschaft der Post- und Bahnbeamten im Kurpark zu besuchen.

Immer noch fast wortlos durchquerten wir die Küche und traten unter den verständnislosen Blicken des dicken Kochs vors Haus, auf der Stelle geblendet vom Sonnenfeuer, das sich schwer auf Gesicht und Schultern legte. Der Weg war ziemlich weit, aber das war uns allen lieber, als uns zu Hause zu ängstigen.

Nach einiger Zeit tauchten hinter staubigen Baumkronen die mit Holzgirlanden, Fahnenmasten und Fensterattrappen verzierten maurischen Dächer des Casinos auf. Vor dem Eingang zum Park priesen Eisverkäufer, Postkartenhändler und Eselsführer laut ihre simplen Attraktionen an, hinter dem Tor saßen hitzegeschwächte

Sommerfrischler schlaff auf Gartensesseln im Schatten von Eukalyptusbäumen. Die Einheimischen, denen die Hitze nichts ausmachte, spazierten gemessen über den knirschenden Kies, manche sogar in hohen gestärkten Kragen, was vollends übermenschlich schien, und ihre Frauen schwebten in komplizierten, federgeschmückten Hüten langsam vor dem blassblauen Hintergrund des See vorüber.

Das Konzert hatte noch nicht begonnen, die Blasmusiker in der plumpen Bühnenmuschel unterhielten sich freundschaftlich mit dem Publikum in den vorderen Reihen; man hörte das schöne, einförmige Rauschen des Wasserschlauchs, der die spärlichen Beete sprengte und einen fliegenden Regenbogen in der Luft aufspannte, und der vom Wind herübergetragene Wasserstaub legte Kühle und Frische auf die erhitzten Gesichter.

Ein junger, schmalbrüstiger Conférencier kündigte den durcheinanderschwärmenden Zuhörern schließlich zum wiederholten Mal den Beginn der Aufführung an. Die Verspäteten nahmen unter lautem Getuschel ihre Plätze ein, und die Musiker hoben in plötzlichem Ernst ihre billigen Instrumente und schickten sich an zu spielen.

Das Konzert begann mit dem *Rosenwalzer* und Wagner, und während der dissonante Orchesterklang immer stärker anschwoll, sank die Sonne, die längst über unsere Köpfe hinweggezogen war, langsam tiefer; die schmucken weißen Kuppeln des Kurhauses erstrahlten im heißen, rosigen Abendlicht.

In der Pause rasten entfesselte Kellner umher; Dandys in Strohhüten schlenderten durch die Reihen und zogen mit ihrem unnatürlich hohen, nicht endenwollenden Gelächter den Unmut der Musikliebhaber auf sich.

Als das Orchester nach einer emsig geblasenen Einleitung zu einem Ländler von Schumann überging, geschah etwas Seltsames mit Thérèse. Schon während des ersten Teils des Konzerts hatte sie immer wieder ins Licht geblinzelt, hatte die Augen geschlossen und dann wieder weit aufgerissen, als wäre ihr plötzlich ein Gedanke durch den Kopf geschossen, und sich dabei unentwegt übers Haar gestrichen. Sie trug so selten einmal etwas Neues, dass ihr weißes Kleid mit den zarten Raffungen an den Schultern und den Puffärmeln mir an diesem Tag sehr festlich vorkam; mit ihrer kaum gebräunten, eher gelblichen Haut sah sie wunderschön darin aus. In den Pausen stand sie etwas abseits und schaute sich mit ihren hellen Augen, die an einem sonnigen Tag oft ganz blicklos schienen, gelangweilt um. Doch kaum hatte die Musik wieder eingesetzt und die Zuhörer voneinander isoliert, wurde sie wieder von derselben Unruhe gepackt, und plötzlich schien ihr etwas vor Augen zu stehen; sie fuchtelte, auf der äußersten Stuhlkante sitzend, seltsam hilflos mit den Händen, als wollte sie eine Fliege fangen; dann erhob sie sich zwischen all den roten Nacken und Papierfächern, stieß einen wilden, obszönen Schrei aus, drängte sich in den Mittelgang und stürzte direkt vor dem Orchester mit erhobenen Armen auf den Kiesweg.

Sofort waren alle Zuhörer auf den Beinen, und das Orchester, das gerade erst richtig zusammengefunden hatte, hörte auf zu spielen. Irgendeine Dame beugte sich hektisch jammernd über sie, doch Thérèse kam nicht zu sich; als ich half, sie zu der eilig gerufenen Droschke zu tragen, merkte ich, dass ihre Arme stocksteif und die Finger krampfhaft gekrümmt waren, der ganze gebogene, gespannte Körper war hart wie eine Schaufensterpuppe. Umringt von schreienden kleinen Jungen, inmitten der beschämenden Atmosphäre eines Skandals *à la russe*, fuhren wir los; den Rest des Abends und der Nacht saßen wir angezogen vor Thérèses Zimmertür. Sie war noch immer bewusstlos, aber die epileptische Starre hatte ihren Körper verlassen, und sie schien jetzt einfach zu schlafen, doch plötzlich hörten wir ihre schmerzlich vertraute Stimme, ein verzweifelter Schrei drang aus dem geschlossenen Zimmer – »Zeus! Zeus! Wassja!« –, begleitet von Gepolter und klirrendem Glas, und noch ehe wir reagieren konnten, kam Thérèse im Morgenrock ins Speisezimmer gelaufen.

»Zeus, Lieber, ich habe es gesehen! Ich habe gesehen, wie er abgestürzt ist, verstehen Sie! Um Himmels willen, schnell, ziehen Sie sich an, wir müssen sie suchen gehen.«

»Wir sollten besser bis zum Morgen warten, Thérèse!«

»Nein, jetzt gleich, in dieser Sekunde! Vielleicht lebt er noch! Mein Gott, mein Gott, warum habt ihr sie bloß zusammen gehen lassen?«

Vielleicht hatte Thérèse die ganze Szene wirklich geträumt, vielleicht hatte sie sie auch nur erahnt und sich vorgestellt, aber nachdem wir den ganzen Tag durch die Berge geirrt waren – wir kannten weder Besobrasows Route, noch wussten wir, wo die Höhlen lagen –, nach einer Nacht auf dem Steinboden und einem angstvollen Morgen, als wir die Hoffnung schon fast aufgegeben hatten, fanden wir am Ende des zweiten Tages schließlich doch die Stelle und entdeckten Besobrasow, der mit dem Gesicht nach unten auf einem Felsvorsprung lag. Da er auf unsere Rufe nicht reagierte, seilten wir uns zu ihm ab. Er war bewusstlos und wachte auch nicht auf, als wir ihn anseilten und nach oben zogen. Am vereinbarten Ort trafen wir die Bergführer wieder, die durch die Schlucht gegangen waren; sie trugen den in einen Mantel gewickelten Leichnam Roberts, dessen Gesicht grausig entstellt war, und dann machte sich die seltsame Prozession langsam auf den Rückweg.

Voraus ging wie ein guter Hirte Zeus, der Besobrasow nach Soldatenart auf den Schultern trug, einen Arm und ein Bein vor der Brust gekreuzt. Danach kamen die Bergführer mit Roberts Leiche auf einer Trage, und hinter ihnen ging wie eine Muttergottes Thérèse, plötzlich schwach, gebeugt, erloschen, pausenlos weinend – eine ganz andere Thérèse als die, die auf dem Hinweg laut betend und die Hände ringend unermüdlich vorausgelaufen war und uns verzweifelt angetrieben hatte. Als letzter ging ich; ich trug irgendwelches Gepäck und fiel häufig zurück, und die traumhafte Berglandschaft im ruhigen, feierlichen Abendlicht kam mir vor wie eine sinnlose künstliche Kulisse. Dann erlosch der Himmel und wir gingen noch lange im Dunkeln weiter; ich führte Thérèse, die sich mit Selbstvorwürfen marterte und darüber den Weg nicht mehr sah; völlig geschwächt, redete sie wirr und klagend vor sich hin und verschmierte die Tränen auf ihrem schmutzigen, sonnenverbrannten Gesicht.

Es gibt diese unsagbar traurigen, warmen Regentage, an denen der Himmel weiß und flach ist, und der Regen rauscht und rauscht auf das dunkelgrüne Laub herab. Bald wird der Sommer vorbei sein, auch wenn die vorübergehend verborgene Kraft der Sonne immer noch spürbar ist. Hier und da grollt Donner, immer wieder fallen Tropfen, und in der feuchten Luft hört man deutlich das monotone Stampfen eines Zuges, das bald hinter einem Bergrücken verschwindet, bald wieder lauter wird.

Am Morgen riecht es auf dem nassem, groben Kies der Gartenwege stark nach frisch erwachten Blumen und Blättern, die Silhouette der Berge in der Ferne scheint über Nacht verändert, und unter den Markisen am Seeufer saugen strahlend blauhimmlige Postkarten, beschriftete Muscheln und Schokoladenautomaten sich mit Nässe voll. Das Wasser des Sees bekommt Gänsehaut unter den fallenden Tropfen, und doch ist es noch warm, ja fast heiß, wenn auch nicht mehr lange.

Es waren weiße Tage wie diese, an denen Apoll Besobrasow, auf eine Liege gebettet, langsam gesund wurde. Er schien sanft geworden und erlaubte Thérèse sogar vorzulesen, was sie so gerne tat. Sein Gleichgewicht war sichtlich erschüttert, seine einstige siegessichere Art verschwunden, und doch war mir klar, dass sein altes Ich noch lebte, auch wenn sich ein erster Schatten darauf gelegt hatte – so verdüstert ein monumentales altes Bauwerk, das bei einem Blitzeinschlag einen ersten tiefen Riss bekommen hat, noch lange den Horizont mit seinem gezackten Umriss. Und trotzdem mischte sich in seine Reden eine bisher unbekannte Bitterkeit, manchmal sogar eine vollends neue traurige Nachsicht.

Ich weiß noch, wie er sich einmal mitten im Gespräch aufstützte, die Lippen vorschob und mich lange schweigend ansah; dann fragte er:

»Was meinen Sie, Wassenka, was hat Lazarus wohl gesagt, als Jesus ihn wieder zum Leben erweckt hat?«

»Ich weiß nicht, was denn?«

»Nichts Nettes hat er gesagt.«

»Und warum nicht?«

»Stellen Sie sich vor, Sie haben sich den ganzen Tag abgerackert und sind hundemüde, und jetzt liegen Sie endlich in der Koje und schlafen gerade ein, aber irgendein dahergelaufener Mensch rüttelt Sie wieder wach: ›Steh auf!‹ Und Sie, immer noch todmüde, blicken angewidert auf diese grelle, helle Welt – was werden Sie Ihrem Peiniger da wohl sagen, wenn nicht ein übles Schimpfwort?«

Sein Arm wurde müde und er stützte sich nachdenklich auf beide Ellbogen. Dann kam Thérèse mit einem Kartenspiel herein, und wir spielten lange und stritten uns freundlich, denn im Spiel hatte Besobrasow einen ganz eigenen, jovialen Witz. Ich weiß noch, wie uns die Karten damals ans Herz wuchsen – was könnte trauriger sein?

Nach dem Spiel tranken wir Tee mit Milch und lasen Zeitung, und Thérèse baute unter dem großen Lampenschirm unglaublich stabile Kartenhäuser, auf denen man ein schweres Buch ablegen konnte. Doch Apoll Besobrasow betrachtete das alles mit betrübtem Blick, in dem eine plötzliche Erkenntnis lag, und diese neue Abgeklärtheit hielt noch größeren Kummer für uns bereit als seine frühere Unaufmerksamkeit.

Schließlich geschah, was sich lange angebahnt hatte. Schon an den Regen gewöhnt, wachte ich eines Morgens auf und fand mich in einem anderen Land: Vor dem offenen Fenster lag ein klarer, durchsichtig-lasurblauer Himmel, alles war scharf umrissen, selbst am fernen italienischen Ufer. Hell leuchteten die frisch gestrichenen Sommerhausdächer herüber, auf der Straße klangen Stimmen, und alles war so rein und klar, dass es keinen Zweifel gab: Der Herbst war da.

In den Bergen mischte sich kaum wahrnehmbares Gelb ins frischgewaschene Grün der Wälder, und der Himmel war schon kein Sommerhimmel voller Sonnenstaub und Stille mehr, sondern eine hohe, helle Kuppel, die am

Horizont unmerklich verblasste und in eine hauchzarte Wolkenschicht überging. Alles ringsum – die Telegrafenmasten mit ihren Porzellanvögeln, der Schatten des Hauses, der feuchte, wassersatte Garten, das charakteristische Klappern der Eselshufe auf den lockeren Steinen am nahen Hang – war auf neue Art schön, und plötzlich wurde mir klar, dass ich das alles bald nicht mehr sehen würde.

So tranken wir im endlosen Herbstleuchten Tee auf der verglasten Veranda, und wie auf Verabredung schwiegen alle und blinzelten wie Kurgäste ins Licht. Da kam plötzlich Besobrasow ins Speisezimmer herunter, auf dem Arm einen leichten Mantel, in der Hand einen billigen Pappkoffer, der vermutlich fast leer war. Er hatte seine Kraft zusammengenommen und schien auf einmal völlig gesund.

Er frühstückte lange, trank Tee, aß Brot und Obst und las dabei – offensichtlich weder geneigt, seinen Entschluss zu verbergen noch ihn zu erklären – aufmerksam die Zeitung. Schließlich sagte er lachend zu Zeus:

»Dieser Primo Carnera wird garantiert Weltmeister, er macht dir Konkurrenz, Tischka.«

Doch Zeus gab nur ein undeutliches Knurren von sich.

Als er satt war, verabschiedete Besobrasow sich von uns und schien jedem noch etwas mit auf den Weg geben zu wollen. Zeus versetzte er einen kräftigen Fauststoß vor die Brust, worauf der nur schief grinste, Thérèse schüttelte er kurz die Hand, Averroes sagte er höflich und ein wenig steif Lebwohl; sein ehemaliger Arbeitgeber erhob sich sogar, stand dann aber nur verlegen da und wusste nicht, was er sagen sollte.

Als er die Stufen hinunterging, ganz ins Licht des strahlenden Herbsthimmels getaucht, hätte Thérèse am liebsten geschrien und wäre ihm nachgerannt, aber im selben Augenblick wurde ihr klar, wie nutzlos das wäre; sie beherrschte sich und wandte sich sogar etwas ab, doch als draußen der Kies knirschte und dann das Gartentor jämmerlich quietschte, hielt sie es nicht mehr aus: Sie kippte mit dem Oberkörper nach vorn auf das Sofa, auf dem sie saß. Zeus hielt den Kopf tief gesenkt. Averroes faltete und entfaltete, um Thérèse nicht ansehen zu müssen, in einem fort seine Zeitung, und ich wusste vor Unruhe buchstäblich nicht, wohin mit mir. Am Ende sprang ich auf, stürmte hinaus und lief die helle, sonnige, menschenleere Straße entlang, bis ich erkannte, dass ich die falsche Richtung eingeschlagen hatte, woraufhin ich mich keuchend zum Bahnhof schleppte, doch auch dort fand ich niemanden. Erst auf dem Rückweg, als ich, stumpf vor Anstrengung, auf einer Trambrücke eine Straße überquerte, sah ich unten plötzlich Besobrasow, der ohne Eile auf der Sonnenseite der Straße entlangging.

»Besobrasow!«, rief ich, und alles in mir krampfte sich zusammen in Erwartung einer unwirschen Antwort.

»Ah, Sie sind es.«

»Hören Sie! Oder vielmehr: Warten Sie, ich komme zu Ihnen hinunter!«

»Nein, ich habe es eilig.«

»Aber wieso fahren Sie denn nicht mit uns, wir fahren doch am Mittwoch zurück?«

»Ich weiß nicht … einfach so …«

Und wie damals, bei einem unserer ersten Gespräche, lähmte dieses ruhige »einfach so« mich auch jetzt auf der Stelle.

»Auf Wiedersehen«, sagte Besobrasow nach kurzem Schweigen.

»Adieu«, murmelte ich; ich glaubte noch nicht, dass alles vorbei war und er gleich wirklich für immer fortgehen würde. Aber sein Körper setzte sich in Bewegung; er begann sich, der Schwerkraft widerstehend und den Gesetzen der Mechanik, Physik und Biologie gehorchend, zu entfernen. Er ging auf den hohen, schon von gelbem Laub umrahmten Wasserturm der Eisenbahn zu, dessen Betonwand sich hell vor dem bodenlosen blauen Himmel abhob. An der Ecke blieb er stehen, zündete sich mit einer unsagbar vertrauten Geste eine Zigarette an und verschwand; zurück blieb nur einen Augenblick lang ein blaues Rauchwölkchen. Eine entsetzliche Leere und Müdigkeit ergriffen plötzlich von mir Besitz. Der ferne Himmel schien mir grob und schmerzhaft hell, alles war zu viel, alles verlassen, leer, zum Weinen überflüssig. Ich wollte gar nicht mehr nach Hause, denn auch dort war alles erloschen, tot und vergangen.

Mein Heimweg dauerte lange, ich verlief mich absichtlich. Unterwegs kaufte ich, warum auch immer, einige Sportzeitschriften, doch auch das kam mir gleich darauf überflüssig vor. War all das nicht vorbei, alles was uns umgeben hatte, woraus unser Leben bestand? Und plötzlich stiegen – wie die einzig mögliche Befreiung, wie der Heiland selbst – unaufhaltsam die Tränen in mir auf; ich konnte nicht weitergehen. Ich setzte ich mich auf eine Bank und versank in der Tiefe der Tränen, denn eben sie sind meine einzige, dafür ganz reale, physische Verbindung zu Jesus, und bis heute halte ich sie auch für die vollkommenste.

KAPITEL 18

Où sont nos amoureuses?
Elles sont au tombeau:
Elles sont plus heureuses
Dans un séjour plus beau.
Gérard de Nerval

In jenem Herbst herrschte graues, nebligwarmes Wetter in Paris. Die Bäume wurden schon gelb, aber das Gelb war noch ungleich verteilt; die spärlichen Kastanien am Jardin du Luxembourg waren ganz vergoldet, einige andere, hohe Bäume dagegen standen in unberührtem Dunkelgrün, das das Gelb der ersten umso mehr zum Leuchten brachte. Etwas unaussprechlich Zärtliches lag in der Luft, und wie schön hoben sich vor dem mattweißen Hintergrund die ungleichmäßig grauen, vom Regen überspülten, an den Vorsprüngen ausgebleichten steinernen Gebäude ab. Fahnen und Schilder strahlten grellbunt in diesem Licht, wenngleich die Aufschriften schwer zu lesen waren.

Es war Sonntag. Ohne Autos wirkten die Straßen breiter, sie glänzten schwach. Die Menschen gingen langsamer, besonders die Arbeiter waren sauber gewaschen und sorgfältig gekleidet; die ganze werktätige, wirtschaftende Stadt gab sich nach der Hektik der Woche dem selbstzufriedenen Genuss ihrer wohlverdienten Freizeit hin. Die

Geräusche klangen gedämpft, aber deutlich, man hörte selbst die künstlichen Bäche, mit denen die umsichtige Stadtverwaltung die Straßenbeläge reinigt.

Es war wohl gegen drei, als wir die vertrauten, schwerfälligen Universitätsgebäude passierten und in die Rue Soufflot einbogen. Links von uns lag, unförmig wie das meiste hier, die luftige Jahrmarktsbude des Panthéon, dessen nachgedunkelte, mit der Stadtlandschaft verschmolzene Fassade mit der Zeit eine eigene Schönheit erlangt hatte – ein Ergebnis des komplexen farblichen Zusammenspiels der alten Steine, des weißen Himmels, des schimmernden Straßenpflasters, des spärlichen Grüns im Garten des Lycée Henri IV und der grün verglasten Straßenlaterne an der Bushaltestelle der Linie S (Place Contrescarpe–Porte Champerret). Wie mit jedem vertrauten Gebäude, dessen archaische Beständigkeit einem mit den Jahren ans Herz wächst, entspann sich auch hier ein freundschaftlicher stiller Dialog: »Na, stehst du noch?«, fragte ich im Geist, und: »Ja, wie du siehst«, antwortete es lächelnd, als träte es von einem Bein aufs andere, und: »Na dann, mach's gut, mon vieux«, schloss ich – das klassische französische Begegnungsritual.

Rechts lag der Jardin du Luxembourg mit seinem bunten Herbstlaub, weit dahinter, im Nebel verschwimmend, der Eiffelturm, dieses hinreißend geschmacklose Wunderwerk einer Zeit, in der das Eisen beweglich wurde wie ein Lebewesen und Steine rankten wie Pflanzen. Die Septemberluft, insgeheim schon kühl und doch noch warm, umfloss und glättete alles, wie das gleichmäßige Kolorit auf den Bilder Corots, und ich versank immer wieder in der Betrachtung und vergaß darüber meinen Kummer auf unserem langsamen sonntäglichen Fußmarsch von der Rue Saint-Jacques zum Boulevard Saint-Michel und von dort am Panthéon entlang bis zur Rue de la Santé, wo hinter einem sauber gestrichenen, mit Schnitzereien verzierten Tor gegenüber dem Gefängnis, umgeben vom warmen Leuchten der abfallenden Kastanien, seit kurzem Thérèse für uns und die Menschheit betet.

Zeus ging voraus. Ich glaube, er sprach an diesem ganzen warmen Herbsttag kein Wort, doch sein mächtiger Rücken, die hochgezogenen Schultern und die tief in den Taschen vergrabenen Hände drückten stummen, aufrichtigen Protest gegen das Geschehen aus. Neuerdings fuhr er wieder ein Citroën-Taxi, hatte sich an diesem Sonntag aber freigenommen, aus unbewusstem Taktgefühl: Er wollte unsere letzten gemeinsamen Minuten nicht durch die Zugkraft eines Automobils verkürzen.

Vielleicht hoffte er sogar, ich würde Thérèse unterwegs umstimmen, mein Schmerz und meine Tränen würden sie erweichen. Doch dass das nicht geschehen würde, war sehr schnell klar, denn so wie diese Wendung – als plötzliche Erleuchtung und Umbruch gegen ihren Willen – geschah alles in ihrem Leben: Genauso war sie eines Morgens mit dem Gefühl aufgewacht, die »Erlaubnis« sei da, genauso hatte sie Besobrasow kennengelernt, genauso hatte sie sich augenblicklich damit abgefunden, dass sie gegen sein grausames Glück nichts ausrichten konnte. In letzter Zeit schien sie sich etwas erholt zu haben – manchmal scherzte sie jetzt wieder mit uns, manchmal ging sie von sich aus auf den Markt, kochte und wusch Wäsche, las abends die Zeitung und kam zweimal sogar mit uns ins Kino, denn seit Zeus arbeitete, hatten wir viel Geld –, doch dann blieb sie an einem klaren Septembermorgen einfach im Bett liegen, obwohl sie keineswegs krank war. Sie lag zwei Tage, das Gesicht zur Wand gedreht, am dritten Tag stand sie auf, zog sich sorgfältig an und frisierte sich, räumte unsere chaotischen zwei Zimmer auf, kochte ein Mittagessen, und erst als wir mit dem Essen fast fertig waren und Zeus und ich schon zweimal einen stummen Blick gewechselt hatten – wir wagten nicht zu hoffen, dass der Sturm vorbeigezogen war –, eröffnete sie uns plötzlich, sie werde am nächsten Tag in ein Karmeliterinnenkloster eintreten, und ihr Entschluss stehe unumstößlich fest. All meine Tränen, alle Argumente, die Zeus vorbrachte, waren vergebens.

Der große Nusskuchen, den wir gekauft und nicht angerührt hatten, landete im Müll; allerdings brach ich mir vorher ein Stückchen ab und kaute unter Tränen, voller Selbstverachtung hinter meinem Wandschirm darauf herum. In der Nacht aß ich auch den Rest noch auf. Um drei Uhr morgens donnerten schwere, schwankende Schritte die Treppe herauf, unter einem krachenden Fußtritt flog die Tür auf. Einmal im Raum, wurde der volltrunkene Zeus jedoch ganz still, schloss die Tür hinter sich und ließ sich in seinen regennassen Kleidern mit gesenktem Kopf auf das für ihn zu kurze Bett fallen. Um ihn nicht zu stören, richtete ich mich im Sessel ein, wo ich die ganze Nacht nachdenken wollte und sofort einschlief. Als ich plötzlich wieder wach wurde, war es heller, sonniger Tag, ich sprang auf und stürzte in Thérèses Zimmer, wo schon der neue Lederkoffer stand, den Averroes ihr geschenkt hatte.

So gingen wir: an der Spitze mit schwerem, schaukelndem Ringergang Zeus, riesig und finster, die Uniformkappe bis dicht über die Augen gezogen; daneben Thérèse und etwas weiter hinten ich, als versuchte ich, die Prozession zu verlangsamen. Das Schlimmste war, dass ich auf halbem Weg, auf der Höhe des Boulevard Port-Royal, einmal sogar lachen musste beim Anblick eines ungewöhnlich tollpatschigen Hundewelpen, der an einer großen, ausgewachsenen Kette herumtollte. Auch Thérèse wurde auf das Hündchen aufmerksam, sie ging in die Hocke und kraulte es und nahm seine Pfoten. Aber da kam die Besitzerin, eine gravitätische alte Frau, aus ihrem grün gestrichenen Laden hervor: »Je n'aime pas beaucoup qu'on tripote mes chiens«, verkündete sie, und wir gingen weiter.

Der Weg war jetzt nicht mehr weit, und ich hatte ständig das Gefühl, als müsste gleich etwas Außergewöhnliches geschehen und diese empörende Lähmung lösen; doch schon zog schrecklich schnell, wie auf einem Förderband der hohe Zaun des Klosterkrankenhauses vorbei, der schöne, mit Blättern übersäte Boulevard Arago blitzte auf, und gleich darauf blieben wir stehen.

Thérèse drehte sich abrupt zu uns um.

»Lebt wohl, Gott behüte euch!«, sagte sie, bekreuzigte uns beide langsam und küsste uns. Auch ich küsste sie und spürte auf den Lippen den salzigen Geschmack von Tränen und noch etwas Undefinierbares anderes, den Duft eines Eau de Cologne vielleicht; ich dachte immer noch, gleich würde sie etwas sagen, uns etwas erklären, und fing wieder an zu schluchzen. Thérèse legte tröstend die Arme um meinen Kopf und sagte traurig und bitter:

»Genug! Ich wollte Sie schützen und konnte es nicht, jetzt soll Christus Sie bewahren«, und sie wollte noch etwas hinzufügen, vielleicht das Allerwichtigste, aber da ging die Tür auf, und eine Nonne erschien auf der Schwelle. Thérèse riss sich von mir los, und das Tor fiel ins Schloss – donnernd, wie mir schien. Die Tränen brachen unaufhaltsam aus mir hervor. Ich lehnte mich gegen die Wand, sank auf den Boden, wollte weder gehen noch weiterleben. Doch eine kräftige Hand stellte mich liebevoll und sicher wieder auf die Beine, und unter dem mitfühlenden Blick eines schmalschultrigen jungen Gendarmen auf der anderen Straßenseite machten wir uns auf den Rückweg.

Der Tag war immer noch hell und so mild, dass der blasse, kaum sichtbare ferne Streifen Blau hinter der Kuppel des Val-de-Grâce kein bisschen die Form geändert hatte, als wir ihn auf dem Heimweg wiedersahen, und doch ging es schon auf den Abend zu.

Vor dem Tor eines riesigen Hauses auf der rechten Straßenseite hörte man lebhafte russische Stimmen, eine Verabredung wurde getroffen:

»Also, seid pünktlich! Um Viertel vor acht.«

»Ja, ja! Komm, Wolodja, wir müssen uns beeilen.«

Eine Autotür schlug zu, und ein kleines Amilcar bog auf die Fahrbahn ein. Über den Boulevard Port-Royal rollte pfeifend eine altertümliche grüne Tram, bei deren Anblick ich aus irgendeinem Grund wieder weinen musste. Hinterdrein fuhr ein hoher Kastenwagen, der sie zu überholen versuchte, seine losen rückwärtigen Lederplanen flatterten und klatschten im Fahrtwind.

Der tollpatschige Hund an der Ecke der Rue Saint-Jaques war nicht mehr da, und die Straße wirkte dunkler. Sonst war alles unverändert, nur vor dem Zeitungskiosk lagen schon die Abendzeitungsstapel. Stumpf, ohne einen Gedanken und müde vom Weinen stiegen wir über die dunkle Treppe in den dritten Stock. Unser Fenster ging auf einen Wirrwarr von Gebäuden hinaus: Neben einem Adelspalais, das teilweise zur Möbelwerkstatt umfunktioniert war, stand etwas zurückgesetzt, in einer der Nischen, die die Stadt zwecks Verbreiterung der Straßen anlegen ließ, eine Weinhandlung, die gleichfalls mindestens hundert Jahre alt war. Zwischen den Tischen lag eine Katze auf der Seite, in der hintersten Ecke hatte sich ein Schuster niedergelassen. Über all dem schwebten dicht an dicht geschwärzte Ziegeldächer, und noch darüber der leere, weiße Himmel.

Immer noch ohne einen Gedanken ließ ich mich auf einen ramponierten Sessel fallen. Von hier aus waren nur noch die Dächer zu sehen, aber das grelle Weiß des Himmels blendete mich, und ich schloss die Augen.

So saß ich ziemlich lange da, ohne mich zu bewegen. Ich dachte an das Leben im Kloster, an die schwere Novizinnenarbeit, das Putzen der Steinböden, die Grobheiten, die sich eine Ausländerin wohl gefallen lassen musste, obwohl Thérèse ja Französin war, und an die Hindernisse, die eine Nonne überwinden musste, um wieder in Freiheit zu gelangen. Schon malte ich mir aus, wie Zeus mit der Schulter das monumentale Tor aus den Angeln heben, irgendwelche Gärtner (wieso ausgerechnet Gärtner?) durch die Luft wirbeln und Thérèse befreien würde, und mit einem Mal war mir klar, dass nichts davon geschehen würde, dass Thérèses Wille nicht zu besiegen war, ja, dass Thérèse gar keinen Willen besaß, sondern nur eine unüberwindliche eigene Form, die ihre innere Bestimmung und geistige Notwendigkeit war.

Mir wurde schwarz vor Augen, alles in mir zog sich zusammen – der kalte Krampf des Irrtums, eines kolossalen metaphysischen Betrugs hatte mich gepackt, und ich grub einen Fingernagel in den Daumen, um mich durch den Schmerz gewaltsam abzulenken.

Wieder liefen mir die Tränen aus den geschlossenen Augen, und schließlich fiel ich in eine Art Ohnmacht, in völlige geistige Entkräftung, doch plötzlich zerriss mir ein leiser, schiefer, vertrauter Klang buchstäblich das Herz. Es war Zeus, der im Liegen, die Riesenfersen auf dem hölzernen Fußende des Betts gekreuzt, wie damals in Italien leise auf einer billigen Mundharmonika spielte:

Am Sonnabend, bei Wind und Regen,
Geht kein Bauer auf sein Feld …

Alles Dämmerlicht, alle Einsamkeiten aller Welten pressten mein Herz zusammen. Ich fuhr herum und war kurz davor, ihn anzuschreien, aber der Anblick, der sich mir bot – die Flasche mit dem Weinrest, in dem der Korken schwamm, die riesigen Füßen in abgewetzten, zerrissenen Socken –, und dazu das leise, unendlich sanfte altrussische Lied entwaffneten mich. Um wie viel tiefer war seine bäuerlich-demütige Weisheit als all die überheblichen, abstrakten Gedanken, mit denen ich mich vergeblich zu trösten versuchte.

»Selig sind die Sanftmütigen« heißt das orthodoxe zehnte Gebot, auf ihm bauen alle Einsiedeleien und Klöster auf. Es war kein Kranker, kein Schwacher, der da im Dunkeln leise spielte, sondern ein breitschultriger Ilja Muromez: Er als einziger kannte den Grund und verzieh uns großmütig, und es war allein sein ruhiger, erdverbundener Glaube, der mich damals vor schlimmerem Übel bewahrte.

Ich drehte mich wieder zum Fenster und kauerte mich tief in den Sessel.

Lebt wohl, ihr Mädchen und ihr Weiber,
Seht, man treibt uns fort von euch,
Weit fort in den Kaukasus …

Dann verstummten die holprigen, zärtlichen Klänge. Langsam füllte der Raum sich mit Dunkelheit, die Ecken und die rußgeschwärzte Decke waren schon darin verschwunden. Und plötzlich kam dazu ein wundervoll vertrautes, unsagbar trauriges gleichmäßiges Geräusch, und ich wusste, ohne die Augen zu öffnen, dass es draußen wieder zu regnen begonnen hatte.

Paris, 1926–1932

ANHANG

ANMERKUNGEN

S. 5, *Oiseau enfermé dans son vol …*: »Vogel, gebannt in den Flug – er hat niemals die Erde gekannt, hatte nie einen Schatten.« Poplawski paraphrasiert Paul Éluards Gedicht »Georges Braque« (1924), die Stelle bei Èluard lautet:

Un oiseau s'envole,
Il rejette les nues comme une voile inutile,
Il n'a jamais craint la lumière,
Enfermé dans son vol
Il n'a jamais eu d'ombre.

S. 21, Montparnasse: Das Pariser Viertel am linken Seinufer war in der Zwischenkriegszeit das neue Zentrum der internationalen Künstlerbohème nach dem Montmartre. Etwas weiter stadtauswärts lag im Butte-aux-cailles-Viertel die »Cité Citroën«, auch »Petite Russie« genannt, eine oberhalb einer großen Garage gebaute Siedlung, in der die Citroën-Taxigesellschaft ihre Fahrer unterbrachte – viele von ihnen waren Russen der ersten Emigrationswelle. In dieser Siedlung in der Rue Barrault wohnte auch Poplawski mit seiner Familie, sein Bruder arbeitete als Taxifahrer. Die Handlung von *Apoll Besobrasow* spielt sich zu einem großen Teil in den Straßen und Cafés von Montparnasse ab.

S. 29, *Das Gute entsteht aus dem Bösen …*: Poplawski zitiert hier offenbar nach einer französischen Übersetzung des Tao Te King. Die Stelle in Kapitel 58 lautet in der deutschen Übersetzungen von Ernst Schwarz (Laudse: *Daudedsching*. Leipzig 1978):

Unglück stützt sich auf Glück
Glück liegt verborgen im Unglück
Wer weiß wo sie enden.

S. 50, an der freudlosen Gasse …: Poplawski spielt hier wohl auf Georg Wilhelm Pabsts Film *Die freudlose Gasse* von 1925 an. Der Film lief in Frankreich, wo es 1938 sogar ein gleichnamiges Remake gab, unter dem Titel *La rue sans joie* (so auch im russischen Text, *besradostnja uliza*).

S. 55, … der achte Teil des *Grünen Bogenschützen*: *The Green archer* war eine 10-teilige amerikanische Stummfilmserie von 1925, nach dem gleichnamigen Roman von Edgar Wallace.

S. 59, »et voilà!«: na also!
»sans blagues«: ohne Witz.

S. 60, »Non, mais il est raide, le mec«: Stockbesoffen, der Typ.
»Comment donc on s'y prend«: Also, wie geht das hier?
»Mais il ne faut pas se tirer«: Nicht gleich abhauen!
»Et vous voyez«: Na bitte.

S. 62, *»Je suis Dieu«, dit Faustroll* …: »›Ich bin Gott‹, sagte Faustroll. ›HAHA‹, sagte Backenbuckel, und mehr sagte er dazu nicht.« Zitat aus Alfred Jarry: *Gestes et opinions du docteur Faustroll, pataphysicien* (1898), eine deutsche Ausgabe erschien 1968 unter dem Titel *Heldentaten und Ansichten des Doktor Faustroll.*

S. 77, Bizerte: An dem französischen Militärstützpunkt im tunesischen Hafen Bizerte war von 1920 bis 1924 die sogenannte Russische Schwadron interniert, also der Flottenteil, der im Russischen Bürgerkrieg auf der Seite der Weißen Bewegung gekämpft hatte und im November 1920 von der Krim zunächst nach Konstantinopel verlegt wurde, darunter auch das U-Boot »Tjulen«. 1924 wurden die Schiffe an die mittlerweile von Frankreich anerkannte Sowjetunion zurückgegeben, die Besatzungsmitglieder blieben zum größten Teil in Tunesien oder Frankreich.

S. 78, *Hebt das Glas auf den Mut …*: populäre Variante eines Studentenlieds der 1860er Jahre, die eine Strophe zu Ehren des Schriftstellers und Revolutionärs Nikolai Tschernyschewski enthielt. Der Roman *Was tun?* ist Tschernyschewskis bekanntestes Werk.

›Rasch wie die Wellen‹: eines der bekanntesten Studentenlieder des 19. Jahrhunderts.

S. 79, *Vor der Kneipentür …*: zwei eigene Strophen Poplawskis zu der bekannten Romanze »Otschi tschornyje« (Schwarze Augen).

S. 80, Bett, auf dem Gruschenka sich mit Smerdjakow vergnügt: Gruschenka ist die weibliche Hauptfigur aus Fjodor Dostojewskis Roman *Die Brüder Karamasow*, in dem auch der üble Charakter Pawel Smerdjakow eine zentrale Rolle spielt.

das »Äpfelchen« rollt dahin: siehe Anmerkung zu Seite 103, *Wohin rollst du, Äpfelchen …*

S. 81, gib Gas, Gawrila: »Gawrila« war in der sowjetischen satirischen Publizistik der 1920er Jahre eine Verkörperung des respektlosen, aber vernünftigen Proletariers, der auf oft derbe Weise die (alte) Obrigkeit kritisiert; die Redewendung »gib Gas, Gawrila« (kruti, Gawrila) wird u. a. auf den 1928 in Moskau erschienenen Roman *Zwölf Stühle* des Autorenpaars Ilf und Petrow zurückgeführt, der die regimetreue Sowjetsatire wiederum persifliert. Ilf/Petrow waren auch in der Emigration bekannt.

***Jetzt geht er fort. Mir ist so weh …*:** Poplawski variiert hier ein Lied von Michail Jakowlew, einem Jugendfreund Alexander Puschkins. Das Lied, das auch in einer spezifisch weißgardistisch-emigrantischen Fassung existierte, ist bis heute populär.

***Gefährte meines trüben Lebens …*:** abgewandelte Strophe aus Jakow Prigoschis Romanze »Ja pomnju wetscher« (Ich erinnere mich an den Abend, 1905).

»Ewig dieser Tschaadajew«: der Philosoph Pjotr Tschaadajew (1794–1856) gilt als Begründer der sogenannten »Westler«-Strömung im russischen Denken.

Herzliebstes Becherlein …: Variation auf das volkstümliche Trinklied »Tscharotschka« (Becherlein).

S. 84, *Vergebens suchst du mich zu rühren …:* Romanze von Michail Glinka auf Jewgeni Baratynskis Gedicht »Rasuwerenije« (Zweifel, 1821), hier zitiert nach der deutschen Fassung: »Vergebens suchst du mich zu rühren«, in: *Russische Lieder und Romanzen*, hg. von J. Alexandrow, Berlin 1948.

S. 90, Gestatten, Hähnchen Dutow: Poplawski spielt auf ein sehr bekanntes Lied der Bürgerkriegszeit an, in dem ein »Hähnchen gesotten, Hähnchen gebraten« in der Stadt herumspaziert, verhaftet wird und seiner Erschießung entgegensieht; das Lied existiert in zahlreichen Varianten. Generalleutnant Alexander Dutow war ein hochrangiger Militär und Kosakenführer, der im Bürgerkrieg auf der Seite der Weißen kämpfte.

S. 101, Fliege, tapfere Kibitka!: Ein abgewandeltes Zitat aus Alexander Puschkins *Jewgeni Onegin* (»Wie prächtig die Kibitka drüben / Dahinsaust, dass die Flocken stieben; / Breit sitzt der Kutscher auf dem Bock / Mit rotem Gurt, aus Pelz sein Rock« heißt die Stelle in der Übersetzung von Theodor Commichau et al., in: Alexander Puschkin: *Gesammelte Werke in sechs Bänden*, Bd. 3. Berlin, Weimar 1964, S. 101).

S. 103, *Wohin rollst du, Äpfelchen …:* Abgewandelte Strophe aus dem russischen Volkslied »Jablotschko« (Äpfelchen), das nach 1917 vor allem unter den revolutionären Soldaten außerordentlich populär war.

S. 107, *Oisive jeunesse …:* »müßige jugend / von allem besessen / vor lauter feinsinn / verlor ich mein leben«, lautet die Strophe aus Rimbauds »Gesang vom allerhöchsten Turm« (Chanson de la plus haute tour, 1872) in der Übersetzung von

Hans Therre und Rainer G. Schmidt (Arthur Rimbaud: *Das poetische Werk*. München 1988, S. 419).

S. 114, *Puis un beau matin sans qu'il s'y attendît tout s'éclaira*: »Plötzlich, eines schönen Tages, klärte sich unerwartet alles auf.« Das Zitat stammt aus Huysmans' Roman *La Cathédrale* (1898), hier zitiert nach der deutschen Übersetzung von Hedda Eulenberg, überarbeitet durch Susanne Farin, in: Joris-Karl Huysmans: *Die Kathedrale. Chartres – ein Roman*. München 2009, S. 185.

S. 119, ›là-haut, là-haut‹: dort oben

›dans la plaine‹: in der Ebene

›tu reviendras‹: du wirst wiederkehren

S. 125, »Attention, pas si fort«: Vorsicht, nicht so heftig!

S. 127, »Bonjour, Thérèse, ne fait-il pas trop froid« usw.: »Guten Tag, Thérèse, ist es nicht zu kalt?« – »Nein, Pater.« – »Ist deine Nase nicht eingefroren?« – »Doch, Pater, die äußerste kleine Spitze.«

»Vous savez bien que papa ne le veut pas« usw.: »Sie wissen doch, dass Papa das nicht möchte.« – »Dein Papa sieht die Religion nur als Pflicht.«

»Père Hildenbrandt a dit qu'il est mal …«: »Pater Hildenbrandt sagt, es ist falsch, in der Religion nur die Strenge zu sehen.«

S. 130, »Thérèse, viens, je m'en vais«: »Thérèse, komm zu mir, ich gehe.«

»Il m'appelle, il me voit, il mourra sans confession«: »Er ruft nach mir, er sieht mich, er wird ohne Beichte sterben!«

»Thérèse, Thérèse, tu me pardonneras«: »Thérèse, Thérèse, du wirst mir vergeben …«

»Marie, faut-il lui dire« usw.: »Marie, soll man es ihr sagen?« – »Nein, Pater Hildenbrandt, Gott selbst wird es ihr sagen.«

S. 138, »Eh bien, il ne se fait pas beau pour nous« usw.: »Er macht sich nicht gerade schön für uns.« – »Vor seiner Lektion rasiert er sich bestimmt, wart's ab.«

S. 139, »Voyez, voyez, Robert!« / »Voyez, voyez encore!«: »Sehen Sie, Sehen Sie, Robert!« – »Und dort, sehen Sie, noch eines!«
»Voyons, Robert, qu'avez-vous, suis-je fautive de votre peine«: »Aber Robert, was haben Sie nur, bin ich schuld an Ihrem Kummer?«

S. 147, *Quand une comète pendant la nuit ...*: »Wenn ein Komet plötzlich über Nacht in einer Region des Himmels erscheint, ist er sich seiner weiten Reise zweifellos nicht bewusst.« Poplawski zitiert hier in verdichteter Form aus dem IV. Gesang von Lautréamonts *Gesängen des Maldoror*, hier zitiert nach der deutschen Übersetzung von Ré Soupault, in: Lautréamont: *Die Gesänge des Maldoror*. Reinbek 1990, S 144.

S. 156, *In der Nacht des Todes zündet der Mensch sich selbst ein Licht an ...*: Heraklit, Fragment 26. Poplawski zitiert nach der 1910 im Moskauer Verlag »Musaget« erschienenen russischen Übersetzung von Wladimir Nilender.

S. 172, ... die »Kleine Chinesin«: gemeint ist »La Petite Tonkinoise«, ein Schlager von Vincent Scotto aus dem Jahr 1906.

S. 175, *C'était l'heure d'un grand départ ...*: »Es war ein großer Aufbruch, mit Musik und Luftballons in allen Farben.«

S. 197, *Es war ein schöner Tag für die Söhne der Erde ...*: ein leicht abgewandeltes Zitat aus der Erzählung »Morella«, hier nach der alten Übersetzung von Gisela Etzel (E. A. Poe: *Geschichten von Schönheit, Liebe und Wiederkunft*. Berlin 1922). Die Figur der Morella taucht auch bei Poplawski auf, der Gedichtband *Flagi* (Fahnen, 1931) enthält gleich zwei entsprechend betitelte Gedichte.

S. 198, das Zeisiglied: Das russische Kinderlied »Tschyschik-Pyschik« ist leicht mit einem Finger auf dem Klavier zu spielen, etwa wie das deutsche »Alle meine Entchen«.

S. 213, *Der Leviathan raste wider uns …*: Das Zitat stammt aus Blakes »The Marriage of Heaven and Hell«. Poplawski zitiert und verdichtet die französische Übersetzung von André Gide (1922); hier zitiert nach der deutschen Übersetzung von Thomas Eichhorn in William Blake: *Zwischen Feuer und Feuer. Poetische Werke*. München 1996, S. 234f.

S. 215, »Pitié pour le fou!«: »Erbarmt euch eines Narren!«

***Jésus s'en va-t-en terre …*:** Robert singt eine blasphemische Persiflage auf das alte französische Lied »Malbrough s'en va-t-en-guerre«; in seiner Variante steht statt des englischen Herzogs Marlbrough, der in den Krieg zieht und fällt, Jesus, der »unter der Erde« / »im Bier« versinkt, und »Gott weiß, wann er aufersteht«.

S. 217, *Du kamst zur Welt, Christ unser Gott …*: orthodoxer Weihnachtshymnus.

S. 227, »J'ai accepté la situation. Je l'ai subie, c'est tout«: »Ich habe die Situation akzeptiert. Ich nehme sie hin, weiter nichts.«

S. 235, *La mélancolie de l'homme serpent*: »Die Melancholie des Schlangenmenschen«, die Wendung findet sich in einem 1923 erstmals publizierten Notizbuch von Jules Laforgue aus dem Jahr 1883.

S. 254, *Bald hast du alle vergessen …*: Zitat aus Marc Aurels *Selbstbetrachtungen*, Buch VII, Vers 21. In der Übersetzung von Otto Kiefer (München 1991): »Bald wirst du alles vergessen haben, und bald werden auch dich alle vergessen haben.« Poplawski macht aus »alles« im ersten Satzteil »alle«.

S. 256, »Enfin«: Endlich.

S. 263, Primo Carnera: Über den Boxer Primo Carnera schreibt Poplawski – unter dem Pseudonym »Apollon Besobrasow« – erstmals 1930 in der Pariser Zeitschrift »Tschisla«, wo er dem italienischen »Koloss« (»einen Kopf größer als

Peter der Große«) beste Chancen auf den Weltmeistertitel einräumt. Zwei Jahre später rühmt er den »gutmütigen Riesen« erneut und zitiert sich selbst unter dem Namen seiner Figur: »Primo Carnera, dessen glänzende Karriere Apoll Besobrasow in der ersten Nummer der ›Tschisla‹ richtig vorhergesagt hat …«

S. 266, *Où sont nos amoureuses? …*: Zitat aus Nervals »Les Cydalises«. Paul Celan übersetzt: »Die liebenden Geliebten, / wo sind sie? Gräberfern. / Sie sind die Seligeren, / sie wohnen gut und gern.« (»Die Cydalisen«, in: Friedhelm Kemp, Werner von Koppenfels (Hg.): *Französische Dichtung*. München 2003, S. 389)

S. 270, »Je n'aime pas beaucoup qu'on tripote mes chiens«: »Ich kann es nicht leiden, wenn man meine Hunde begrapscht.«

S. 273, *Am Sonnabend, bei Wind und Regen … / Lebt wohl, ihr Mädchen und ihr Weiber …*: russisches Lied aus der Zeit des Kaukasuskriegs (1817–1864).

Ilja Muromez: Der Recke Ilja Muromez ist eine bekannte russische Sagengestalt, er gilt als Inbegriff von Kraft und Tapferkeit.

EDITORISCHE NOTIZ

Boris Poplawski hat sechs Jahre lang an *Apoll Besobrasow* gearbeitet, von 1926 bis 1932. Eine erste Fassung des Romans war vermutlich schon 1928 abgeschlossen, danach wurde er mehrfach überarbeitet. Einzelne Kapitel erschienen zwischen 1930 und 1934 in Zeitschriften in Paris, weitere Auszüge folgten in den 1950er Jahren. Vollständig publiziert wurde der Roman erstmals Anfang der 1990er Jahre, in zwei fast gleichzeitigen Ausgaben: 1992 in der New Yorker Zeitschrift »Nowy Schurnal«, 1993 im Petersburger Verlag Logos.

Das Originalmanuskript des Romans ist nach heutigem Kenntnisstand verloren, einzige verfügbare vollständige Textgrundlage sind die beiden 1992/1993 erschienenen Ausgaben. Die vorliegende Übersetzung basiert – wie auch die 2015 erschienene englische Übersetzung und der größte Teil der Sekundärliteratur jüngeren Datums – auf der 1993 von dem französischen Slavisten Louis Allain herausgegebenen »Petersburger Fassung«, die eine *frühere* Textgestalt wiedergibt.

Den Ausschlag für diese Entscheidung gaben neben dem Forschungsstand auch ästhetische Erwägungen. Die frühere Fassung, die von der späteren in Kapitelzählung und Absatzstruktur sowie in einigen Passagen auch inhaltlich abweicht, ist offenkundig näher an Poplawskis avantgardistischen Anfängen, der Text wirkt insgesamt spielerischer und ironischer. Poplawskis Eigenart als Autor am Schnittpunkt von russischer und französischer Moderne tritt dadurch deutlicher hervor.

Dennoch wurde auch die »New Yorker« (später in Moskau wieder aufgelegte) Ausgabe für die Übersetzung herangezogen. Offensichtliche, als solche markierte Auslassungen des Herausgebers der Petersburger Ausgabe – meist von obszönen oder anderweitig anstößigen Details – wurden nach der späteren Fassung ergänzt, einige offensichtliche Lesefehler korrigiert.

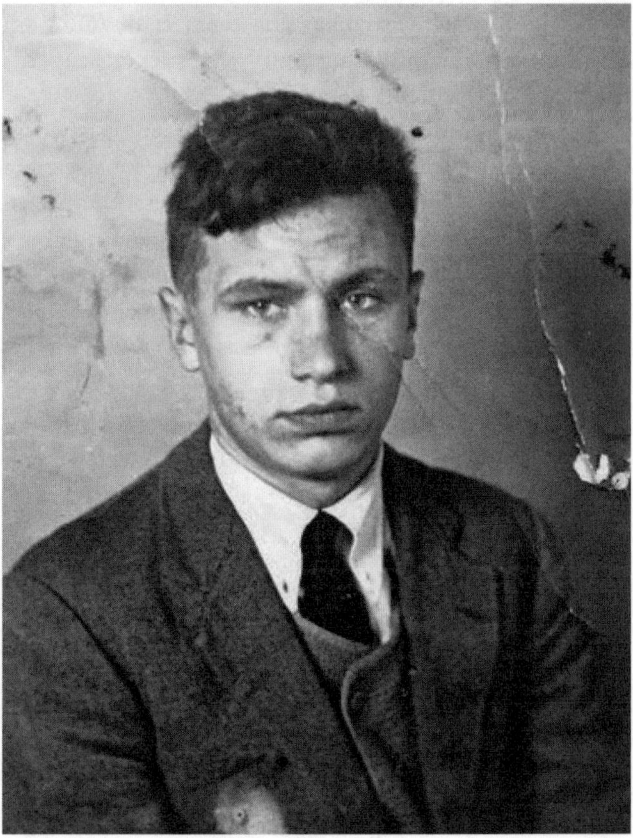

BORIS POPLAWSKI (1903–1935)

EINSCHIFFUNG INS ARMENPARADIES

Ich bin 25 Jahre alt, mittelgroß, habe braunes Haar und einen unverhältnismäßig großen Kopf (59 cm), schmale Schultern und kleine Marshände (der linke Daumen ist leicht verkürzt); mein Gesicht ist sympathisch, von den Zähnen – alle echt! – sind einige schon gelb, aber nur auf einer Seite, wo ich auch drei Goldkronen habe, die vorderen dagegen sind noch weiß, was mir erlaubt, ein charmantes gekünsteltes Lächeln aufzusetzen. (...)
Geistig bin ich intelligent, ich bin der scharfsinnigste und hellsichtigste aller Erdenbewohner. Meine religiösen, d. h. metaphysischen Fähigkeiten sind genial, mein poetisches Talent kann sich mit den großen Dichtern messen, meine künstlerische Begabung steht außer Zweifel. Zudem bin ich überaus musikalisch. Aus all dem geht hervor, dass ich unter sämtlichen Zeitgenossen der Genialität am nächsten stehe – keine Lust, weiterzuschreiben.

Der »scharfsinnigste und hellsichtigste aller Erdenbewohner«, der dieses ätzend ironische »Selbstporträt« am 18. 4. 1928 seinem Tagebuch anvertraut, schreibt seit gut zehn Jahren Gedichte, hat aber noch keinen Vers publiziert. Dennoch ist er in den russischen Exilkreisen von Paris, wo er lebt, kein Unbekannter, und als er sieben Jahre später mit nur 32 Jahren stirbt, betrauert man in ihm den skandalumwitterten »Prinzen des russischen Montparnasse« und einen der begabtesten Dichter der jüngeren Emigrantengeneration – die »ferne Geige unter lauter nahen Balalaikas« (Vladimir Nabokov). Veröffentlicht hat er auch zu diesem Zeitpunkt, im Oktober 1935, noch nicht viel: verstreute Gedichte, einen Lyrikband, Aufsätze und Rezensionen, einzelne Romankapitel. Doch gerade die geringe Zahl seiner publizierten Texte scheint ihn zur Schlüsselfigur der jungen Exilliteratur zu machen, jener »vergessenen« Autoren, die zu spät geboren wurden, um sich vor der Emigration einen Namen gemacht zu haben, und zu früh, um ihr Leben und Schreiben einfach in eine neue Sprache zu transponieren – der sogenannten »übersehenen Generation«.

Ob dieser Begriff adäquat ist, mag man bezweifeln. Poplawski jedoch passt insofern ins Muster, als er zeitlebens unter seiner marginalen Existenz litt und erst nach seinem frühen Tod wirklich gedruckt und gelesen wurde. In Russland gilt er heute neben Gaito Gasdanow als wichtigste Stimme der Exilliteratur der »ersten Welle«. Seine posthume Prominenz verdankt sich nicht zuletzt seiner schillernden Persönlichkeit. Von den Legenden, die ihn umranken – ein besonders inspiriertes Beispiel ist Alexander Goldsteins Essay *Poplawskis Geheimleben*, in dem er Poplawskis Tod für fingiert erklärt und dem Autor ein Nachleben in Italien und Kontakte zu Pier Paolo Pasolini zuschreibt –, entbehren manche wohl jeder Grundlage, zu anderen hat er selbst nach Kräften beigetragen. Prototypisch für seine Generation ist er in jedem Fall darin, dass das Exil sein ganzes Leben und Schreiben geprägt hat. »Ein Ausländer in egal welchem Kreis« (Gasdanows Charakterisierung des Kollegen) blieb in gewissem Sinn auch sein Roman *Apoll Besobrasow* – doch dazu später.

Boris Poplawski wurde am 24. Mai (6. Juni nach dem gregorianischen Kalender) 1903 in Moskau geboren. Er war elf, als der Erste Weltkrieg begann, und dreizehn zum Zeitpunkt der Februarrevolution 1917; im Sommer desselben Jahres verließ er mit seinem Vater Moskau. Er sollte die Stadt seiner Geburt nicht mehr wiedersehen – und doch ist die vorrevolutionäre Kindheit für ihn nicht zum leuchtenden verlorenen Paradies geworden wie etwa für Vladimir Nabokov. Ihr schwankendes, ambivalentes Bild (»wie durchbohrten die Walzer aus den alten deutschen Operetten mir das Herz, mit welcher Wehmut hatte ich sie seinerzeit auf den Boulevards und Eisbahnen gehört«) erscheint nur selten in seinen Texten, und die Sehnsucht der Emigranten nach der Heimat ist darin stets ironisch gebrochen.

Poplawskis Kindheit spielte sich in kultivierten, einigermaßen wohlhabenden Verhältnissen ab. Die Eltern, beide ursprünglich Musiker, hatten sich am Konservatorium kennengelernt; um die Familie zu ernähren, ergriff der Vater nach dem Studium einen bürgerlichen Beruf. Man reiste der Gesundheit der tuberkulosekranken jüngeren Tochter zuliebe in die Schweiz und nach Italien, Boris besuchte das französische Lyzeum in Moskau, seine Mutter empfing Gäste und beschäftigte sich mit Theosophie. Diesem Leben machte die Revolution des Jahres 1917 ein Ende.

Für Boris beginnt mit der Abreise aus Moskau eine mehrjährige Odyssee durch das im Bürgerkrieg versinkende Land: Sie führt nach Charkow, dann nach Jalta und von dort nach Konstantinopel, zurück nach Rostow und schließlich, im Herbst 1920, mit den Schiffen der besiegten Weißen Armee über die Krim wieder nach Konstantinopel. Dort schreibt der mittlerweile siebzehnjährige Boris Sonette, gibt Französischunterricht, liest Rudolf Steiner und Jakob Böhme, tritt einer Pfadfinderorganisation bei, trinkt Wodka, zeichnet und aquarelliert, baut mit einem Freund »Schneeweiber« (»die Türken sind entsetzt«), hört Vorträge, versucht zu fasten und zu beten.

Am 19. Mai 1921 schiffen Vater und Sohn Poplawski sich von Konstantinopel nach Marseille ein, am 26. Mai erreichen sie Paris. Boris stürzt sich ins Künstlerleben, er findet rasch Kontakt zu Pariser Avantgarde-Kreisen, die dem Futurismus und Dada nahestehen; er schreibt, malt, besucht Kurse. Im Frühjahr 1922 reist er mit einem Freund nach Berlin, wo er unter anderem Wiktor Schklowski und Boris Pasternak begegnet und sich entschließt, die Malerei zugunsten der Literatur aufzugeben. Anfang 1923 kehrt er zurück nach Paris, und hier verbringt er die verbleibenden zwölf Jahre bis zu seinem Tod – zwischen den Ateliers von Freunden, der Bibliothèque Sainte-Geneviève, den Cafés, Kinos und Straßen von Montparnasse und der Wohnung, in der er unter beengtesten Verhältnissen mit seiner inzwischen wieder vereinten, wenn auch um die Schwestern dezimierten Familie lebt.

Den Weg in ein »erwachsenes« bürgerliches Leben hat Poplawski nie gefunden und wohl auch nicht entschieden gesucht. Kurse an der Sorbonne gibt er wieder auf, an ihre Stelle tritt ein extensives Selbststudium – Gesprächspartner zeigen sich immer wieder erstaunt über seine enorme Belesenheit. Anders als sein Altersgenosse Gaito Gasdanow, der nach einer unbefriedigenden Anstellung im Verlag Hachette der »ehrlichen« Arbeit als Taxifahrer den Vorzug gibt, geht er aber auch keinem Brotberuf nach: »Unfähigkeit« zu jeder Arbeit, die ihn nicht interessiert, bescheinigt er sich selbst, und sein jahrelanger Drogenkonsum, der im Tagebuch erstmals bereits 1921 erwähnt wird, spielt dabei gewiss eine Rolle. Anderswo formuliert er die Unfähigkeit als »Prinzip«: Die innere Freiheit wiegt schwerer als die äußere Abhängigkeit von der spärlichen finanziellen Unterstützung, die sein Vater und der französische Staat ihm zukommen lassen. Poplawski zelebriert seine Armut demonstrativ, in einer Mischung aus Trotz und Koketterie.

Die Isolation von der bürgerlichen Gesellschaft – der französischen ebenso wie der der »angepassteren« älteren Exilantengeneration – wird zunächst aufgewogen durch die Nähe zu den Künstlerfreunden. Poplawski schließt sich einer Gruppe um den Tifliser Futuristen Ilja Sdanewitsch (»Iliasd«) an, der sich seit November 1921 ebenfalls in Paris aufhält. Man pflegt regen Austausch mit französischen Autoren und Künstlern (für die russischen Kollegen interessieren sich u. a. Tristan Tzara, Francis Picabia, Louis Aragon, André Breton), Poplawski liest bei diversen Veranstaltungen, doch die Publikationsmöglichkeiten sind rar. Sdanewitsch grenzt sich klar von der konservativen russischen Emigrantenszene ab, und Poplawski folgt ihm: »Ich war lange ein radikaler Futurist und habe nirgends veröffentlicht«, resümiert er 1930. Erst in der zweiten Hälfte der 1920er Jahre gibt er diese Haltung allmählich auf. Er bemüht sich jetzt, ein Publikum und Publikationsmöglichkeiten zu finden, und ist dafür auch bereit, literarische Kompromisse einzugehen, »verständlicher (und mir selbst zuwider) zu werden«, wie er in einem Brief an Sdanewitsch bekennt. Tatsächlich erscheinen ab 1928 erste Gedichte in der Emigrantenpresse, 1931 unter dem Titel

Flagi (Fahnen) auch Poplawskis erster und einziger Gedichtband zu Lebzeiten. Ab 1926 beginnt er mit der Arbeit an seinem ersten Roman *Apoll Besobrasow* – einem »Versuch, unser Leben zu rechtfertigen, dieses reiche, geheime, so ungemein rührende und bedeutsame und zugleich so miserable Leben«, wie er zwei Jahre später erklärt, und zugleich einer polemischen Auseinandersetzung mit der kollektiven »schöpferischen Einsiedelei« (Sdanewitsch).

Die Figur des Ich-Erzählers in *Apoll Besobrasow* wurde zu recht oft als Selbstporträt des Autors gedeutet, Poplawski legt reichlich Fährten in diese Richtung aus. Doch der unsichere, sprunghafte, sehnsüchtige Wassenka ist nicht der einzige Vertreter des Autors im »Armenparadies« des Romans; tatsächlich verkörpert dessen gesamtes Personal in gewisser Weise Aspekte seiner Persönlichkeit. Wassenkas charismatischer Gegenspieler, der Titelheld Apoll Besobrasow, der den Widerspruch im Namen trägt (das zugundeliegende Adjektiv *besobrasny* lässt sich mit *vage*, *gestaltlos*, *hässlich*, *abscheulich* übersetzen), hat einiges mit Ilja Sdanewitsch und dem Dichterkollegen Alexander Ginger gemeinsam; gleichzeitig deuten sein Interesse an okkulten Traditionen, seine Pfadfinderjugend und seine Sportbegeisterung vor allem auf den Autor selbst. (Poplawski verwendet den Namen Apoll Besobrasow bereits seit 1921 gelegentlich als Pseudonym.)

Auch die übrigen Figuren erscheinen, nicht zuletzt dank ihrer mythologisch und literarisch aufgeladenen Namen, als Chiffren oder Masken des Autors: So ist die zwischen mystischen Extasen und kindlicher Frömmigkeit schwankende Thérèse zwar unverkennbar der 1925 heiliggesprochenen Thérèse von Lisieux nachempfunden, deren autobiografische *Geschichte einer Seele* Anfang des 20. Jahrhunderts enorm populär war, vor allem aber steht sie für Poplawskis eigene Religiosität und sein Streben nach unbedingter Aufrichtigkeit, »Nacktheit« der Seele. »Averroes« verkörpert Poplawskis dandyhaft-exzentrische Seite und seine breite Bildung, Tichon Bogomilow alias »Zeus« das großzügige russische Gemüt und die Sehnsucht nach einem einfachen Leben, und selbst im Bild des katholischen Priesters Robert Lecornu gibt es Anklänge an die Biografie des Autors, so etwa das lebhafte Interesse für die Autoren des französischen *Renouveau catholique*.

Die verschworene Gemeinschaft von Poplawskis Protagonisten erinnert entfernt an Ernst Kreuders *Gesellschaft vom Dachboden* oder Alain-Fourniers *Der große Meaulnes*: Auch in *Apoll Besobrasow* entsteht aus dem zufälligen »glücklichen Zusammentreffen von Stimmungen, Gelegenheiten und Menschen« eine ganz eigene, magische Atmosphäre, und eben dieses Zusammenfinden und neuerliche Auseinanderbrechen der Gruppe, die entstehende und wieder verwehende Atmosphäre bilden das eigentliche Zentrum, den Kern des Romans. Poplawski spielt in seinen Figuren verschiedene Haltungen zur Welt durch; gemeinsam ist ihnen allen die gesellschaftliche Marginalität, Entwurzelung und Einsamkeit. Sie suchen »Schutz vor dem Leben«, und sie finden ihn in ihrer Freundschaft.

Drei dieser Außenseitergestalten gehören wie Poplawski selbst und ein großer Teil seines Umfelds der großen Menge der staatenlosen Flüchtlinge der Zwischenkriegszeit an. Sie stammen aus Russland, doch die Verbindung zu und Erinnerung an dieses Russland scheint für sie in unendliche Ferne gerückt. Sie leben im Moment, in einer unbehausten, zugigen Gegenwart, und ihr Leben ist vor allem eines: radikal unbürgerlich.

Dieser »unrussische« und antibürgerliche Charakter von Poplawskis erstem Roman – einen zweiten, *Domoj s nebes* (Zurück aus dem Himmel), schloss er 1935 ab – war der Rezeption in exilrussischen Kreisen nicht eben förderlich. Dazu kamen formale Aspekte: Der Sturm von Licht, Farben, Geräuschen und Stimmungen, den *Apoll Besobrasow* entfacht, seine rhapsodische Struktur und phantastische Bildlichkeit machen es dem Leser nicht leicht. Mit dem realistischen Roman des 19. Jahrhunderts, der für die Mehrheit des russischen Publikums in Paris das Maß der Dinge war (das Emigrantentaxi fährt »über den Dostojewski-Prospekt zum Tolstoj-Platz«, spottet Poplawski), hat dieser geradezu provozierend nachlässig komponierte Roman wenig bis nichts zu tun, umso mehr mit der symbolistischen und romantischen Tradition und der Kunst der Avantgarde; Lautréamont, Joyce, den Poplawski früh gelesen hat, und Aragons *Pariser Bauer* sind offensichtliche Einflüsse. Der surrealistischen Exzentrik des Texts steht seine provokante Bekenntnishaftigkeit gegenüber; Ausflüge in physiologische Niederungen und profanes Alltagsleben – Poplawski nennt in diesem Zusammenhang auch Wassili Rosanow als Vorbild – werden geradezu genießerisch ausgebreitet. Pathos steht neben Sarkasmus, Verzweiflung neben Größenwahn, hypnotische, durch Reim und Metrum organisierte Passagen und mystische Visionen münden in absurden Slapstick. Als Zugeständnis an den Publikumsgeschmack, dessen Poplawski sich 1928 bezichtigt, kann man *Apoll Besobrasow* allenfalls sehr oberflächlich betrachten – und so verwundert es wenig, dass zu seinen Lebzeiten nur einzelne Kapitel daraus gedruckt wurden.

Zu den sprachlichen Eigenwilligkeiten von *Apoll Besobrasow* gehören die zahlreichen Wortwiederholungen – visuelle und akustische Eindrücke ballen sich oft zu Clustern, Schlüsselvokabeln wie »unbewegt« oder »freudig« ziehen sich wie Girlanden durch den ganzen Text – und der eigentümliche Gebrauch von Tempuswechseln als eine Art Zoom; beides will die deutsche Übersetzung nicht entschärfen, sondern möglichst klar herausarbeiten. Auch der sehr freie Umgang mit Zitaten und die eher phantastische als realistische Geografie der Romanschauplätze – insbesondere in den Szenen rund um den Genfer See und den Gardasee, an die Poplawski sich vermutlich noch von Reisen in der Kindheit erinnerte – wurden beibehalten. Besonders auffällig ist schließlich die selbstverständliche Präsenz des Französischen im Text. Das betrifft nicht nur die unübersetzten Zitate aus französischen Quellen in den Motti und die Pariser Straßennamen, die entgegen der russischen Konvention durchgehend in ihrer französischen Form genannt werden; auch im eigentlichen Romantext schiebt Poplawski kommentarlos immer wieder französische Wörter, Redewendungen und ganze Dialogpassagen ein. Im Original, wo damit auch der Zeichensatz wechselt, ist die Wirkung dieses Nebeneinanders sogar noch stärker als im deutschen Text. Die Entscheidung, diese Zweisprachigkeit zu erhalten (Übersetzungen der französischen Repliken finden sich in den Anmerkungen), lag deshalb auf der Hand: Sie ist eine zentrale Gegebenheit im Leben der Figuren wie auch ihres Autors.

»Man schreibt«, heißt es in einem Aufsatz Poplawskis von 1932, »nicht für sich und nicht fürs Publikum. Man schreibt für seine Freunde.« Die leidenschaftliche Freundschaft, die die bizarre Welt von *Apoll Besobrasow* überstrahlt und durchwärmt, war auch für ihn selbst von existentieller Bedeutung. Unter den Bedingungen des Flüchtlingsdaseins – der »Vertrautheit des Alltags«, des Vertrauens in die eigene Nützlichkeit und der Selbstverständlichkeit des spontanen Ausdrucks beraubt, wie Hannah Arendt es 1943 beschreibt – wurde sie zur lebensnotwendigen Utopie.

Poplawski hat den »Untergang Europas«, den er in dem zitierten Aufsatz prophezeit, nicht mehr erlebt: Eine Überdosis Drogen, ein »zufälliger Selbstmord« (Leonid Livak) setzte seinem Leben am 9. Oktober 1935 ein Ende. Sein Roman wirkt heute, in einer Gegenwart, in der das Bild des Flüchtlings wieder allgegenwärtig ist, bei aller Ferne merkwürdig nah. »Die Kunst ist ein persönlicher Brief, auf gut Glück an unbekannte Freunde geschickt, eine Art Protest gegen die Trennung der Liebenden durch Raum und Zeit.« Vielleicht ist gerade jetzt der richtige Moment, diese über Räume und Zeiten an unbekannte Freunde geschickte Flaschenpost zu öffnen und etwas zu erfahren über die wilden Paradiese der Heimatlosen.

Olga Radetzkaja, Berlin, Januar 2019

BIOGRAFIEN

Boris Poplawski (1903–1935) wurde in Moskau in eine gutsituierte bürgerliche Familie mit künstlerischen Neigungen und (mütterlicherseits) aristokratischem Hintergrund geboren. Er besuchte ein französisches Gymnasium und begann früh zu zeichnen und zu dichten. Nach der Revolution 1917 verließ er mit seinem Vater Moskau; während des Bürgerkrieges emigrierte die Familie und gelangte via Konstantinopel 1921 nach Paris. 1922 zog es ihn vorübergehend nach Berlin, wo er unter anderem auf Boris Pasternak und Viktor Schklowskij traf; zurückgekehrt nach Paris widmete er sich vorwiegend der Literatur. 1931 erschien *Fahnen*, sein einziger Gedichtband zu Lebzeiten. Neben Gedichten schrieb Poplawski Artikel, Kunst- und Buchkritiken sowie zwei Romane. Das Gros seiner Werke wurde erst posthum veröffentlicht, viele erst nach 1990. Der exzentrische Boris Poplawski hat in Paris nie Fuß gefasst, er litt an Depressionen und experimentierte mit Drogen, 1935 starb er gerade einmal 32-jährig an einer Überdosis. Bis heute blühen Spekulationen um seinen frühen Tod. War es Selbstmord, ein Unfall, Mord – oder gar nur ein vorgetäuschter Tod?

Olga Radetzkaja, 1965 geboren, studierte Slawistik und Komparatistik und hat Werke von u. a. Lew Tolstoj, Julius Margolin, Evgenij Vodolazkin, Vladimir Sorokin, Viktor Schklowskij und Maria Stepanova übersetzt. Sie ist Co-Autorin des Dokumentarfilms *Spurwechsel. Ein Film vom Übersetzen* (2003) und arbeitet seit 2008 als Redakteurin bei der Zeitschrift Osteuropa.

INHALT

ANHANG

Titel der Originalausgabe:
Аполлон Безобразов
(1926–1932)

Der Verlag bedankt sich für
die großzügige Unterstützung durch die
Mikhail Prokhorov Stiftung TRANSCRIPT
Programm zur Förderung von Übersetzungen
Russischer Literatur

Mikhail Prokhorov Fund

Die Übersetzerin dankt dem Deutschen Übersetzerfonds
für die großzügige Unterstützung ihrer Arbeit an der
vorliegenden Übersetzung

Dank an Hélène Menegaldo und John Kopper
für ihre wertvollen Hinweise

Erste Auflage Berlin 2019

Guggolz Verlag
Gustav-Müller-Straße 46, 10829 Berlin
verlag@guggolz-verlag.de

Druck & Bindung: Friedrich Pustet, Regensburg
Umschlag: Mirko Merkel
ISBN 978-3-945370-19-3

www.guggolz-verlag.de